Mimen, Musen und Memoiren

Edition Neu-Cladow
Herausgegeben von der Guthmann Akademie gUG (haftungsbeschränkt)

Band 2

Miriam-Esther Owesle

Mimen, Musen und Memoiren

Illustre Gäste in Neu-Cladow

Bibliografische Information der Deutschen Nationalbibliothek
Die Deutsche Nationalbibliothek verzeichnet diese Publikation
in der Deutschen Nationalbibliografie; detaillierte bibliografische
Daten sind im Internet über http://dnb.d-nb.de abrufbar.

Alle Rechte vorbehalten.
Dieses Werk, einschließlich aller seiner Teile, ist urheberrechtlich geschützt.
Jede Verwertung außerhalb der engen Grenzen des Urheberrechtsgesetzes
ist ohne Zustimmung des Verlages unzulässig und strafbar. Das gilt insbesondere
für Vervielfältigungen, Übersetzungen, Mikroverfilmungen, Verfilmungen und
die Einspeicherung und Verarbeitung auf DVDs, CD-ROMs, CDs, Videos,
in weiteren elektronischen Systemen sowie für Internet-Plattformen.

© be.bra wissenschaft verlag GmbH
Berlin-Brandenburg, 2019
KulturBrauerei Haus 2
Schönhauser Allee 37, 10435 Berlin
post@bebraverlag.de
Lektorat: Katrin Endres, Berlin
Umschlag und Satz: typegerecht, Berlin
Schrift: DTL Elzevir 11/15 pt
Druck und Bindung: Finidr, Český Těšín
ISBN 978-3-95410-225-9

www.bebra-wissenschaft.de

Inhalt

7 Prolog

17 Ein Garten Eden an der Havel
Max Slevogt und Neu-Cladow

37 Löwenkinder für Neu-Cladow
Der Kunsthändler Paul Cassirer

61 Femme fatale am Havelstrand
Die Schauspielerin Tilla Durieux

83 Rendezvous auf der Terrasse
Lucie Höflich und Anton Mayer

105 »Warum mach'n Se denn det nich jrade?«
Max Liebermann und Neu-Cladow

123 Ein Olympier im Gutshaus
Gerhart Hauptmann und Johannes Guthmann

145 »Wenn ich rauche, gibt es keinen Waldbrand!«
Walther Rathenau in Neu-Cladow

165 Ambrosische Nächte in Neu-Cladow
Der Pianist Conrad Ansorge und Johannes Guthmann

183 Epilog

Anhang
189 Bibliographie
195 Bildnachweis
197 Personenregister
199 Dank

Prolog

»Neu-Cladow hatte den Zauber, den es ausgeübt, zum guten Teile seinen Gästen zu danken«[1], schreibt der Kunsthistoriker, Schriftsteller und Sammler Johannes Guthmann (1876–1956) in seinen 1955 erschienenen Lebenserinnerungen *Goldene Frucht. Begegnungen mit Menschen, Gärten und Häusern*.

Hat man einmal Neu-Cladow besucht und den Blick vom grünen Plateau vor dem in warmem Gelb leuchtenden Gutshaus über das weite Blau der Havel in die Ferne schweifen lassen, so mag man Guthmanns Gedanken kaum folgen, scheint doch der Ort an sich ein Juwel – und der Zauber ganz von selbst vorhanden zu sein. Für Guthmann jedoch ist Neu-Cladow in seinen Erinnerungen nicht zuerst mit der überwältigenden Natur oder dem frühklassizistischen Herrenhaus verbunden, das er um 1910 zu einem modernen Musenhof umgestalten ließ. Für ihn sind es vielmehr seine Gäste, die den ganz besonderen Zauber Neu-Cladows bedingen. Von welcher Art Zauber aber spricht er? Wer waren jene Gäste, die für Johannes Guthmann das wesentliche Merkmal Neu-Cladows darstellten? Und welcher gemeinsame Geist war hier so wirksam, dass Guthmann sich noch nach Jahrzehnten in leuchtenden Farben so lebendig daran zu erinnern vermag, dass es dem Leser scheinen will, als sei kein Tag vergangen seit jenen Abenden auf der Terrasse des Gutshauses, an die sich auch Guthmanns Gäste noch lange Zeit später als an den eigentlichen »Sinn« Neu-Cladows erinnern …?

Nachdem der Bauunternehmer Robert Guthmann Neu-Cladow 1887 erworben hatte, galt die Sorge und das Sehnen seines feinsinnigen und schöngeistigen Sohnes Johannes von früh an dem Erhalt und der Pflege des mutmaßlich von David Gilly um 1800 erbauten Herrenhauses. Der Vater räumte dem Sohn nach Abschluss seines Studiums der Kunstgeschichte

Max Slevogt: *Dr. Johannes Guthmann*, 1918

[1] Johannes Guthmann: *Goldene Frucht. Begegnungen mit Menschen, Gärten und Häusern*, Tübingen 1955, S. 325.

1900 in Heidelberg, nach einem Volontariat bei Hugo von Tschudi an der Berliner Nationalgalerie und nach Jahren des Reisens und der Suche nach einem Ort zum Bleiben schließlich das Wohnrecht für Neu-Cladow ein. Nach dieser glücklichen Übergabe ließ Johannes Guthmann Haus und Garten ab 1909 mithilfe namhafter Architekten wie Paul Schultze-Naumburg und Alfred Grenander sowie der Unterstützung des Gartenbaumeisters Karl Foerster nach seinen Wünschen umgestalten, um hier seinen lang ersehnten Traum von einem modernen Arkadien an der Havel zu verwirklichen, dem wir uns im ersten Band der Edition Neu-Cladow 2014 gewidmet haben.[2]

Seither haben Leben und Wirken Johannes Guthmanns durch intensive Forschungen der Autorin, die in mehrere Ausstellungskataloge und wissenschaftliche Schriften Eingang gefunden haben[3], immer klarere Kontur gewonnen. Dadurch wurde deutlich, welche Rolle dem Kunsthistoriker, Schriftsteller und Sammler im kulturellen und gesellschaftlichen Leben seiner Zeit zukam und – weit darüber hinaus – welche Rolle Neu-Cladow im Berliner Kultur- und Gesellschaftsleben spielte. Denn: Neu-Cladow war *mehr* als der kenntnisreich und geschmackssicher verwirklichte Wunsch des individuellen Lebens- und Wohnbedürfnisses eines Einzelnen. Dies macht insbesondere die starke Identifikation der Protagonisten des engeren Guthmann'schen Gästekreises mit Neu-Cladow deutlich. Die Neu-Cladower Jahre überdauernd war »Neu-Cladow« in Guthmanns Freundeskreis häufig ein Leben lang weiter wirksam. Auch als man sich längst nicht mehr an Ort und Stelle treffen konnte, denn Robert Guthmann entzog seinem Sohn das Nutzungsrecht für Neu-Cladow 1920/21 und übereignete Haus und Hof seiner Tochter aus zweiter Ehe. Mary Guthmann (1899–1972), verheiratete von König, verheiratete von Brandis, betrieb auf dem Gut zusammen mit ihrem ersten Ehemann Otto von König Landwirtschaft und verkaufte das Anwesen 1928 an die Stadt Berlin.[4]

Wenn wir in vorliegendem Band fragen, was den besonderen Geist Neu-Cladows bedingte, so wollen wir in erster Linie den Hausherrn selbst zu Wort kommen lassen, der uns mit seinen Lebenserinnerungen einen reichen Schatz hinterlassen hat. So weiß er sich der Neu-Cladower Zeit nicht nur minutiös, sondern vielmehr höchst lebendig und auf einzigartig poetische Weise zu erinnern. Man erkennt den Schriftsteller, wenn Guthmann aus der Erinnerung in sein Leben »wie in einen Korb frischer Äpfel« hinein-

2 Miriam-Esther Owesle: *»Neu-Cladow und nichts anderes!«. Johannes Guthmanns Traum vom Arkadien an der Havel*, Edition Neu-Cladow, Band I, hrsg. von Frank Auffermann, Berlin 2014.
3 Vgl. Owesle 2015; Owesle 2016; Owesle 2016 A; Owesle 2018.
4 Vgl. Owesle 2014, S. 48 f.

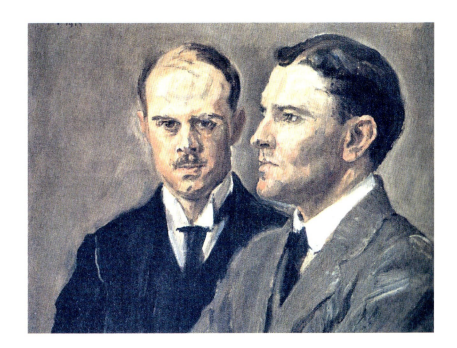

Max Slevogt: *Doppelbildnis Dr. Johannes Guthmann & Dr. Joachim Zimmermann*, 1915

greift und die herausgegriffenen Episoden seines Lebens durch die Eleganz seiner fein nuancierten, bildreichen und bisweilen ironisch-humorvollen Sprache »vergoldet«. Dabei verweist persönlich Erlebtes nicht selten auf zeitgeschichtlich Allgemeingültiges. Dass es sich bei Guthmanns Erinnerungen nicht um die gewöhnlichen Anekdoten eines in den 1870er Jahren Geborenen handelt, wie sie vielfach nach dem Zweiten Weltkrieg erschienen, macht der Schriftsteller Wolfgang Goetz deutlich, wenn er schreibt:

> »Gewiß weiß auch Guthmann Anekdoten zu erzählen, aber sie liegen nicht außerhalb des Wesentlichen, [...] sondern sie sind [...] sorgfältig ausgewählt, weil sie die treffendsten sind, weil sie Mensch und Zeit am besten charakterisieren und mit einem Schlage Schicksale aufleuchten lassen. Aber auch ohne Anekdote weiß Guthmann mit ein paar Strichen Menschen hinzusetzen«[5].

Guthmanns Schriften sind uns Schlüssel zum Neu-Cladower Leben von einst. Ebenso wie die Bilder Max Slevogts, des »Haus- und Hofmalers« von Neu-Cladow. Slevogt hielt oft bis auf Tag und Stunde genau den Zeitpunkt fest, zu dem er in Haus und Park das entspannt-heitere Neu-Cladower Le-

5 Goetz 1955, S. 1061.

ben und die geistvolle Atmosphäre am Guthmann'schen Musenhof ins Bild bannte. So gibt uns ein Gemälde vom 17. Juli 1912, das Max Slevogt vom nächtlichen »Symposium« auf der Terrasse malte⁶, Aufschluss über die besondere Art der Zusammenkünfte in Neu-Cladow: Sommers auf der Terrasse, winters im Musiksaal, fand sich ein kleiner Kreis von Freunden zusammen, um mit Johannes Guthmann und seinem Lebensgefährten, dem promovierten Historiker und Schriftsteller Joachim Zimmermann (1875–1953), über Bildende Kunst und Musik, Theater und Literatur zu räsonieren und darüber hinaus auch – zu tafeln!

Wir wollen in diesem Band die wichtigsten Protagonisten des Neu-Cladower Kreises vorstellen und uns dabei über die weithin bekannten Persönlichkeiten wie Walther Rathenau oder Gerhart Hauptmann hinaus mit der Schauspielerin Lucie Höflich und dem Kunsthistoriker Anton Mayer auch Gästen zuwenden, die heute weniger bekannt sein dürften, deren Viten jedoch nicht minder interessant sind und deren Wirken nicht weniger aufschlussreich für den spezifischen Geist ist, der während der »Ära Guthmann« in Neu-Cladow wehte. So wollen wir in vorliegendem Band auch der Frage nachgehen, was den Neu-Cladower Kreis im Innersten so zusammenhielt, dass Guthmann bis an sein Lebensende mit seinen Protagonisten eng befreundet blieb und die Neu-Cladower Gäste auch in seinem späteren schlesischen Domizil in Schreiberhau glauben machte, wieder in Neu-Cladow zu sein.

Dabei können wir nicht sämtliche illustren Gäste behandeln, die sich einstmals für kurze Zeit oder auch für länger an der Havel einfanden, um hier neue Kraft für kreatives Schaffen zu sammeln. Vielmehr möchten wir uns jenen zuwenden, denen Guthmann eine exponierte Rolle in seinen Lebenserinnerungen zuweist und in deren Wirken sich Guthmanns Idee von Neu-Cladow auf mannigfache Weise widerspiegelt.

An dieser Stelle seien jedoch über die in den folgenden Kapiteln behandelten Persönlichkeiten hinaus auch einige von jenen genannt, deren Neu-Cladower Spuren in diesem Band nicht weiterverfolgt werden können, deren Leben und Schaffen aber doch von hoher Bedeutung für Johannes Guthmann waren: so der Intendant und Regisseur Max Reinhardt (1873–1943), der als Impulsgeber und Berater für Guthmanns Neu-Cladower Naturtheater wesentlich dazu beitrug, dass Guthmann seine Idee von Neu-Cladow als die eines Gesamtkunstwerks realisieren konnte und dem wir uns bereits im ersten Band der Edition Neu-Cladow gewidmet haben⁷. Die erste Aufführung

6 Max Slevogt: *Abendessen auf der Terrasse in Neu-Cladow* (1912), Öl/Lwd., 68 x 59 cm, bez. 17. Juli 1912 Slevogt (u. r.), Standort unbekannt.
7 Vgl. Owesle 2014, S. 137–153.

Philipp Franck: *Naturtheater Neu-Cladow*,
29. Juni 1912, Blatt I

im Naturtheater am 29. Juni 1912 dokumentierte ein Künstler-Nachbar aus Wannsee auf besondere Weise: Philipp Franck (1860–1944). Als Mitglied des 1911 gegründeten Wannseer Vereins *Die Nadel*, dessen Idee es war, aus alten, vorzugsweise griechischen Motiven eine neue Frauenkleidung zu entwickeln, hielt er das Ereignis für das Protokollbuch[8] der *Nadel* fest. Einmal wirft Franck dabei einen Blick vom Zuschauerrang auf die baumbestandene Orchestra mit der Havel im Hintergrund und setzt dabei den Dirigenten der Aufführung antiker Chormusik zwischen zwei Birkenstämmen exponiert in Szene. Musiker und Sänger tragen jene antike Kleidung, die von der *Nadel* für die rund 300 Mitwirkenden entworfen und genäht worden war. Ein zweites Blatt zeigt neben dem auf einem Baumstamm sitzenden Johannes Guth-

8 Die Nadel (Hg.): Prokolle, Berlin-Wannsee 1911-12. [Archiv Galerie Mutter Fourage, Berlin].

Philipp Franck: *Naturtheater Neu-Cladow*, 29. Juni 1912, Blatt II

Des war emal e schee Sommerfest! Wann ich des Geld vom junge Herr Guthmann hätt, dhet ich alle Dag so e schee Fest feiern un alle Dag müsste junge Mädercher vor mer danze. Ob ich hernge= ge alle Dag ääch die alde Antike ower=un unnerlehrer Grie= gisch komme lasse dhet, des dhet ich mer als noch emal iwwer= lege, obwohl se griegisch scheener warn, als im Frack.

Der Dokter Jolles un unser Jwan Fröbe hawwe sich mit Ruhm bedeckt. Den Dokter Jolles hat mer als hinner de Kulisse geseh, wie er se zurecht gestumpt hat un beim Herrn Fröbe könnt mersch merke, dass er ääch net Spasse dhut beim Eiexerziere.

Vivat hoch die „NADEL" un all ihr dichtige Leut, die gedanzt, gesunge, gepiffe un gespielt hawwe!!

mann in antiker Gewandung und zwei Protagonisten der Aufführung ganz am Rande auch den Künstler selbst: Unverkennbar blickt dem Betrachter hier Philipp Franck entgegen. In seinen beiden Zeichnungen erfasste der Künstler die topographischen Modalitäten wie das sanft hügelige Gelände des Neu-Cladower Parks und die Havellandschaft im Hintergrund ebenso prägnant wie die charakteristischen Kostüme und schuf damit die bisher einzige bekannte zeitgenössische bildliche Darstellung des Neu-Cladower Naturtheaters wie einer dortigen Aufführung, die wir hier erstmalig präsentieren.

Diese Aufführung im Naturtheater war nicht die einzige Veranstaltung in Neu-Cladow, bei der die Antike eine wichtige Rolle spielte. Das macht die Überlieferung von Annemarie Pallat, einem Gründungsmitglied des

Vereins *Die Nadel* deutlich, die in ihren unveröffentlichten Lebenserinnerungen von einem Fest berichten, das Johannes Guthmann und Joachim Zimmermann als Einweihungsfeier des Gutshauses wohl 1910 veranstalteten. Pallat zufolge hatten sich Guthmann und Zimmermann als »besondere Attraktion« ausgedacht, »die Duncan mit ihrer Kinderschar auf einem Floß im See tanzen zu lassen. Außerdem hatte noch Fröbe[9] einen Begrüßungs-Chor verfaßt und mit seinen Damen in griechischen Gewändern einstudiert.«[10] Die international berühmte Ausdruckstänzerin Isadora Duncan (1877–1927), auf einem Floß im gemächlich fließenden Wasser der Havel an Neu-Cladow vorbeigleitend und einen ihrer berühmten und am antiken Schönheitsideal orientierten Tänze vollführend, war vielleicht der extravaganteste Gast Neu-Cladows.

Zum »inner circle« Neu-Cladows gehörte auch der Bildhauer August Gaul (1869–1921). Dass Guthmann nur wenige Anekdoten über ihn erzählt, verdankt sich sicherlich zu einem nicht unerheblichen Maße der zurückhaltenden Art Gauls. So lernen wir ihn in diesem Band insbesondere über seine Werke kennen, die einen »Löwenanteil« in Guthmanns Kunstsammlung ausmachten und die wir insbesondere im Zusammenhang mit Paul Cassirer in den Blick nehmen werden. Ebenso wird der Maler und Graphiker Emil Orlik (1870–1932) in erster Linie mit Werken »zu Wort« kommen, die ein Licht auf das dichte Netz der Verbindungen von Neu-Cladows Gästen untereinander werfen, deren gegenseitige Besuche zahlreich waren. So war Johannes Guthmann nicht nur zu Gast bei Paul Cassirer und Tilla Durieux im Tiergartenviertel oder bei Conrad Ansorge in Westend, sondern besuchte beispielsweise auch Max Liebermann zusammen mit dem Maler Robert Sterl in Wannsee.[11]

Zu Gast in Neu-Cladow waren wiederum der Maler und Zeichner Ludwig von Hofmann (1861–1945), dessen Werke Guthmann sammelte und auch der Maler Benno Berneis (1883–1916). Dieser schuf 1912 ein wunderbares, höchst charakteristisches Gemälde von Johannes Guthmann, das den Spiritus Rector von Neu-Cladow vor dem Ausschnitt eines Fensters zeigt, der einen Blick auf die sanften Hügel des Neu-Cladower Parks gewährt. Oder ist es ein Landschaftsgemälde, vor dem Guthmann sitzt? Natur und Kunst waren in den Augen Johannes Guthmanns eine Einheit. Leider ist uns lediglich bekannt, dass das Gemälde 1914 bei Cassirer ausgestellt war – sein Verbleib ist ungeklärt.[12]

9 Ivan Fröbe (1882–1915), Musiker und Kapellmeister des Charlottenburger Lehrergesangvereins.
10 Annemarie Pallat: Tagebuch (unveröffentlichtes, maschinenschriftliches und gebundenes Manuskript, Privatbesitz), S. 76. Annemarie Pallat geb. Hartleben (1875–1972) war die Ehefrau des preußischen Ministerialbeamten und Reformpädagogen Ludwig Pallat (1867–1946) und die Schwester des Dichters Otto Erich Hartleben (1864–1905).
11 Vgl. Max Liebermann an Robert Sterl, 7. Mai 1916, in: Braun 2016, Nr. 46, S. 55.
12 Benno Berneis: Bildnis des Herrn Guthmann (1912), Öl/Lwd., Maße und Standort unbekannt. [Echte/Feilchenfeldt 2016, Abb. S. 621].

Wenn Johannes Guthmann in seinen Lebenserinnerungen schreibt, es sei Joachim Zimmermann und ihm »von früh an […] Bedürfnis gewesen, die Meister, die wir in ihren Werken verehrten, menschlich zu Freunden zu gewinnen«[13], so waren es nicht nur bildende Künstler, sondern auch Musiker und Literaten, Schauspieler und Tänzer, Wissenschaftler und Kunstschriftsteller, mit denen sie einen intensiven Kontakt pflegten. So mit dem Kunsthistoriker Julius Elias (1861–1927), der bei Guthmann und Zimmermann nach deren Wegzug aus Neu-Cladow 1921 auch in ihrem neuen Domizil im schlesischen Schreiberhau logierte. Oder mit dem Theaterkritiker Alfred Kerr (1867–1948), der im Juli 1919 anlässlich der Inszenierung von Hofmannsthals lyrischem Drama *Der Tor und der Tod* im Neu-Cladower Naturtheater Tränen der Rührung vergoss. In Kerrs Ergriffenheit spiegelt sich dabei die des gesamten Publikums, hatte man es doch nicht für möglich gehalten, dass Johannes Guthmann nach den Schrecknissen des Ersten Weltkriegs so rasch wieder an das kulturelle Leben von einst anknüpfen und mit professionellen Schauspielern und Laien eine Aufführung lancieren würde, zu der mehrere hundert Gäste gekommen waren – darunter auch die Schauspielerin Tilla Durieux, der wir uns in diesem Band noch eingehend widmen werden.

Zu den Laienschauspielern, die an dieser Aufführung beteiligt waren, zählte auch der Schriftsteller und Dramatiker Wolfgang Goetz (1885–1955), der mit seiner Frau Elisabeth (1881–1947), einer Bildhauerin und Malerin, für eine Weile im Verwalterhaus lebte und bis zu seinem Lebensende einer der engsten Freunde Johannes Guthmanns wurde. In mehreren Essays erinnert sich Goetz in den Jahrzehnten nach Guthmanns Wegzug immer wieder an die gloriose Neu-Cladower Zeit. Wir werden den Schriftsteller in vorliegendem Band immer wieder zu Wort kommen lassen, stand er doch Neu-Cladow als Bewohner des Verwalterhauses eine Zeit lang sogar ganz wörtlich »am nächsten« und wusste das Neu-Cladower Leben stets höchst lebendig zu schildern. Dabei hob er wiederholt auch die Verdienste Johannes Guthmanns um die Aus- und Umgestaltung des alten Gutes Neu-Cladow durch moderne Architekten, Bildhauer und Künstler hervor. Letztlich jedoch resümiert auch er:

»Allein all dies Schöne und Wunderschöne war doch nur Kleid und Zier. Das Wesentliche blieb die Gastfreiheit des Herrensitzes – der ganze obere Stock

---

[13] Guthmann 1955, S. 148.

enthielt nur Fremdenzimmer! – und die so erzeugte Geselligkeit. Es waren nicht Namen, die geladen wurden, es mußten Kerls sein, auch wenn sie Namen trugen, und sie mußten schon ein wenig in den Kreis passen.«[14]

Dabei kennzeichnete die festliche Neu-Cladower Atmosphäre eine Bodenständigkeit, die den Gästen noch nach vielen Jahren unvergesslich war und mit jener realistischen Bodenhaftung Guthmanns konform geht, die sich in seiner ironisch-humorvollen Distanznahme von jeglicher elitären Attitüde artikuliert, wie sie beispielsweise dem sich selbst zum Dichterpriester stilisierenden Stefan George eignete. Der hermetischen Abgeschlossenheit des George-Kreises stand die gastfreundliche Offenheit Neu-Cladows gegenüber: »Wer in dieses Haus eintrat, sollte seines Segens teilhaftig werden. Jeder mochte in Haus und Park und auf dem Wasser treiben, wozu sein Genius ihn lockte, der Genius loci würde sein Plazet dazu geben.«[15]

Diesem Aufruf kamen zahlreiche Künstler und Wissenschaftler nach, von denen viele eng mit Guthmann befreundet waren. So der Archäologe Theodor Wiegand (1864–1936), Direktor der Antikensammlung der Königlichen Museen und Präsident des Deutschen Archäologischen Insituts sowie der Kunsthistoriker Georg Swarzenski (1876–1957), Direktor des Städel'schen Kunstinstituts in Frankfurt am Main. Und auch der Kunsthistoriker Johannes Sievers (1880–1969) zählte zum engsten Freundeskreis des Hausherrn. 1966 beschreibt Sievers in seinen Lebenserinnerungen die Rolle, die das »»Haus Neu-Cladow««[16] in den friedlichen Jahren vor Beginn des Ersten Weltkriegs im Berliner Kulturleben spielte:

> »In dem von ihm geschaffenen Rahmen entwickelte sich ein zwangloser Verkehr von Menschen, die ihr Leben der Wissenschaft, der bildenden oder der darstellenden Kunst, der Musik oder Literatur gewidmet hatten – sie alle genossen die Schönheit der Landschaft, des Hauses und der großzügigen Gastfreundschaft des Hausherrn. Das Gefühl, fernab von der Unruhe der Großstadt auf einer ›glücklichen Insel‹ zu verweilen, verstärkte sich für die über das Wochenende oder gar für länger Eingeladenen, ein Vorzug, den ich öfters genoß, während ich am Kgl. Kupferstichkabinett tätig war.«[17]

Im Folgenden widmen wir uns nun einer Reihe von Persönlichkeiten, die diesen Vorzug ebenfalls genossen …

Benno Berneis: *Bildnis des Herrn Guthmann*, 1912

[14] Goetz 1927, S. 2; Goetz 1955, S. 1059; Goetz 1964, S. 115 f.
[15] Guthmann 1955, S. 128.
[16] Sievers 1966, S. 218.
[17] Ebd., S. 219.

Ein Garten Eden an der Havel
Max Slevogt & Neu-Cladow

Zu den wichtigsten Wirkungsstätten des Malers, Zeichners und Graphikers Max Slevogt (1868–1932) zählte Neu-Cladow.

Hierher geführt hatte ihn ein Auftrag des Kunsthistorikers und Schriftstellers Johannes Guthmann (1876–1956), der das frühklassizistische Herrenhaus, das sein Vater 1887 erworben hatte, in den Jahren von 1909 bis 1912 umfangreich umgestalten ließ und den renommierten Künstler auf das Gut an der Havel einlud, um seinem architektonisch wie gartengestalterisch bereits realisierten Traum von einem Arkadien an der Havel gleichsam die künstlerische Krone aufsetzen zu lassen. Als Vermittler zwischen Guthmann und Slevogt agierte der Kunsthistoriker Johannes Sievers (1880–1969), der »eines Tages […] die Fäden von beiden Seiten in die Hände nahm und den Knoten schlang, der sich nie wieder lösen sollte.«[1] Sievers, der im Begriff war, am Berliner Kupferstichkabinett einen umfassenden Katalog der Slevogt'schen Druckgraphik zusammen mit dem Künstler zu erarbeiten, hatte den persönlichen Kontakt zwischen Guthmann und Slevogt hergestellt.

Dass Johannes Guthmann die Ankunft Max Slevogts in Neu-Cladow im Rückblick als Beginn einer neuen Ära für Haus und Park begreift, offenbart die Bedeutung des Künstlers für Guthmanns Idee von Neu-Cladow als ein Refugium von gleichsam paradiesischem Charakter. So eröffnet Guthmann seine 1948 publizierte Schrift *Schöne Welt. Wandern und Weilen mit Max Slevogt* mit folgender Textpassage:

> »Wenn ich mir das Kapitel meines Lebens, das Max Slevogt heißt, und die vielfach verschlungenen Reihen seiner Erinnerungsbilder vergegenwärtige, steht zum Beginn ein wundervoller Sommermorgen vor meinen Augen. Neu-Cladow:

Max Slevogt: *Selbstporträt*, 1908

[1] Guthmann 1948, S. 10; vgl. Guthmann 1955, S. 172.

das schlichte, geräumige Herrenhaus der Zeit des älteren Gilly, aus hundertjährigem Verfall jetzt eben zu neuem Leben erweckt; der alte verwahrloste Park durchlichtet und verjüngt; das weite Geviert des ehemaligen Dorfschulzen-Gutshofs von einer, wie alle Architektur hier, Schinkelfarben-goldgelben Mauer eingefaßt und angefüllt von dem fröhlichsten Farbengewirr einjähriger Sommerblumen, das den Vergleich mit Friedrich Wilhelm IV. ›Paradeisgarten‹ im nachbarlichen Sanssouci nicht zu scheuen brauchte. Und seitab ein kleiner Pavillon, eigentlich nur ein rechteckiges Räumchen mit breiter Öffnung, darin die zwei den Dachstuhl tragenden Säulen dem Ganzen etwas von bescheidener, doch festlicher Würde geben, um aus angenehm entrückter Ferne sich des weiten Blicks über den Blumenflor, über die buchtenreiche Vielgestalt des lässigen Stroms, die flachgewellten Linien des Grunewalds am Ufer drüben und die sommerliche Schönheit des weißgewölkten blauen Himmels über dieser ganzen Havellandschaft recht von Herzen zu erfreuen. Diese Gartennische, so anspruchslos von Weitem grüßend wie verschwenderisch ihren Gast belohnend, war es, der an diesem Morgen mein ganzes Sinnen galt. [...]. Es war der Sommer 1911. Es war tiefer Frieden.«[2]

Als Johannes Guthmann Max Slevogt nach Neu-Cladow rief, zählte der 1868 im bayerischen Landshut geborene und an der Münchener Akademie ausgebildete Maler, Zeichner und Graphiker zu den gefragtesten Künstlerpersönlichkeiten der Avantgarde in Berlin. 1901 war er von der Spitze der *Berliner Secession* – den Künstlern Max Liebermann, Walter Leistikow und dem Kunsthändler Paul Cassirer – von München nach Berlin geholt worden. Die *Berliner Secession*, zu deren Vorstand Slevogt seit 1902 gehörte, bot ihm eine künstlerische Heimstatt, auf deren Ausstellungen er bereits seit 1899 vertreten war. Hier hatte er zunächst noch vorwiegend seine dunkeltonigen Arbeiten mythologischen oder religiösen Inhalts gezeigt, die in der bayerischen Hauptstadt aufgrund ihrer naturalistisch-psychologisierenden Gestaltungsweise auf vehemente Ablehnung gestoßen waren. Nach 1900 präsentierte Slevogt in Berlin zunehmend auch Gemälde, in denen impressionistische Gestaltungsmittel wie helle Farben und eine skizzenhafte Pinselschrift die Unbeschwertheit und Heiterkeit der jeweils dargestellten Szenen unterstreichen, wie das *Champagnerlied*[3] oder auch das großformatige Freilichtgemälde *Sommermorgen*[4].

2 Guthmann 1948, S. 7f.
3 Max Slevogt: *Der weiße d'Andrade (Das Champagnerlied)* (1902), Öl/Lwd., 215 × 160 cm, Stuttgart, Staatsgalerie.
4 Max Slevogt: *Sommermorgen (Frau mit Sonnenschirm)* (1901), Öl/Lwd., 200 × 160 cm, Landesmuseum Mainz, Max Slevogt-Galerie, Schloss Villa Ludwigshöhe.

Blick auf Pavillon und *Eselreiter*, um 1912

War Max Slevogt mit Bildern wie diesen in Berlin nach seiner Ankunft in der Reichshauptstadt sehr bald zu Ruhm und Ehre gelangt, so hatte er – auch wenn er häufig in großem Format arbeitete und darüber hinaus Kostüm- und Bühnenbildentwürfe für Max Reinhardt schuf – auf dem Gebiet der Wandmalerei noch kaum Erfahrung gesammelt. In diesem Medium war er bis 1911 öffentlich noch nicht in Erscheinung getreten, sieht man von Wanddekorationen ab, die Slevogt 1908 für den »Revolutionsball« der *Berliner Secession* schuf.⁵ Und doch betrachtete Guthmann Max Slevogt – insbesondere auf der Basis seiner Vorliebe für Slevogts Graphik und namentlich für dessen 1903 publizierte Ali Baba-Illustrationen – als höchst adäquaten Künstler, um ihm 1911 die Wände seines von Paul Schultze-Naumburg (1869–1949) als Tempietto mit zwei dorischen Säulen gestalteten Gartenpavillons anzuvertrauen: »Wohl gab es bisher keine Arbeit Slevogts auf dem Gebiet des Groß-Dekorativen; aber in mir war der heimliche Wunsch des Herzens zur Gewißheit geworden, daß mein kleines Belvedere und Slevogts Art sich reimen müßten.«⁶

Hiervon war Slevogt selbst zunächst weniger überzeugt als Johannes Guthmann:

5 Zu vereinzelten Wandmalereien privaten Charakters vgl. Imiela 1968, S. 168 u. 405, Anm. 4 u. 5. Zu Slevogts festiven Wanddekorationen für den Secessionsball von 1908 vgl. Imiela 1968, S. 405, Anm. 5.
6 Guthmann 1948, S. 10.

»Max Slevogt fuhr mit dem Auto in Neu-Cladow vor: klein, aber gewichtig stieg er aus. Während die Pinsel, Eimer und Farben ausgepackt und an Ort und Stelle befördert wurden, wandelte ich mit dem illustren Gaste, der den Pavillon von Neu-Cladow ausmalen sollte, ein wenig auf und ab. Der Meister war liebenswürdig, aber sehr zurückhaltend. Sein Gehaben war von geradezu betonter Korrektheit, seine Redeweise von ziseliert scharfer Prägung, sein Blick dabei irgendwie gefährlich. Hätte ich in Slevogts Mienen damals schon zu lesen verstanden, ich hätte mich plötzlich von allen meinen guten Göttern verlassen gefühlt und hätte die Flucht ergriffen vor den Dämonen, die zu Zeiten unheimlich genug aus den unzugänglichen Tiefen des ›Ewig-Heiteren‹ hervorzubrechen drohten und die er mit der Maske stählern konventioneller Liebenswürdigkeit zu meistern sich erzogen hatte.«[7]

Hatte Slevogt nach einem ersten Besuch »die Situation« in Augenschein genommen und Guthmanns Auftrag zugestimmt, so war er bei seinem zweiten Besuch in Neu-Cladow kurzzeitig versucht, wieder davon Abstand zu nehmen:

»Fahrten im offenen Auto pflegten Max Slevogt anzuregen. [...]. Die einsame Fahrt aber nach Neu-Cladow hinaus hatte wahrscheinlich seine Gedanken rückwärts geschaltet und noch einmal auf das leidige Gespräch mit Schultze-Naumburg über die Baukunst im allgemeinen und besonderen eingestellt.[8] Kurz, nach wenigen Worten erklärte er mir in ›vorzüglicher Hochachtung‹, daß er es sich noch einmal überlegt habe und mir den Auftrag zurückgeben müsse. Ich möge Walser kommen lassen. Karl Walser[9]!! Ein feiner, ein geschmackvoller Künstler. Gewiß! ›Aber‹, rief ich und breitete unwillkürlich beide Arme gegen den lichten Cladower Sommertag aus, der uns umfing, ›er ironisiert die schöne Welt, die wir so lieben!‹ Ich wurde erregt, ich drang auf ihn ein, ich wies auf die Pinsel und Eimer, Farbenbüchsen und alle Requisiten zum gedeihlichen Schaffen hin, die da in Prozession durch die Blumenwege zum Pavillon hinübergetragen wurden: Wenn man schon sein Handwerkszeug bereithalte, würden auch wohl die Gedanken im Kopf parat sein. Slevogt mußte schmunzeln, der Stein auf seinem bedrängten Herzen begann zu weichen. Er stand, wie sich später erweisen sollte, in jenem Augenblick an einem entscheidenden Wegweiser seiner Kunst. Hätte ich im ersten Schrecken ›Wie schade!‹ ausgerufen und ›Glückliche Heimfahrt nach Berlin!‹, er hätte es als einen deutlichen Wink des Schicksals

---

7 Guthmann 1955, S. 172 f.; vgl. Guthmann 1948, S. 10 f.
8 Dass Slevogts Kunstauffassung mit jener Paul Schultze-Naumburgs differierte, hatte eine Begegnung anlässlich Slevogts erstem Neu-Cladower Besuch gezeigt. [Vgl. Guthmann 1948, S. 12 f.; Guthmann 1955, S. 173 f.].
9 Karl Walser (1877–1943), Maler, Bühnenbildner, Illustrator.

aufgefaßt, sich nicht in abenteuerliche Experimente zu verlieren. Abergläubisch, wie er im tiefen, antikischen Sinne war, hätte er niemals den Pinsel gegen eine Wand gezückt.«[10]

Es war Slevogts Impetus, die »Welt als eine schöne zu erfassen und zu gestalten«[11], der Guthmann für den Künstler einnahm und den er mit Leidenschaft als Argument anführte, um Max Slevogt an Neu-Cladow zu binden. Mit Erfolg!

Allerdings erwies sich die Arbeit an den Neu-Cladower Wandmalereien als weitaus mühsamer und zeitaufwändiger, als zunächst abzuschätzen war: Die Voraussetzungen des Materials erlaubten es dem Künstler nicht, die Motive in seinem gewohnt rasanten Stil an die Wand zu werfen. Und so berichtet uns Johannes Guthmann von den Unbilden, mit denen Slevogt sich bei der Malerei in dem für ihn ungewohnten Medium konfrontiert sah:

> »Eine verputzte Mauer ist keine Leinwand und Kaseïn ist nicht Ölfarbe. Der erste Pinselstrich verlor sich und der zweite und der dritte auch: Der körnige Grund versagte sich Slevogts schmeichelnder Pinselführung. Um einen Farbenfleck hinzusetzen, musste er immer wieder auf dieselbe Stelle drücken. Das war langweilig, machte ungeduldig und ertötete die rein gefühlsmäßige Laune zu improvisieren in ihren Anfängen schon. Die Sache ließ sich übel an.«[12]

Auch die sommerlich heißen Temperaturen waren nicht ideal, um die Arbeit mit Elan voranzutreiben. Die drückende Hitze und schmerzhafte Körperhaltung taten dem Schaffensdrang des Malers jedoch keinen Abbruch. Und so gelang es ihm, aller widrigen Umstände zum Trotz, auch in seinen Wandmalereien jene »federnde Leichtigkeit«[13] zu erzielen, die kennzeichnend für seine Bildsprache ist und die neben der märchenhaft-paradiesischen Thematik insbesondere auf der lichten Farbigkeit und einer skizzierenden Handschrift beruht. Erinnern die fertigen Gemälde an pompejanische Villenfreskierungen und insbesondere an den vierten pompejanischen Stil – den sogenannten Phantasiestil –, so mögen Slevogt in dieser Hinsicht lediglich formal Vorgaben seitens seines Auftraggebers gemacht worden sein. Inhaltlich verließ sich Johannes Guthmann ganz auf die geistreichen Einfälle Max Slevogts und ließ ihm thematisch freie Hand:

Johannes Guthmann und Max Slevogt vor dem Gartenpavillon in Neu-Cladow, ca. 1911

10 Guthmann 1955, S. 174 f.; vgl. Guthmann 1948, S. 13 f.
11 Guthmann 1954, S. 7.
12 Guthmann 1920, S. 165.
13 Ebd., S. 172.

»Slevogt trat vor die mit Kalk verputzten, sonst nicht vorbereiteten Wände unbefangen, d. h. von keiner künstlerischen Idee voreingenommen, hin. Seine Absicht war es wohl gewesen, in Rankenwerk und Drolerien zu improvisieren, wie etwa ein Musiker über ein paar Themen, die ihm auf dem Wege einfielen, hernach sich am Flügel in Variationen ergehen mag. Das Ganze war als die Arbeit einiger halber Tage gedacht, konnte sich doch Slevogt auf den Quellreichtum seiner Phantasie in jedem Augenblick verlassen.«[14]

Auch wenn die Arbeiten länger andauerten als ursprünglich geplant und sich der Künstler insgesamt zehn Tage in Neu-Cladow aufhielt, um die Wandmalereien auszuführen, so legt das vollendete Werk Zeugnis ab von jener Fabulierlust, die Johannes Guthmann als charakteristisch für Max Slevogt und sein Schaffen betrachtet und von der bereits konzeptionelle Vorarbeiten wie mehrere Zeichnungen und Aquarellskizzen künden.[15] Als zentrales Motiv der 3,40 m hohen und 4,80 m breiten Mittelwand als dem rückwärtigen Abschluss des zwei Meter tiefen Pavillons schuf Slevogt in der Mittelachse einen goldenen Vogelkäfig mit einer nackten, zwei Kinder nährenden Frauengestalt und darüber einen geflügelten weiblichen Rückenakt: Eine von Mozarts Oper *Die Zauberflöte* inspirierte Papagena[16] und eine Personifikation der Phantasie[17]. In den Gestalten der Seitenfelder steigerte Slevogt die rokokohafte Leichtigkeit des Hauptfeldes dann zu barocker Kraft. Hier schuf er vor perspektivisch gestalteten Ausblicken, die den Blick scheinbar ins Weite des Neu-Cladower Gartens lenken, beinahe lebensgroße allegorische Figurendarstellungen der vier Elemente mit leicht karikierten Zügen. In den blau getönten Bildfeldern der Kassettendecke schließlich gab Slevogt Menschen-, Fabel- und Tiergestalten in starker Verkürzung wieder, so dass es scheint, als sei die Decke hier durchbrochen und öffne sich zum Himmel hin. Johannes Guthmann beschreibt den Bildfindungsprozess Max Slevogts:

»Wäre ihm der Strom der Improvisation in dieser Sommerglut vorübergehend vertrocknet, es wäre nicht zu verwundern gewesen. Aber da plötzlich sprang Falko, der ungehorsame Schäferhund, an der verbotenen Slevogtei vorbei und ein junges Mädchen hinterdrein, ihn zu halten: und schon spazierten beide in die Welt der bunten Schildereien an die Decke hinauf, oder das Gerücht von einem Fuchs, der im Park aufgetaucht sei, drang bis an sein Ohr: und während die Jäger sich auf die Lauer legten, hatte er den Schelm, die Ente im Maule, bereits

14 Ebd., S. 165.
15 Vgl. bspw.: *Max Slevogt: Studie für den Plafond des Pavillons*, aquarellierte Bleistiftzeichnung, 17 x 10,1 cm, bez. Slevogt (u. l.); *Entwurf für die Wandgliederung im Mittelfeld*, Bleistift, 17,6 x 11,5 cm, unbezeichnet. [Vgl. Imiela 1968, S. 405]; *Max Slevogt: Studie zur Allegorie des Wassers*, Kreide und Aquarell, 20,8 x 16,2 cm, Standort unbekannt; *Studie zur Allegorie der Luft*, 1911, Kreide, 17 x 7,5 cm, Standort unbekannt; *Studie zur Allegorie des Feuers*, 1911, 20 x 11 cm, Kreide und Aquarell, Standort unbekannt. [Vgl. Owesle 2018, S. 101].
16 Vgl. u. a. Guthmann 1920, S. 166 f.; Scheffler 1924, S. 121; Imiela 1968, S. 171.
17 Vgl. Waldmann 1923, S. 202.

in die verschnörkelten Ranken seiner Malerei eingefangen: oder ein Gast des Hauses scheuchte im Vorübergehen einen Pfau auf und wurde unter Slevogts Hand zur herrlich auf ihrem Pfauenwagen daherrauschenden Juno.«[18]

So spiegelt sich in Slevogts Neu-Cladower Wandmalereien jene geistig anregende Stimmung wider, die mit der Blütezeit Neu-Cladows untrennbar verbunden ist. Inspiriert durch die paradiesisch anmutende Umgebung des Gutsparks ebenso wie durch die Musik Mozarts nahm Slevogts figürlich-floraler Dekor in seiner spielerischen Leichtigkeit Bezug auf die ebenso heitere wie festliche Neu-Cladower Atmosphäre. Während Slevogts Wandmalereien dabei die Nähe zu seinen Graphiken und Gelegenheitszeichnungen zu erkennen geben, schuf der Künstler im Folgejahr in Neu-Cladow eine Bilderserie, mit der er an jene Landschaftsmalerei im freien Licht anknüpft, die ihm bisher insbesondere in der Pfalz – der Heimat seiner Schwiegereltern und seiner eigenen Wahlheimat – bevorzugtes Schaffensgebiet gewesen war.

In Neu-Cladow fand Max Slevogt ein Berliner Pendant zur Weltentrücktheit seines – von Guthmann als »stillste[r] Winkel des entlegensten Gehöftes Deutschlands«[19] bezeichneten – Refugiums Neukastel in der Südpfalz. Das Plateau vor dem Gutshaus erlaubte seinem Blick jenes panoramatische Schweifen, das für Slevogts später entstandene Pfälzer Landschaften so charakteristisch werden sollte. Zwei Jahre bevor Max Slevogt das Hofgut Neukastel erwarb, von wo aus er in unzähligen Bildern seinen Blick vom hochgelegenen Standort auf die Rheinebene lenkte, schuf der Künstler in Neu-Cladow zwei Gemälde, in denen er seinen Blick über das Blumenparterre vor dem Gutshaus über das weite Blau der Havel bis zu den Höhenzügen des Grunewalds schweifen lässt. Dabei kam es dem Maler nicht auf eine vedutenhaft genaue Schilderung der Topographie an, sondern darauf, die Bewegtheit der Natur und das Rauschhafte, das Glühende des Neu-Cladower Sommers von 1912 festzuhalten, in dem der Künstler »einige Wochen«[20] an der Havel verbrachte: »Er brauchte nicht nach einem ›Motiv‹ zu suchen: was sein Blick umfaßte, wurde ihm zum Motiv, wurde ihm durch Licht und Farben zu einem Stück Paradies«[21].

Für diese spezifische Kunstauffassung Max Slevogts ist das Gemälde *Blumengarten II in Neu-Cladow*[22] gleichsam ein Paradebeispiel. Die Natur wird Slevogt hier zum Schauspiel. Sein skizzenhafter Stil verleiht den flüchtigen, sich rasch verändernden Naturphänomenen in einem wahren

18 Guthmann 1920, S. 168 f.
19 Guthmann 1948, S. 159.
20 Guthmann 1955, S. 187.
21 Guthmann 1948, S. 36; vgl. Guthmann 1955, S. 185. Vgl. hierzu auch Owesle 2014, S. 82.
22 Max Slevogt: *Blumengarten II in Neu-Cladow* (1912), Öl/Lwd, 64 x 79 cm, bez. Slevogt 12 (u. r.), Berlin, SMB (Staatliche Museen zu Berlin), Nationalgalerie (erworben 1926), Inv.-Nr. A II 486. [Vgl. Imiela 1968, S. 395].

Max Slevogt: *Blumengarten II in Neu-Cladow*, 1912 (li.)

Max Slevogt: *Diener auf der Terrasse in Neu-Cladow*, 1912 (re.)

23 Vgl. Owesle 2014, S. 88.
24 Max Slevogt: *Diener auf der Terrasse in Neu-Cladow* (1912), Öl/Lwd, 66,4 × 81,7 cm, bez. Slevogt 1912 (u. l.), Saarbrücken, Stiftung Saarländischer Kulturbesitz, Saarlandmuseum, Inv.-Nr. 14 G. [Vgl. Imiela 1968, S. 395].
25 Vgl. Owesle 2014, S. 89 f.
26 Max Slevogt: *Abendessen auf der Terrasse in Neu-Cladow* (1912), Öl/Lwd., 68 × 59 cm, bez. 17. Juli 1912 Slevogt (u. r.), ehem. Sammlung Dr. Johannes Guthmann, Standort unbekannt (Besitzvermerk bei Imiela: Hamburg, Privatbesitz). [Imiela 1968, S. 395].

Farbenrausch dramatisch Ausdruck. Dabei will es scheinen, als teile sich uns in Slevogts nervös-pulsierendem Duktus und den sprühend-lebendigen Farben auch jenes prickelnde Flair der aufstrebenden Millionenmetropole mit ihrem bewegten Glanz und Schimmer mit, das Neu-Cladows Gäste aus Berlin mit an die Havel brachten und das die geistvoll-lebendige Atmosphäre des Ortes bedingte.[23]

Insbesondere ein Werk vermittelt uns die elegant-entspannte Stimmung und kultivierte Neu-Cladower Atmosphäre, in der für geistiges wie für leibliches Wohl gesorgt wurde, auf sinnfällige Weise. Auf dem Gemälde *Diener auf der Terrasse in Neu-Cladow*[24] nimmt der schwarz livrierte Diener mit Silbertablett und Teekanne vor der Kulisse des Gutshauses die Treppenstufen zum Haveluser abwärts. Hier hat Max Slevogt mit dem Herrenhaus das von alten Bäumen umstandene, nach Süden ausgerichtete Wahrzeichen Neu-Cladows festgehalten. Stellt es mit seiner goldgelben Farbe die eigentliche Lichtquelle des Gemäldes dar und ist inmitten einer animierten Natur der ruhende Pol, so will es scheinen, als habe Slevogt damit auch die Bedeutung verbildlicht, die das Haus für Johannes Guthmann und seine Gäste hatte.[25] Diese selbst hielt Max Slevogt in einem Gemälde[26] fest, in dem er mit dem Abend des 17. Juli 1912 eines jener »Symposien« auf der Terrasse des Gutshauses schildert, die legendär geworden sind:

»Nicht nur das Frohgefühl der sommerlichen Tage, auch sein Gleichnis im kleinen festlichen Freundeskreis auf der lichterhellten nächtlichen Terrasse entflammte seine Malerlust. Außer Conrad Ansorge, dem häufigen Gast des Hauses, dem sein Klavierspiel so oft unvergeßbare Weihe schenkte und der sich so heimisch dort fühlte, daß er auch später noch, als der Stern von Neu-Cladow längst erloschen war, die Menschen einteilte in solche, die ihm dorthin taugten und die übrigen; außer Ansorge, dem Schüler und Genossen Liszts in seinem letzten römischen Winter 1886, war für einige Tage auch Lucie Höflich da mit ihrem Manne Anton Mayer und seinen von ihm unzertrennlichen englischen Vollblütern. [...]. Sie hatte an Jochen, den Dritten bei den [sic] Streifen zu Pferd durch Wald und Felder, eine Wette verloren, eine ›Pulle‹, und eine solche gerade aus Berlin mitgebracht, das heißt es war eine Flasche Magnum, aber für die abendliche Runde, nach den mancherlei vorangegangenen Bouteillen ein wohlgelungenes Finale. Die Stimmung war entsprechend. Da erhob sich Slevogt und postierte sich im Handumdrehn – dergleichen ging manchmal verblüffend schnell bei ihm – mit Staffelei und Malzeug in der offenen Tür: man möge sich nicht stören lassen, aber der historische Augenblick müsse in effigie verewigt werden. Und in der Tat fast im Augenblick vollzog sich das Wunder: in einer Stunde und zehn Minuten stand das Bild (60 x 70 cm) fertig da: der zwanglose Freundeskreis, die festliche Unordnung auf dem Tisch mit den unter dem elektrischen Lichteinfall von oben brennend roten Blumen in der Mitte und der behäbigen Freudenspenderin, der Heidsieck Magnum. Im Hintergrund des Säulenhalbrunds der Terrasse die blaue Sommernacht. Ich weiß nicht einmal mehr, ob Slevogt zu diesem Meisterwerkchen oder dem Pferdebild der sechsten Morgenstunde[27] mehr als eine Zigarre verraucht hat. Seine Konzentration bei solchen Arbeiten war aufs Äußerste gespannt. Halb Raubtier, halb Schlafwandler, hatte er in Blick und Geist nichts als das Objekt und seine Pinselspitze.«[28]

Wie Johannes Guthmann vermutet hatte, »reimten« sich Slevogts Art und Neu-Cladow. Der Ort und seine Atmosphäre boten dem Künstler in reicher Vielfalt die Gelegenheit zur Realisierung seiner Intention, »dem vergänglichen Reiz und der Schönheit des Moments, seinem Licht, seiner Lust Ewigkeit zu verleihen«: »Dem Augenblicke Unvergänglichkeit!«[29] Hervorragend illustriert dies die Entstehungsgeschichte des Gemäldes *Blumengarten I in Neu-Cladow*[30], die uns Guthmann überliefert:

Max Slevogt: *Blumengarten I in Neu-Cladow*, 1912

27 Gemeint ist Slevogts Gemälde *Reiter in der Schwemme* (1912), Öl/Lwd., 82 x 95 cm, bez. Slevogt 17. Juli 12 6 Uhr früh (u. r.), Standort unbekannt. [Vgl Guthmann 1948, S. 39; Guthmann 1955, S. 188; Imiela 1968, S. 395 (hier: 19. Juli 12 6 Uhr früh)]. Vgl. hierzu auch das Höflich/Mayer-Kapitel.
28 Guthmann 1948, S. 40ff.; vgl. Guthmann 1955, S. 188f.
29 Guthmann 1948, S. 37 f.
30 Max Slevogt: *Blumengarten I in Neu-Cladow* (1912), Öl/Lwd., 65 x 81 cm, bez. Slevogt 1912 (u. l.), ehem. Sammlung Dr. Johannes Guthmann, Münster, Westfälisches Landesmuseum für Kunst und Kulturgeschichte, Inv.-Nr. 1016. [Imiela 1968, S. 152 f. u. 394].

»Schon prangten die Farben im fetten Auftrag seines Pinsels, nur der breite Kiesweg, der duftigen Ferne zu, war noch leer und harrte eines ›Plus ultra‹. Man saß bei Tisch. Da kam die Kunde, der Pfau im Garten gehabe sich so wunderlich, als ob er's nicht lange mehr machen wolle. [...]. Slevogt stürzte aus dem Zimmer, ergriff Pinsel und Palette, dem breiten Kiesweg im Bilde den vorgefaßten Knalleffekt zu geben, den Juwelenglanz des noch im Ermatten kostbaren Gefieders des Vogels der Juno. Der [...] Pfau ist an jenem Nachmittag eingegangen, aber im Bilde wandelt er nun unsterblich den schönen Gartenweg dahin.«[31]

Wenn Johannes Guthmann schreibt, in den schönsten Werken Max Slevogts sei es, »als habe der liebe Gott selber seinem Erdensohn noch einmal die Wonne von Licht und Farben gewährt, die er einst dem Paradies verliehen«[32], so zählen hierzu unzweifelhaft Slevogts Gartenbilder von 1912, in denen der Künstler Neu-Cladow als jenes irdische Paradies entwirft, als das es Guthmann vor Augen schwebte und das es auch für Max Slevogt zweifellos war: Fernab der »Asphaltatmosphäre Berlins«[33] konnte der Künstler sich hier ganz jener Pleinairmalerei – dem Malen im vollen Freilicht – hingeben, das ihn bereits vor der Jahrhundertwende von einer Ateliertradition akademischer Provenienz hatte abrücken lassen. Dabei stellten die Neu-Cladower Arbeitsaufenthalte der Sommer 1911 und 1912 den Auftakt dar für jene enge lebens- wie schaffensmäßige Verbindung zwischen Johannes Guthmann und Max Slevogt, die zeitlebens währte. Auch fern von Neu-Cladow nahm Slevogt immer wieder Teil am dortigen Geschehen. So heißt es in einem Brief des Künstlers vom 3. Oktober 1913 aus dem pfälzischen Godramstein an den Gutsherrn von Neu-Cladow:

»Mein lieber Herr Doctor! Vielen herzlichen Dank, daß Sie bei Ihrer jagdlichen Veranstaltung meiner gedenken! Ich brauche es Ihnen nicht erst zu sagen, wie gern ich sie mitmachen möchte, und daß mein Herz dabei noch mehr für Gladow [sic] als nur [...] für das herbstliche Jagdvergnügen schlagen würde. Es ist mir aber nicht möglich [...]. Es wird wohl Anfang November werden, bis ich zurückkommen kann, [...]. – Dann aber [...] will ich Sie so bald wie möglich draußen besuchen! – [...]. Herzliche Grüße von Haus zu Haus Ihr Max Slevogt«[34]

War das Jagen auf dem Neu-Cladower Parkgelände unter der Ägide von Johannes Guthmann verboten[35], so wird Guthmann den leidenschaftlichen

31 Guthmann 1948, S. 40; vgl. Guthmann 1955, S. 188; Owesle 2014, S. 83 f.
32 Guthmann 1920, S. 28.
33 Guthmann 1955, S. 117.
34 Wolf 2018, Guthmann Nr. 4; vgl. Imiela 1960, S. 14.
35 Vgl. Guthmann 1955, S. 161.

Jäger Slevogt zu einer jener Jagdveranstaltungen vor den Toren des Gutsparks eingeladen haben, die von seinem Vater initiiert wurden: »Die eigentliche Gutsjagd vor den Toren hatte mein Vater seinen persönlichen Freunden vorbehalten, die er im Oktober zu ergiebigem Treiben einlud.«[36] Und auch wenn der Künstler nicht immer an den Neu-Cladower Aktivitäten teilhaben konnte, so waren die in Neu-Cladow geknüpften Bande eng. So eng, dass man sich nach kurzer Zeit gar auf gemeinsame große Fahrt begab: Von der Havel zu den Pyramiden führte die Reise Max Slevogts und Johannes Guthmanns zusammen mit Joachim Zimmermann und Eduard Fuchs[37] im Februar und März 1914. Diese wiederum gab den Impuls zu einer gemeinsam gestalteten Publikation, die mitten im Ersten Weltkrieg erschien. 1917 gab Bruno Cassirer jene *Bilder aus Ägypten* heraus, in denen das Zusammenspiel von Guthmann'schen Texten und Slevogt'schen Bildern auf die besondere künstlerische Verbindung verweist, die schon zu einem früheren Zeitpunkt bestand: Anfang Juni 1914 schreibt Slevogt aus Oberbozen an Johannes Guthmann, er finde hier die Muße, Guthmanns

> »Novellen[38] u. Ihren Faun[39] zu lesen u. ihrer stillen Eigenart nachzusinnen. Es ist ganz eigentümlich, wie mich ›das Lied des Fauns‹ an einen meiner ersten Zeichenpläne erinnert, in einem lithogr. Cyclus ›die Liebe eines Eskimo‹ zu phantasieren, (– Richard Strauß war damals dafür angeregt, entsprechend kleine Musikstücke dazu zu schreiben –) ich will aber nicht in den Fehler verfallen, von mir zu sprechen, – u. nur eine Ideenverbindung zu streifen, die jetzt durch Sie eine sicher reifere u. harmonische Form gefunden hat.«[40]

Die enge Bindung zwischen Johannes Guthmann und Max Slevogt ließe sich ohne derartige »Ideenverbindungen« nicht erklären. Slevogts bereits zitierte künstlerische Absicht, die »Welt als eine schöne zu erfassen und zu gestalten«[41] entsprach jener poetisierend-romantisierenden Haltung die sich allein schon im Titel von Guthmanns 1955 erschienenen Lebenserinnerungen »Goldene Frucht« ausspricht, in denen der Schriftsteller einzelne Fragmente seines Lebens durch eine brillante Sprachgewandtheit zu vergolden weiß. So geht der Titel seiner Autobiographie auf ein Tischgespräch mit dem Heidelberger Philosophieprofessor Kuno Fischer (1824–1907) zurück, während dessen sich der Gelehrte

36 Ebd., S. 162.
37 Eduard Fuchs (1870–1940), Kulturwissenschaftler, Historiker, Schriftsteller, Kunstsammler.
38 Vermutlich bezieht sich Slevogt hier auf folgende Publikation: Johannes Guthmann: *Die Pfeile Amors und andere Novellen*, Berlin (Reiß) 1914. Zu Guthmanns Novellen vgl. auch das Ansorge-Kapitel.
39 Slevogt spielt hier auf folgendes Prosagedicht an: Johannes Guthmann: Das Lied des Faunen, Berlin (Reiss) 1914.
40 Wolf 2018, Guthmann Nr. 7; vgl. Imiela 1960, S. 15.f. Zu Slevogts »gegen Ende seiner Akademiezeit bei einem Ferienaufenthalt auf Neukastell [sic]« gefassten Vorhaben, »in einer Folge von graphischen Blättern ›Die Liebe eines Eskimos [sic]‹ zu schildern, zu welcher der junge Richard Strauß eine Begleitmusik schreiben sollte«, vgl. Guthmann 1920, S. 44. Slevogt hatte sich bereits 1889 mit dem Projekt beschäftigt und eine Folge von Entwürfen angefertigt. [Vgl. Imiela 1968, S. 17 u. 347, Anm. 12].
41 Guthmann 1954, S. 7.

»in Berichten aus der Wochenchronik der kleinen Stadt [gefallen habe]. Aber indem er mitten in sie hineingriff wie in einen Korb frischer Äpfel, wandelte sich ihm die Frucht in der Hand zu Gold. Das ›Was‹ war ihm gleichgültig, das ›Wie‹ verriet den Meister. Dem Alltäglichen gab er, wie mir scheinen wollte, auf eine ihm eigene Art die epigrammatische Zuspitzung, dem Banalen die Pointe, dem Besonderen einen persönlichen Akzent.«[42]

Auch Slevogt greift in die Wirklichkeit hinein »wie in einen Korb frischer Äpfel«, wenn er sie auf ihre malerischen Reize hin befragt und durch den Einfallsreichtum seiner Phantasie »vergoldet«. Auf den Wänden des Neu-Cladower Gartenpavillons »improvisierte« Max Slevogt über Themen der Musik und der Literatur, der Mythologie und auch über unmittelbare Begebenheiten im Garten zu Neu-Cladow! Die bereits zitierte »federnde Leichtigkeit«[43] der Wandbilder schlägt dabei die Brücke zu jenen Gelegenheitsarbeiten des Künstlers, wie sie beispielsweise die zahlreichen Briefe Slevogts an Guthmann zieren und auch Gegenstand von Guthmanns 1920 erschienenem Buch *Scherz und Laune*[44] sind, in dem es heißt:

»Beim Telefonieren, wenn er auf Anschluß wartet und seine Gedanken scheinbar ausruhen oder in anderer Richtung gehen, spielt er mit der Feder, wie unsereiner mit Narrenhänden auf dem Löschpapier, auf einem adressierten Briefumschlag etwa, ahnungslos, was ihm da unter den Fingern entsteht, und hernach wohl selber von der Sinnfälligkeit des Gewordenen überrascht, als hätte er Blei gegossen. Oder in der Verlegenheit um das rechte Wort beim Briefanfang an einen Freund drückt er das, wovon ihm im Augenblick das Herz voll ist, erst einmal auf die ihm geläufigste Art, in Bildersprache, aus; [...]. So enthüllen diese Zeichnungen [...] Slevogts Persönlichstes, [...] den Menschen Slevogt im Kerne seines Wesens, wo der Improvisator wurzelt, der Künstler.«[45]

Guthmann bringt Slevogts Gelegenheitsarbeiten explizit mit den Neu-Cladower Wandmalereien in Verbindung, wenn er beide als »Improvisationen« bezeichnet und in seinem Buch schreibt:

»Es sind Gelegenheitsarbeiten Slevogts, die hier veröffentlicht werden, Briefköpfe, Tischkarten, Spiele mit Feder oder Pinsel, vom Augenblick eingegeben und wieder vergessen, für Zeit und Ewigkeit nicht bestimmt und daher viel-

---

42 Guthmann 1955, S. 34.
43 Guthmann 1920, S. 172.
44 Johannes Guthmann: *Scherz und Laune. Max Slevogt und seine Gelegenheitsarbeiten*, Berlin (Paul Cassirer) 1920.
45 Guthmann 1920, S. 9f.

Johannes Guthmann: *Scherz und Laune*, 1920

fach von materieller Vergänglichkeit, die flüchtigen Postkarten sowohl wie die […] Improvisationen der Wandmalereien in Neu-Cladow. Aber auf ihrer jeder schimmert noch der Schmetterlingsstaub des Ursprünglichen in der unberührten Reinheit der künstlerischen Imagination und sagt vom Wesen ihres Meisters mehr aus als manches anspruchsvollere Werk seiner angestrengten Tage und Wochen.«[46]

Die Arbeiten im Gartenpavillon stellen somit einen wichtigen Mosaikstein innerhalb des Gesamtkunstwerks Neu-Cladow dar und sind nicht zuletzt auch als Schlüssel zur Kunstauffassung Max Slevogts lesbar.[47] Diese kennzeichnet einerseits ein der unmittelbaren Naturanschauung verpflichtetes

[46] Ebd., S. 9.
[47] Vgl. Owesle 2018.

Schaffen, dem der spontane Augenblickseindruck oberste Prämisse ist. Diese kennzeichnet jedoch auch ein flexibler Geist, dessen reicher Bildungs- und Erfahrungsschatz sich seinem Malwerkzeug unmittelbar mitteilt und sich im Medium seiner Kunst zu einem unverwechselbaren Konglomerat aus Realismus und Poesie vermengt. Die Phantasie war, so schreibt Johannes Guthmann, »das zeugende Element in seinem Schaffen und aus der inneren Schau und dem äußeren Schein gestaltet sich seine Kunst.«[48] So sind die Neu-Cladower Wandmalereien als Schlüssel zu jenem spezifischen Impressionismusverständnis Max Slevogts lesbar, wie es sich bis dato auf besondere Weise in den Illustrationen des Künstlers ausgesprochen hatte, für die Guthmann eine besondere Vorliebe hatte und auf die er explizit zu sprechen kommt, wenn er den Impetus für seinen Auftrag an Slevogt nennt:

»An Bewunderung, ja an einer wahren Liebe zu seiner Kunst fehlte es mir schon damals nicht. Das erste Kunstwerk, das ich Joachim Zimmermann, als er sich in Berlin niederließ, in seine Wohnung mit den schönen, ihm und seiner Art von Grenander sozusagen auf den Leib gepaßten Möbeln an die leeren Wände hing, war ein herrliches Slevogtisches Aquarell aus der Ali Baba-Folge gewesen, bis auf den heutigen Tag Stolz und Liebling seines Besitzers.«[49]

Es ist bezeichnend, dass Guthmann Zimmermann ein Aquarell aus der ersten Illustrationsfolge schenkte, die 1903 im Verlag von Bruno Cassirer erschienen war und die der Künstler als »Improvisationen« bezeichnete. Mit den Ali Baba-Illustrationen werden wir uns noch einmal im Rahmen unseres Liebermann-Kapitels beschäftigen.

Durch den Auftrag Johannes Guthmanns zu den Wandmalereien im Gartenpavillon zu Neu-Cladow wurde Max Slevogt zum Freskomaler[50], der sich bereits 1919 in seinem Neukasteler Esszimmer in der Technik »à la fresko« betätigte[51] und in den Zwanzigerjahren eine stattliche Reihe an öffentlichen und privaten Aufträgen erhielt[52]. Dabei malte er auch einen Gartenpavillon für Johannes Guthmann im schlesischen Schreiberhau aus.[53] Und schließlich schuf Max Slevogt Wandgemälde für seinen Musiksaal (1924) und seine Bibliothek (1929) auf seinem pfälzischen Hofgut Neukastel.[54] Gilt Johannes Guthmann somit als »Entdecker des Freskomalers Slevogt«[55], so war er es auch, der den katalysatorischen Impuls zu Slevogts letzter großer künstlerischen Lebensaufgabe gab: dem »Golgatha«-Fresko

48 Guthmann 1920, S. 15.
49 Guthmann 1948, S. 10; Guthmann 1955, S. 172.
50 Auch, wenn es sich bei der Arbeit in Neu-Cladow nicht um ein Malen »nass-in-nass« in den noch feuchten Putz handelte, sondern die Wände schon getrocknet waren, als Slevogt zur Tat schritt, bezeichnete Johannes Guthmann seine Neu-Cladower Wandgemälde bisweilen als »Fresken«.
51 Vgl. Karte von Max Slevogt an Johannes Guthmann vom 12.6.1919. [Wolf 2018, Guthmann Nr. 25; vgl. Imiela 1960, S. 27]. Bei den Fresken handelte es sich um drei Darstellungen auf der westlichen Außenwand des Esszimmers in Neukastel, die 1923 durch den Anbau des Musiksaales zerstört wurden: Orpheus vor Hades und Persephone (Mitte), Papageno (links), Siegfried und Brunhilde (rechts). [Vgl. Imiela 1960, S. 78, Anm. 78].
52 Vgl. Owesle 2014, S. 108.
53 1922 hatte Max Slevogt die Wand- und Deckenverzierungen für einen Gartenpavillon in Schreiberhau besorgt und schuf 1926 für eine Nische in eben diesem Gartenpavillon die mächtige Gestalt eines greisen Rübezahl. [Max Slevogt: *Rübezahl* (1926), Wandbild, 260 x 100 cm, Gartenpavillon Joachim Zimmermann und Johannes Guthmann, Mittel-Schreiberhau, 1926; vgl. u. a. Guthmann 1948 S. 128 ff.; Guthmann 1955, S. 334 ff.; Imiela 1968, S. 440, Abb. 227; Owesle 2014, S. 109].
54 Vgl. Guthmann 1955, S. 109 f.
55 Goetz 1927, S. 1; vgl. Goetz 1955, S. 1059; Goetz 1964, S. 114.

in der Ludwigshafener Friedenskirche, dessen riesenhaftes Ausmaß von hundert Quadratmetern (acht mal zwölf Metern) den kleinen Neu-Cladower Wandbildern diametral gegenüberstand und das im Juni 1932 nur wenige Monate vor Slevogts Tod vollendet wurde.[56]

So wie Slevogt Guthmann stets an seinen Arbeitsprozessen teilhaben ließ, nahm er auch Anteil an Guthmanns Geschicken. Hiervon künden jene Zeichnungen, mit denen Max Slevogt seine Briefe, Postkarten und Telegramme an Johannes Guthmann versah und mit denen er den Inhalten seiner Schreiben auf ebenso pointierte wie humorvolle Weise bildhafte Gestalt verlieh. Auf die Rückkehr Johannes Guthmanns nach Neu-Cladow bezog er sich auf einer Postkarte aus Neukastel vom 21. Mai 1919 und ließ eine Flora oder Fortuna[57] aus einem Füllhorn einen Blütenregen über dem Schriftzug Neu-Cladow ausgießen:

> »Alles Gute u. Schöne Neu-Cladow mit seinem Herrn u. s. Freunden.«[58] – »Also endlich nach 5 Jahren beherbergt Cladow seinen Herren wieder, u. der Mai macht dazu sein schönstes und heiterstes Gesicht! Wollen wir es alle als gutes Zeichen nehmen!«[59]

Max Slevogt: *Flora (Fortuna)*, 1919

Während Slevogt nach Kriegsschluss in der Pfalz festgehalten wurde, suchte Guthmann in Neu-Cladow an die durch den Krieg abgebrochene Tradition des gastlichen Hauses wieder anzuknüpfen. So wurde am 20. Juli 1919 im Naturtheater Hugo von Hofmannsthals lyrisches Drama *Der Tor und der Tod* gespielt, ein Stück, das Johannes Guthmann als Hoffnungszeichen in krisenhafter Zeit galt und über dessen Aufführung der Spiritus Rector von Neu-Cladow Slevogt berichtet:

> »Im Sommer 1919 aber hatte ich, allen guten Ratschlägen und Warnungen zum Trotz, vermocht, in einer nicht ungefährdeten Einsamkeit mich wieder einzuleben und sogar auf dem Naturtheater eine Aufführung von Hofmannsthals ›Der Tor und der Tod‹ zusammenbekommen können, die – nicht wegen der Schüsse, die irgendwo in der Ferne über der Havel fielen, sondern gerade wegen ihrer gesegneten Friedseligkeit inmitten so verkrampfter Zeitläufte – allen unvergesslich bleiben wird, die sie miterlebt haben. Slevogt hatte aus Neukastl [sic] Zeichnung und Verse beigesteuert.«[60]

---

56 Vgl. Owesle 2014, S. 110f.
57 Wolf 2018, Guthmann Nr. 24.
58 Beischrift gem. Wolf 2018, Guthmann Nr. 24.
59 Wolf 2018, Guthmann Nr. 24; vgl. Imiela 1960, S. 26.
60 Guthmann 1948, S. 113.

Max Slevogt: *Aufführung im Neu-Cladower Naturtheater*, 1919

Auf einer Postkarte vom 26. Juli 1919 hatte Slevogt sich selbst als einen von Gicht geplagten Bettler auf zwei Krücken dargestellt, der einen geschminkten und kostümierten Schauspieler (Guthmann?) um ein Almosen ersucht. Daneben hatte er gedichtet: »Dieweil im Park Sie Hofmannstal agieren, verbietet mir mein Loos sogar, zu schmieren, Und glänzt Ihr Sinn, gleich einem fetten Aale. Stumpf wank ich hin mit schwächlichem Pedale!« Sein begleitender Brief schließt mit der Frage: »Wie war der Sonntag i. Naturtheater N-Cladow?«[61]

An Pfingsten 1920 war Slevogt noch einmal in Neu-Cladow zu Gast. Angekündigt hatte der Künstler seinen Besuch mit einer Fotopostkarte des *Eselreiters* von August Gaul – einer Plastik, die seit etwa 1912 unweit des Gartenpavillons im Gutspark Aufstellung gefunden hatte und auf die wir im Cassirer- und im Liebermann-Kapitel noch einmal zu sprechen kommen werden. In einer Zeichnung auf der Rückseite der Postkarte vom 26. Mai 1920 stellte Slevogt sich selbst auf dem Rücken des Esels dar.[62]

Zwar ist in seinem Gemälde *Blumengarten II in Neu-Cladow* der Gaul'sche Eselreiter nicht zu sehen, jedoch jener sonnengelbe Gartenpavillon, dessen Wände auszugestalten Max Slevogt 1911 angetreten war und in dem sich acht Jahre später seine gesamte Familie versammeln sollte:

> »Jetzt am Pfingstfest 1920 saßen sie zu Viert, Vater, Mutter, Töchterchen und Sohn Slevogt, in seinem kleinen Pavillon um den ›Reineke Fuchs‹ vereinigt, den er sich von mir ausgebeten hatte, da es nun einmal seine Gewohnheit sei, am Pfingstsonntag diese Dichtung zu lesen. Auch dieses kleine Pfingst-Eidyllion, Sinnbild des Geistes, der über diesen Feiertag ergossen war, hätte seine Feder festhalten können, so Slevogtisch war es anzusehen. Als er aufstand, brachte er mir meinen Goethe-Band wieder: ›Hoffentlich habe ich ihn nicht verunziert‹. Er hatte dem Ersten Gesang fünf Bleistiftzeichnungen eingefügt, subtilste Kostbarkeiten seiner Erzählerkunst und voll frischesten Humors.«[63]

Damit ist der von Slevogt im Gartenpavillon zu Neu-Cladow mit Original-Zeichnungen versehene Guthmann'sche Band sozusagen als »Urform« jener *Reineke*-Ausgabe zu betrachten, die mit 12 Radierungen von Max Slevogt im Oktober 1928 bei Bruno Cassirer erschien.[64]

Slevogt wusste um die Bedeutung Neu-Cladows für Johannes Guthmann – dies macht seine Glückwunschadresse vom 21. Mai 1919 unmiss-

61 Wolf 2018, Guthmann Nr. 27; vgl. Imiela 1960, S. 28.
62 Vgl. Wolf 2018, Guthmann Nr. 34; Imiela 1960, S. 31.
63 Guthmann 1948, S. 113 f.
64 Vgl. Imiela 1968, S. 440.

verständlich klar. Er wusste um die Fragilität eines Glücks, das für Guthmann aufs Engste mit Neu-Cladow verbunden und das durch den Ersten Weltkrieg bereits auf eine harte Probe gestellt worden war. Nicht von ungefähr hatte sich Slevogt bereits um 1912 eine gläserne Fortuna auf hoher Säule am Havelstrand als weithin sichtbares Merkzeichen für Neu-Cladow imaginiert.[65] Und tatsächlich war das 1919 wieder aufkeimende Leben in Neu-Cladow nicht von langer Dauer:

> »Eine Fortuna, sei sie aus Gold oder Glas, war nicht das Wahrzeichen, das Neu-Cladow gemäß sein sollte. Keiner konnte ahnen, daß es Slevogts letzter Besuch an der Havel war, daß im nächsten Jahre Neu-Cladow aufgehört haben würde ›Neu-Cladow‹ zu sein. Die Revolution und in ihr begründete psychische Wandlungen meiner Familienverhältnisse verdrängten mich aus Haus und Hof und Garten.[66] Mußte ich schon alles hinter mir lassen, die Malereien im Pavillon wollte ich nicht sicherem Untergange preisgeben. Ich schenkte sie der Nationalgalerie.«[67]

Max Slevogt: *Selbstporträt als Eselreiter*, 1920

Bereits 1920 hatte sich Johannes Guthmann dazu entschlossen, die Neu-Cladower Wandbilder der Nationalgalerie zu schenken. Zu dieser Zeit befanden sie sich bereits in einem schlechten Zustand. Obwohl im Winter durch eine Glaswand geschützt, hatten sich schon nach wenigen Jahren Verfallserscheinungen gezeigt, die neben der Feuchtigkeit der Luft vor allem daher rührten, dass Slevogt den Malgrund nicht vorbehandelt und die Farben direkt auf den bereits trockenen Putz aufgebracht hatte. Dass Guthmann sich dazu entschloss, die Wandbilder der Nationalgalerie zu schenken, sollte die bereits im Verlöschen begriffenen Arbeiten vor ihrem endgültigen Verfall bewahren. Ablösung und Transport allerdings erwiesen sich als außerordentlich schwierig: »Die zum großen Teil aus Feldsteinen gebauten alten Mauern widersetzten sich dem üblichen Verfahren einer Fresken-Überführung. Neue Praktiken mussten von den Technikern erfunden werden.«[68] Erst im Juni 1923 konnte mit den Abtragungsarbeiten begonnen werden. Bis Januar 1924 waren die Arbeiter tätig. Im Kronprinzenpalais Unter den Linden, der Abteilung für moderne Kunst der Nationalgalerie, fanden sie im ehemaligen Speisesaal, ergänzt durch Aquarelle, Zeichnungen und Studien neue Aufstellung. Am 8. Januar 1924 berichtet Max Slevogt aus Neukastel Johannes Guthmann: »Übrigens erhalte ich

65 Vgl. Guthmann 1948, S. 114.
66 Vgl. Prolog.
67 Guthmann 1948, S. 114 f.; vgl. Guthmann 1955, S. 306.
68 Guthmann 1948, S. 115; vgl. Guthmann 1955, S. 306.

Max Slevogt: »Ausgrabung« in Neu-Cladow, 1924

69 Wolf 2018, Guthmann Nr. 56; vgl. Imiela 1960, S. 43, Owesle 2014, S. 114.
70 Wolf 2018, Guthmann Nr. 57; vgl. Imiela 1960, S. 44.
71 Max Slevogt: Die Wandmalereien in Neu-Cladow, Berlin (Paul Cassirer) 1921. Hergestellt 1920 in 260 nummerierten und auf der Rückseite des Titelblatts durch Slevogt handsignierten Exemplaren.
72 Wolf 2018, Guthmann Nr. 104; vgl. Imiela 1960, S. 73.
73 Zu der vierzehntägigen Venedigreise, die am 13. September 1929 in München begann vgl. Guthmann 1948, S. 149 ff.; Guthmann 1955, S. 347 ff.; Imiela 1968, S. 443.

eben als Abschluß des Jahres von Justi die Nachricht, daß d. Glad. [sic] Pavillon im Kronprinzenpalais angekommen ist.«⁶⁹ Dass dies nicht ohne Schmerzen für Slevogt geschah, bringt seine Zeichnung auf einer Postkarte aus Neukastel nach Mittel-Schreiberhau vom 28. Januar 1924 zum Ausdruck, auf der es heißt: »Die Ausgrabung in Cladow ist ins Museum verpflanzt!«⁷⁰ Wie sehr sich Max Slevogt mit den Neu-Cladower Wandmalereien identifizierte, zeigt sich darin, dass er dem von drei Bauarbeitern ausgegrabenen antiken Torso seine eigenen – schmerzverzerrten – Züge verleiht.

Wie gut, dass der Kunsthändler Paul Cassirer noch 1920 in Neu-Cladow elf Lichtdrucke von den Wandmalereien⁷¹ anfertigen ließ und 1921 in einer Kassette publizierte, denn: Den Neu-Cladower Wandgemälden war kein langes Leben beschieden. Rund zwanzig Jahre nach ihrer Überführung von Neu-Cladow ins Kronprinzenpalais wurden sie im Bombenhagel des Zweiten Weltkriegs zerstört. Und auch Slevogts letzte Wandmalerei von 1932 – das Kreuzigungsfresko in Ludwigshafen – überdauerte den Zweiten Weltkrieg nicht. Zu beiden Arbeiten hatte Johannes Guthmann den entscheidenden Impuls gegeben. Bis in seine letzte Lebenszeit blieb der Kunsthistoriker nicht nur ein enger Freund Slevogts, sondern war auch einer seiner wichtigsten Auftrag- und Ratgeber. Am Samstag, dem 13. August 1932 schreibt Slevogt: »Lieber Hanns u. Jochen! […] dieses Jahr ist die Luft mit teuflischen Strömen geladen!«⁷² Nur wenige Wochen später, am 20. September 1932, stirbt Max Slevogt auf Neukastel.

Aufs Vielfältigste verknüpft waren die Wege Max Slevogts und Johannes Guthmanns, die sich seit 1911 regelmäßig wechselseitige Besuche an ihren jeweiligen Wohn- und Lebensorten abstatteten und noch 1929 gemeinsam Venedig bereisten⁷³. War Slevogt bis an sein Lebensende häufiger Gast im schlesischen Schreiberhau, so fand sich auch Johannes Guthmann häufig auf Slevogts Anwesen Neukastel ein und konnte dem Maler aus nächster Nähe »über die Schulter« schauen, wie sein Aufsatz *Abends mit Slevogt* von 1927 deutlich macht, in dem Guthmann das Leben auf Neukastel höchst lebendig schildert. Wie in Neu-Cladow fand Max Slevogt auch auf seinem pfälzischen Hofgut Erholung vom Malen und Zeichnen beim abendlichen Musizieren im vertrauten Gästekreis:

»Ist dann auch er dem Fremden Freund geworden und fühlt sich durch nichts beengt, dann kann es geschehen, daß er noch ans Klavier geht. Irgend etwas in ihm blieb diesen Abend vielleicht unausgefüllt, daher unerlöst – und er bedarf noch der Musik. [...]. Aber in seinem Klavierspiel, wenn er sich in den Auszug aus dem ›Don Giovanni‹ oder aus der ›Götterdämmerung‹ hineinlebte und dem starken Gefühl dabei von Zeit zu Zeit mit seinem vollen Bariton mitsingend Nachdruck gab, schwang etwas mit, was nicht mehr Mozart, nicht mehr nur Wagner war, ein Wetterleuchten, ein phantastisches, aus der Tiefe der eigenen Genialität heraus. Das war nicht ein Virtuose, der da spielt und dem Urbild nimmt, indem er ihm von seinem Eigenen gibt: es war das Wesentliche Mozarts, Wagners, das sich im heiligen Quell von Slevogts Wesen spiegelte und sein

Max Slevogt: *Gartenpavillon Neu-Cladow*, Hauptwand, Lichtdruck aus der *Cassirer-Kassette*, 1921

Max Slevogt: *Plafondentwurf für den Musiksaal in Neu-Cladow*, 1920

ward und er selbst ein Musiker in jenem höchsten Sinne Platos: der ›Poietes‹, der Erfinder, der Seelenführer, der schöpferische Künstler.«[74]

Dass Johannes Guthmann den Künstler seit jenen denkwürdigen Sommertagen der Jahre 1911 und 1912 zeitlebens begleitete und an zahlreichen wichtigen Entscheidungen, die Max Slevogt zu treffen hatte, beteiligt war, wirft ein Licht auf die Geistesverwandtschaft und enge Verbundenheit des Künstlers mit dem Kunsthistoriker, die sich auch in einem umfangreichen Briefwechsel widerspiegelt. Als das »schönste Trutz- u. Schutzbündnis«[75] bezeichnet Slevogt seine Freundschaft mit Guthmann in einem Brief vom 29. Dezember 1917. Dass Johannes Guthmann bei seiner Ausweisung aus dem von polnischer Miliz besetzten Schreiberhau 1946 zusammen mit seinen eigenen Manuskripten und jenen Joachim Zimmermanns etwa hundert Briefe Max Slevogts mitnahm[76], legt die Bedeutung offen, die der Künstler für den Kunsthistoriker hatte.

Und ein Licht auf die Bedeutung des Kunsthistorikers und seines Neu-Cladow für den Künstler wirft auch jener Plafondentwurf[77], der am 26. Juni 1920 entstand und den der Künstler zur Ausführung im Deckenoval des Musiksaals vorsah. Hier wollte sich Max Slevogt zusammen mit seinen engsten Freunden, den Hausherren Johannes Guthmann und Joachim Zimmermann, ein bleibendes Denkmal in Neu-Cladow setzen.

Wäre die Skizze realisiert worden, so wachten heute Slevogt als Göttervater Zeus zusammen mit Guthmann und Zimmermann als die Dioskuren Castor und Pollux über den Besuchern so mancher festlichen Veranstaltung – die Decke des Neu-Cladower Musiksaals: in Slevogts Augen der Olymp …

---

74 Guthmann 1927, S. 10 f.
75 Wolf 2018, Guthmann Nr. 14; vgl. Imiela 1960, S. 19.
76 Vgl. Imiela 1960, S. 3.
77 Max Slevogt: *Entwurf zu einem Plafond für den Musiksaal in Neu-Cladow* (1920), Öl/Lwd., 64 x 49 cm, bez. u. r.: s/l Guthmann Max Slevogt Neu-Cladow 26. Juni 1920, ehem. Sammlung Dr. Johnnes Guthmann, Saarbrücken, Stiftung Saarländischer Kulturbesitz, Saarlandmuseum, Inv.-Nr. 27 G. [Imiela 1968, S. 423, Kat. Nr. 149].

Löwenkinder für Neu-Cladow
Der Kunsthändler Paul Cassirer

Zu Neu-Cladows illustren Gästen zählte auch ein Mann, über den Max Osborn am 7. Januar 1926 in der *Vossischen Zeitung* schreibt:

> »Auf einem der unvergeßlichen, übermütigen Kostümfeste der Berliner Sezession in der sorglosen Zeit vor dem Kriege – es war als ›Revolutions-Ball‹ gestempelt [...] – erschien zwischen Jakobinern, Sansculotten, Merveilleusen, [...] hyänengewordenen Barrikadenweibern [...] und todgeweihten Aristokraten einer als Napoleon: Paul Cassirer.«[1]

Es brauchte das Temperament eines rücksichtslosen Durchsetzers, eines Eroberers und »Generalstabschefs«[2], wollte man den Kampf um die moderne Kunst, den es um 1900 in Berlin auszufechten galt, siegreich gewinnen. Denn: Was die künstlerische Avantgarde betraf, so glich die deutsche Reichshauptstadt im letzten Jahrzehnt des 19. Jahrhunderts noch einer Diaspora. Unumstrittene Kulturhauptstadt Deutschlands war bis weit in die 1890er Jahre München. Dass Vertreter moderner Kunstanschauungen von hierher nach Berlin kamen, verdankt sich in maßgeblicher Weise Paul Cassirer (1871–1926). Als Geschäftsführer der *Berliner Secession* und ebenso als Kunsthändler und Verleger zeichnete er um 1900 federführend für die Öffnung jener Schleusen im Berliner Kulturbetrieb verantwortlich, die moderne Künstler in die Reichshauptstadt spülten und Berlin zur führenden Kulturstadt des Wilhelminischen Kaiserreiches machten. Mit Max Slevogt holte er dabei einen Künstler von München nach Berlin, der heute zusammen mit Max Liebermann und Lovis Corinth als einer der drei führenden Köpfe jener Kunstanschauung gilt, der Paul Cassirer zeitlebens am nächsten stand: des Impressionismus!

Paul Cassirer, um 1920

1 Max Osborn: *Cassirers Persönlichkeit*, in: *Vossische Zeitung*, Nr. 11, Abend-Ausgabe, 7. Januar 1926.
2 Harry Graf Kessler in seiner Trauerrede für Paul Cassirer am 10. Januar 1926, zit. nach Kennert 1996, S. 11.

Gegen welch große Widerstände Paul Cassirer in seinem Einsatz für die moderne Kunst zu kämpfen hatte, deutet sich unter anderem in der Reaktion der zeitgenössischen Kritik auf die Arbeiten Claude Monets an, die neben Werken von Édouard Manet und Giovanni Segantini auf der ersten Frühjahrsausstellung im Kunstsalon Cassirer 1899 zu sehen waren. Dass die Berliner Kritik Monets Arbeiten noch fünfundzwanzig Jahre nach der ersten Impressionistenausstellung 1874 in Paris mit Unverständnis und Häme begegnete, geht aus folgender Sentenz hervor, die am 15. März 1899 in der *Staatsbürger-Zeitung* zu lesen war:

> »Von Claude Monet sahen wir siebzehn Bilder, von denen nur wenige den Beschauer anzuregen vermögen und viele eine absichtliche Naivetät zur Schau trugen, die aber jede Wirkung verfehlt. Der Maler ist in seiner künstlerischen Sprache [...] auf das Lallen eines Kindes zurückgegangen, [...]. Ein Bild, das als ›Marine‹ bezeichnet ist, scheint das Produkt des ersten Tuschkastens des kleinen Claude zu sein, [...].«[3]

Auch wenn die letzte Impressionistenausstellung in Frankreich bereits 1886 stattgefunden hatte, war man in Deutschland noch ein Jahr vor der Jahrhundertwende eine derartig skizzenhafte Pinselschrift, wie sie für die Arbeiten Claude Monets charakteristisch war, nicht gewohnt. Diese stand tradierten Sehgewohnheiten ebenso entgegen wie auch die subjektive Auffassung des Motivs durch ihn als Künstler der kaiserlich protegierten akademischen Kunstdoktrin diametral gegenüber stand. Dass Werke der französischen wie der deutschen Impressionisten nach 1900 zunehmend jedoch nicht nur die Begehrlichkeiten der Sammler weckten, sondern auch in Museen Einzug hielten, verdankt sich dem unermüdlichen Engagement Paul Cassirers. Seit der Jahrhundertwende wurde er zum wichtigsten Vermittler des französischen Impressionismus in Deutschland und zum wohl bedeutendsten Förderer und Protegé der deutschen Impressionisten.

So waren auf der Herbstausstellung des Kunstsalons Cassirer 1898 Werke von Max Liebermann neben Arbeiten des französischen Künstlers Edgar Degas zu sehen. Dass Rainer Maria Rilke, der die Ausstellungseröffnung in der *Wiener Rundschau* kommentierte, sich angesichts von Degas' *Tänzerinnen* »überrascht« von deren »hoffnungslose[r] Hässlichkeit«[4] zeigte, wirft einmal mehr ein Licht darauf, dass man in Deutschland um

3 *Staatsbürger-Zeitung*, Nr. 125 a, 15. März 1899, zit. nach: Echte/Feilchenfeldt 2011, S. 135 f.
4 *Wiener Rundschau*, 3. Jg., Nr. 3, 15. Dezember 1898, zit. nach: Echte/Feilchenfeldt 2011, S. 76 f.

1900 an solcherart momenthaft aufgefasste, prosaische Motive noch nicht gewöhnt war – auch wenn es die Intention Rilkes gewesen sein mag, mehr objektiv zu konstatieren, als Kritik an Degas' Bildern zu üben.

Die erste Ausstellung, die der siebenundzwanzigjährige Paul Cassirer mit seinem Vetter Bruno Cassirer (1872–1941) am 1. November 1898 in ihrem gemeinsamen Kunstsalon in der Victoriastraße 35 im Berliner Tiergartenviertel eröffnete, war einem französischen und einem deutschen Impressionisten gewidmet. Dies illustriert den innovativen Anspruch der Vettern Cassirer, die mit ihrer am 20. September 1898 gegründeten Kunst- und Verlagsanstalt unakademische Wege beschreiten wollten.

Dabei hatten sich Paul und Bruno Cassirer mit ihrer Kunst- und Verlagsanstalt mitten im sogenannten »Millionärsviertel« im Berliner Tiergarten niedergelassen, wo eine Vielzahl von Vertretern der Wirtschafts- und Geisteselite der Stadt buchstäblich Tür an Tür lebte. So gehörte zur unmittelbaren Nachbarschaft der Cassirer'schen Kunsthandlung auch Johannes Guthmann, dessen Wohnung sich seit 1904 in der Matthäikirchstraße befand.[5] Der vornehmen Lage des Kunstsalons und Verlags Cassirer entsprachen die exklusiven Räumlichkeiten, die Marianne Feilchenfeldt Breslauer – die Frau von Paul Cassirers späterem Mitarbeiter Walter Feilchenfeldt – in ihren Lebenserinnerungen folgendermaßen beschreibt:

> »Das Haus der Galerie befand sich an der Viktoriastraße [...]. Wie in einem Museum gab es dort einen Oberlichtsaal für die Ausstellungen, während sich die Handelsräume im ersten Stock befanden. In diesem privateren Rahmen traf man sich mit Kunden, zeigte ihnen Bilder und schloß Geschäfte ab.«[6]

Der Wunsch, sich vom Massengeschmack abzugrenzen, spiegelte sich im erlesenen Charakter der Innenausstattung der Kunst- und Verlagsanstalt, deren Lesesalon von dem Jugendstilarchitekten Henry van de Velde gestaltet worden war. Und er spiegelte sich in den Exponaten. Mit kleinen, exquisiten Ausstellungen distanzierte man sich vom Massenbetrieb der großen akademischen Kunstschauen am Lehrter Bahnhof und wollte dabei geschmacksbildend wirken. Und dies nicht nur durch Ausstellungen. Auch durch Publikationen. So gewannen Paul und Bruno Cassirer einflussreiche Museumsdirektoren wie Alfred Lichtwark oder Wilhelm von Bode ebenso als Autoren für ihren Verlag wie prominente Künstler: 1899 erschien im

[5] Von 1904 bis 1907 wohnte Johannes Guthmann in der Matthäikirchstraße 14 und von 1908 bis 1910 in der Matthäikirchstraße 15 II.
[6] Marianne Feilchenfeldt Breslauer: *Bilder meines Lebens. Erinnerungen*, Wädenswil 2009, S. 69.

Verlag von Bruno und Paul Cassirer eine Schrift über *Degas* von Max Liebermann. Dieser wiederum berief die Vettern Bruno und Paul Cassirer in den Vorstand der 1898/99 gegründeten *Berliner Secession*[7], der er als Präsident vorstand. Die unterschiedlichen Rollen Liebermanns und Cassirers in der Secession benennt Max Osborn in seinem Nachruf auf Paul Cassirer 1926:

> »Wenn Liebermann Kopf und Herz der Sezession war, die seinerzeit die Türen aufriß, um erquickenden Luftstrom einzulassen, so war Cassirer ihr ordnender Blick und ihre Faust.«[8]

In der Zeit ihrer gemeinsamen Aktivitäten entwickelte sich die Verlags- und Kunsthandlung der Vettern Cassirer zu *der* modernen Kunsthandlung am Platze. Zwar waren in Berlin Werke der französischen Impressionisten bereits 1883 im Kunstsalon von Fritz Gurlitt ausgestellt worden. Die Galerie Eduard Schulte zeigte seit 1892 Werke der protosezessionistischen *Vereinigung der Elf*. Und auch die 1897 eröffnete Galerie Keller und Reiner präsentierte moderne Kunst. Jedoch waren die zumeist allmonatlich wechselnden Ausstellungen bei Cassirer originär – auch, wenn es zunächst nicht leicht war, mit »Monet und Manet zu money«[9] zu gelangen. Während das Publikum in Scharen zu Eduard Schulte strömte, offenbarten sich die Schätze bei Cassirer zunächst nur einem kleinen Kreis. Das Gros der Bevölkerung begegnete den hier präsentierten Arbeiten mit Unverständnis. Und doch waren die Unternehmungen der Vettern Cassirer von nachhaltiger Wirkung, wie Peter Paret – ein Enkel Paul Cassirers – in seinem Buch über die *Berliner Secession* betont:

> »Wenn die Cassirers eine direktere und bleibendere Wirkung hatten, so vielleicht, weil sie jede Ausstellung als ein einheitliches Ganzes planten, in welchem sie thematische, psychologische und historische Bezüge zwischen den Arbeiten verschiedener Künstler und Schulen aufzuzeigen versuchten, anstatt nur ein paar moderne Gemälde einzeln zwischen konventionelle und leicht verkäufliche Bilder zu verteilen.«[10]

Diesem Konzept blieb Paul Cassirer treu, nachdem sich die Vettern am 30. August 1901 trennten und die Beziehung beider zueinander als »be-

---

7 Der Gründungsprozess der *Berliner Secession* erstreckte sich von der konstituierenden Versammlung am 2. Mai 1898 bis zur offiziellen Bekanntgabe der Gründung im Januar 1899. [Vgl. Matelowski 2017, S. 549].
8 Max Osborn: *Cassirers Persönlichkeit*, in: *Vossische Zeitung*, Nr. 11, Abend-Ausgabe, 7. Januar 1926.
9 *Lustige Blätter*, Bd. 14, Heft 12, 1899, S. 5.
10 Paret 1983, S. 107 f.

waffneter Friede« oder »feindselige Freundschaft«[11] weiter bestehen blieb. Während Paul Cassirer die Kunsthandlung in der Victoriastraße weiterführte, zog Bruno Cassirer mit dem Buchverlag in die Derfflingerstraße 16. Durch eine vertragliche Vereinbarung war es den Vettern dabei für einen Zeitraum von sieben Jahren untersagt, auf dem Berufsfeld des jeweils anderen tätig zu werden. Bruno Cassirer gründete 1902 die einflussreiche Zeitschrift *Kunst und Künstler*, die der Avantgarde eine Plattform bot. Und insbesondere förderte er in den folgenden Jahren auch Max Slevogt als Graphiker und baute den Künstler als Buchillustrator stetig auf. Paul Cassirer wiederum behielt in seinem Kunstsalon das ursprüngliche Konzept bei, demgemäß er »durch eine sorgfältige Zusammenstellung von modernen Kunstwerken des In- und Auslandes Ein- und Überblicke über das zeitgenössische Kunstschaffen, über Entwicklungen und zukünftige Tendenzen zu vermitteln«[12] suchte. Dabei zeigte er immer wieder Arbeiten jüngerer und bis dato in Deutschland noch weitgehend unbekannter Künstler wie Paul Cézanne oder Vincent van Gogh.

Die von Thomas Theodor Heine gestaltete Einladungskarte[13] zur Vorbesichtigung der Cassirer-Ausstellung von 1902 ist demnach programmatisch zu lesen: Der die Einladung üppig umrankende, blühende Zweig entwächst nicht der prunkvollen historistischen Vase mit den kaiserlichen Adlerhenkeln, die als Blickfang die Einladungskarte ziert. Vielmehr erwächst er aus einem kleinen schlichten Blumentopf neben der Prunkvase, in welcher wiederum ein zartes Pflänzchen vor sich hin kümmert. Die moderne Kunst – so macht es die Einladungskarte auf einen Blick ablesbar – erhebt sich blühend und kraftvoll aus schlichtesten Anfängen, während die kaiserlich geförderte Kunst im Absterben begriffen ist.[14] Bereits 1902 trug der Kampf um die moderne Kunst, den Cassirer seit Ende der 1890er Jahre ausfocht, reiche Frucht!

So gelangte durch die Vermittlung Paul Cassirers 1905 auch Édouard Manets *Landhaus in Rueil*[15] in die Berliner Nationalgalerie. Das über Cassirer bei dem Pariser Kunsthändler Paul Durand-Ruel erworbene Gemälde war ein Werk, das Max Slevogt besonders schätzte.[16] Slevogt war 1901 von München in die Reichshauptstadt gezogen und zählte hier alsbald zu den gefragtesten Künstlern Berlins. Bereits im Herbst 1899 waren seine Arbeiten zusammen mit jenen von Édouard Manet und Edgar Degas bei Paul und Bruno Cassirer präsentiert worden. Darunter befand sich auch

11 Sigrid Achenbach: *Die Rolle Max Liebermanns und Max Slevogts in den Verlagen Bruno und Paul Cassirer*, in: Feilchenfeldt/Raff 2006, S. 59–75, hier: S. 62.
12 Caspers 1989, S. 9.
13 Th. Th. Heine: Einladungskarte für Paul Cassirer (1901), in: Feilchenfeldt/Raff 2006, S. 49, Abb. 25.
14 Vgl. Raff 2006, S. 50.
15 Édouard Manet: *Landhaus in Rueil* (1882), Öl/Lwd., 71,5 x 92,5 cm, SMB, Nationalgalerie.
16 Vgl. Guthmann 1948, S. 36; Guthmann 1955, S. 185.

Manets großformatiges Gemälde *Frühstück im Grünen*[17], das 1863 in Paris aufgrund seines Sujets – eines weiblichen Aktes inmitten bekleideter männlicher Zeitgenossen – einen Skandal hervorgerufen hatte. Neben ihm war von Max Slevogt unter anderem das Gemälde *Der verlorene Sohn*[18] zu sehen und damit eines jener Bilder aus Slevogts Münchener Zeit, in denen sich der Künstler tradierter Themen auf naturalistisch-psychologisierende Weise annahm. Dass bald schon in Berlin impressionistisch inspirierte Gemälde Slevogts zu sehen waren, wie beispielsweise sein Gemälde *Sommermorgen*[19] (1901) auf der Ausstellung der *Berliner Secession* 1902, verdankt sich zu einem Gutteil der Vermittlungsarbeit Paul Cassirers, die sich katalysatorisch auf die Entwicklung von Slevogts impressionistischer Bildsprache auswirkte.

Der Erfolg im Kampf um die moderne Kunst, wie ihn Paul Cassirer in Berlin an vorderster Front ausfocht, ist vor allem auf jenes dichte Netz aus beruflichen und persönlichen Beziehungen zurückzuführen, die die Protagonisten der künstlerischen Avantgarde untereinander zu knüpfen wussten. Diese wurden weit über die Grenzen Berlins hinaus gepflegt, so auch im holländischen Noordwijk, wo Paul Cassirer 1906 ein Ferienhaus in den Dünen gebaut hatte.[20] Dort fanden 1908 mit Paul Cassirer, Max Slevogt und der Schauspielerin Tilla Durieux Protagonisten jenes illustren Gästekreises zusammen, der später auch zum »inner circle« Neu-Cladows gehörte. Ein Brief Slevogts vom Juli 1908 macht dabei deutlich, *wie* eng die Beziehung des Künstlers zu Cassirer und dessen späterer Ehefrau Tilla Durieux war: Slevogt lässt darin den sommerlichen Aufenthalt noch einmal Revue passieren und versieht seinen Brief mit einer Zeichnung, die ihn selbst zusammen mit Cassirer und Durieux als Indianer verkleidet und einträchtig die Friedenspfeife miteinander rauchend zeigt.[21]

Diese Zeichnung war zwölf Jahre später auch in Guthmanns Publikation über die Gelegenheitsarbeiten Max Slevogts mit dem Titel *Scherz und Laune* zu finden, die 1920 im Verlag von Paul Cassirer erschien.[22] Ein Buch, das nicht ohne Schmerzen geboren worden war, hatte sich doch Guthmann gegen den Titel ausgesprochen:

> »Scherz und Laune‹ war mir so albern und für Slevogt zumal ganz ungehörig erschienen, daß ich ihn von vornherein stillschweigend kassiert hatte. Slevogt als fidelen Künstler, den Becher in der Hand, [...], anheimelndster Typ

---

17 Édouard Manet: *Frühstück im Grünen* (1863), Öl/Lwd., 208 × 264,5 cm, Paris, Musée d'Orsay.
18 Max Slevogt: *Der verlorene Sohn* (1898/99), Öl/Lwd., Triptychon 110,5 × 98 cm, Flügel je 110,5 × 50 cm, Stuttgart, Staatsgalerie.
19 Vgl. hierzu auch das Slevogt-Kapitel.
20 Vgl. Feilchenfeldt/Raff 2006, S. 395; Bauschinger 2015, S. 96. Cassirer verkaufte das Haus während des Ersten Weltkriegs wieder. [Vgl. ebd.].
21 Brief Max Slevogts vom 24. Juli 1908, Privatbesitz, abgebildet in Feilchenfeldt/Raff 2006, S. 382, Abb. 151.
22 Vgl. Guthmann 1920, S. 141.

Max Slevogt: *Katwijk*, 1908 (li.)
Max Slevogt: Cassirer und Guthmann im »Clinch«, 1918 (re.)

der Bourgeosie vor 1914, stets voller Scherz und Laune, es gab keine größere Verkennung!«[23]

Guthmann wollte sein Buch mit dem Titel »Improvisationen« versehen wissen und es unter dem von Cassirer favorisierten Titel »Scherz und Laune« nicht zum Druck freigeben.[24] Den Kampf, den Guthmann mit Cassirer wegen des Titels ausfocht, überliefert eine Zeichnung auf einer Postkarte, die Slevogt am 12. Juni 1919 von Neukastel nach Neu-Cladow schickte[25]: Slevogt stellte sich hierauf selbst als König Salomo dar, dem das Buch von einem Diener präsentiert wird, während im Hintergrund Cassirer und Guthmann miteinander ringen und sich prügeln – zu ihren Füßen eine Bulldogge. Der Gewinner des Kampfes lässt sich am Titel des 1920 erschienenen Buches auf einen Blick ablesen: Paul Cassirer!

Johannes Guthmann erwarb bei Paul Cassirer einen Großteil seiner Kunstsammlung, die in ihrer facettenreichen Zusammensetzung die Vielgestaltigkeit der künstlerischen Avantgarde in Deutschland um 1910 widerspiegelt. Dokumentiert sind in den Geschäftsbüchern von Cassirer zwischen 1909 und 1916 insgesamt fünf Verkäufe von Werken Max Liebermanns an

23 Guthmann 1955, S. 304.
24 Vgl. Wolf 2018, Guthmann Nr. 25.
25 Postkarte Max Slevogt an Johannes Guthmann, 12. Juni 1919, in: Wolf 2018, Guthmann Nr. 25; vgl. Imiela 1960, S. 26f.

Johannes Guthmann durch Paul Cassirer. So erwarb Guthmann am 1. Februar 1916 gleich vier Werke: eine gezeichnete *Aktstudie* zu *Simson und Delila*, eine gezeichnete Studie zum *Polospiel*, ein gezeichnetes *Bildnis des Professor Cohen* und ein Pastell – den *Gemüsemarkt in der Judengasse*. Früher noch, am 28. September 1909, hatte Guthmann ein Pastell erworben, bei dem es sich vermutlich um das Bild *Strand und Meer*[26] handelt – eine 1907 entstandene Küstenlandschaft, in der Liebermann auf subtile Weise das Transitorische einer Gewitterstimmung am Meer festgehalten hat, bei der sich die heranrollenden Wellen gelblich verfärben und ein sich verdunkelnder Himmel dräuend vom Unwetter kündet.

Zur etwa selben Zeit oder etwas später muss die Holzplastik eines *Geldzählenden Bettlers*[27] in den Besitz Guthmanns gelangt sein, die wir auf einer zeitgenössischen Fotografie auf dem Wohnzimmertisch Guthmanns stehen sehen.[28] Sie stammte von einem Bildhauer, der die besondere Protektion Paul Cassirers genoss: Ernst Barlach (1870–1938). Dessen gesamte künstlerische Produktion als Bildhauer und Zeichner, Graphiker und Schriftsteller wurde seit dem Jahr von Barlachs Secessionsbeitritt 1908 von Cassirer als Kunsthändler und Verleger vertreten. Die Figur des Bettlers war für Ernst Barlach als »Symbol gegen die materielle Gier und blinde Fortschrittsgläubigkeit seiner Zeit«[29] von besonderer Bedeutung. Und es wirft ein Licht auf Guthmanns Geisteshaltung, dass das Motiv variantenreich Eingang in seine Kunstsammlung fand. Aus den Geschäftsbüchern Paul Cassirers geht hervor, dass Johannes Guthmann neben der oben erwähnten Holzplastik am 13. Dezember 1915 auch eine *Russische Bettlerin* aus Terrakotta und am 11. März 1919 einen gezeichneten *Bettler* erwarb. Wenn Barlachs Bettlergestalten als Menschen erscheinen, »die trotz der Trostlosigkeit ihrer Lage eine innere Würde und Schönheit bewahrt haben«[30], so entspricht dies der Maxime Guthmanns und Zimmermanns, ungeachtet äußerer Umstände »alles, was uns treffen würde, […] als ein ästhetisches Phänomen philosophischer Betrachtung zu nehmen«[31].

Unweit von Barlachs *Geldzähler* befand sich auf Guthmanns Wohnzimmerkamin die Bronzeplastik einer *Sich auskleidenden Frau*[32], deren Schöpfer – seit 1905 Mitglied und seit 1911 im Vorstand der *Berliner Secession* – ebenfalls von Paul Cassirer protegiert wurde: Georg Kolbe (1877–1947). Von ihm nannte Guthmann auch eine 73 cm hohe Kalksteinfigur *Trauernde Nymphe*[33] (1908) sein Eigen, die dem Sammler nach 1913 durch Cassirer

26 Max Liebermann: *Strand und Meer* (1907), Pastell/Papier, 12 x 18,8 cm, Standort unbekannt.
27 Ernst Barlach: *Der Geldzähler* (1909), Rundplastik, Holz (Mahagoni), 41,9 x 35,5 x 38,2 cm, Privatbesitz. [Ernst Barlach. Das plastische Werk, Werkverzeichnis II, Ernst Barlach-Stiftung (Hg.), bearbeitet von Elisabeth Laur, Güstrow 2006, Nr. 149].
28 Vgl. Owesle 2014, S. 131.
29 http://www.ernst-barlach.de/werke.html, letzter Zugriff: 6.8.2018.
30 Caspers 1989, S. 149.
31 Guthmann 1955, S. 470.
32 Werkangaben und Standort der Bronze sind unbekannt; vgl. hierzu das Gipsmodell: Georg Kolbe: *Sich Auskleidende* (1906), Gips, 40 cm, Berlin, Georg Kolbe Museum, Inv.-Nr. GKFo-0033_001.

Neu-Cladow: Wohnzimmer, um 1912

vermittelt worden war. Möglicherweise stand sie einstmals im Gutspark Neu-Cladow und wurde von Guthmann 1921 nach Schlesien mitgenommen. Hier fand sie im Park der Villa Guthmann-Zimmermann in Schreiberhau zunächst im Gartenpavillon und später im Freien Aufstellung.[34] Heute befindet sich die *Trauernde Nymphe* im Garten des Carl und Gerhart Hauptmann-Hauses im polnischen Schreiberhau (Szklarska Poreba). Mit Arbeiten von Georg Kolbe – von dem Guthmann auch frühe druckgraphische Werke besaß – sammelte Guthmann einen Künstler, den eine besonders enge Beziehung zu Paul Cassirer verband. Georg Kolbe nahm Paul Cassirer 1926 die Totenmaske ab und schuf ein Jahr vor seinem Tod eine Bronzebüste[35], die uns durch die nervös bewegte Oberflächengestaltung in besonders sprechender Weise das hochsensible Wesen, den beweglichen Geist und das leidenschaftliche Temperament Paul Cassirers vor Augen führt.

Paul Cassirer mit seinem furiosen Temperament fand in August Gaul (1869–1921) einen idealen Counterpart. Mit Gaul, dessen Werke in der Kunstsammlung von Johannes Guthmann einen wahren Löwenanteil ausmachten, verband Cassirer über die intensive Geschäftsbeziehung hinaus

33 Georg Kolbe: *Trauernde Nymphe* (1908), Kalkstein, 73 x 53 x 53 cm. Die Skulptur war 1908 in der *Berliner Secession* ausgestellt. In einem 1913 von Paul Cassirer herausgegebenen Bildband über Kolbe wurde sie noch als verkäuflich eingestuft. [Georg Kolbe: Bildwerke, Berlin (Paul Cassirer) 1913, o. P., hier: »Brunnenfigur« (1908), Kalkstein, H. 77 cm].
34 Vgl. Owesle 2014, S. 130.
35 Georg Kolbe: Porträt Paul Cassirer (1925), Bronze, H. 32 cm, Berlin, Georg Kolbe Museum.

Georg Kolbe: *Paul Cassirer*, 1925

36 Max Liebermann: *In memoriam Paul Cassirer*, in: *Berliner Tageblatt*, Nr. 11, Abend-Ausgabe, 7. Januar 1926.
37 Guthmann 1955, S. 215f.
38 August Gaul: *Zwei kleine Löwen* (um 1898), Bronze, H. 7 cm, erworben 1905. [Gabler 2007, Nr. 44-1].
39 Vgl. Owesle 2014, S. 129f., Abb. S. 131.
40 August Gaul: *Katze/Kater* (1901), Bronze, H.: 14,5 cm, erworben 1908. [Gabler 2007, Nr. 71].
41 August Gaul: *Bibergruppe* (1908), Bronze, 23,8 x 21,5 cm, erworben 1909. [Gabler 2007, Nr. 143].
42 Zwischen 1905 und 1909 sind in Cassirers Geschäftsbüchern fünf Verkäufe von Arbeiten August Gauls an Johannes Guthmann belegt. So wurde für 1905 über den Verkauf der beiden *Kleinen Löwen* und der *Bibergruppe* hinaus auch jener einer Bronze *Schaafe* [sic] sowie einer *Bärenpetschaft* und für 1906 der Verkauf einer Bronze *Spielende Bären* vermerkt.
43 August Gaul: Eselreiter (1912), Bronze, H. 162,5 cm. [Gabler 2007, Nr. 180].
44 Vgl. Owesle 2014, S. 128f., Abb. S. 129.

auch eine enge Freundschaft. Unter Gauls Anregung habe sich Cassirer auch dem Aktzeichnen ergeben, schreibt Liebermann in einem Nachruf auf Paul Cassirer und darin »mindestens so viel wie manche Maler von Beruf«[36] geleistet. Für den bescheidenen, zurückhaltenden Gaul wiederum habe – so berichtet uns Johannes Guthmann – »die Cassirerische Art sich zu differenzieren, zu manövrieren, zu debattieren, sich zu echauffieren, etwas Faszinierendes [gehabt], das er bewunderte«[37] Wie für Ernst Barlach, hatte Paul Cassirer auch für die Werke des Tierbildhauers und Secessionsmitbegründers August Gaul den Alleinvertretungsanspruch übernommen. Die Verkaufsakten der Galerie Cassirer vermerken eine stattliche Reihe von Verkäufen an Johannes Guthmann.

So besaß Guthmann seit 1905 *Zwei kleine Löwen*[38] aus Bronze aus dem Jahr 1898, die zu den frühesten Kleinplastiken von August Gaul gehören. Im Vergleich zu seinen etwa zeitgleich entstandenen überlebensgroßen, heraldisch konnotierten Löwen für das Kaiser-Wilhelm-Nationaldenkmal des neobarocken Staatsbildhauers Reinhold Begas machen sie mit ihren nur sieben Zentimetern Größe deutlich, wie ausgereift der moderne Stil des Bildhauers zur Gründungszeit der *Berliner Secession* bereits war.[39]

Auf die typischen Charaktereigenschaften des Königs der Tiere konzentriert, gelang es Gaul, dessen kraftvolles Wesen auch in kleinstem Format durch eine reduziert-konzentrierte Formensprache zu erfassen, die ganz Guthmanns wie Cassirers Geschmack entsprochen haben muss, der auf qualitätvolle Schlichtheit ausgerichtet war. Seit 1908 besaß Guthmann von Gaul auch eine buckelnde *Katze*[40] (1901), von der sich ein weiterer Guss im Besitz von Tilla Durieux befand. 1909 erwarb Guthmann darüber hinaus auch eine 1908 entstandene bronzene *Bibergruppe*[41]. Gemäß Guthmanns Lebenserinnerungen befanden sich insgesamt neun Tierbronzen von August Gaul in seinem Besitz.[42]

Darüber hinaus vermittelte Paul Cassirer Guthmann mit dem 162,50 Zentimeter großen bronzenen *Eselreiter*[43] von 1912 eines der Hauptwerke Gauls, das in Neu-Cladow in der Nähe des von Slevogt ausgestalteten Gartenpavillons im Gutspark Aufstellung fand und sich heute im Vestibül des Rathauses Berlin-Spandau befindet.[44] Das echte Tier, das August Gaul zu seinem bronzenen Esel Modell stand, war den Kindern des Künstlers von Tilla Durieux geschenkt worden, was ein Licht auf die enge persönliche Beziehung der Schauspielerin zu dem Bildhauer wirft, dessen Kleinbronzen

August Gaul: *Zwei kleine Löwen*, 1898

sie ganz besonders schätzte. So besaß die Künstlerin unter anderem eine eigene Version des *Eselreiters*⁴⁵ – eine Bronze von nur 16 Zentimetern Höhe. Eine Fotographie, auf der sie eine Vielzahl von Gauls Kleinstbronzen der 1915 entstandenen Serie *Kleiner Tierpark* um sich schart⁴⁶, ist bezeichnend für dieses besondere Verhältnis Tilla Durieux' zur Kunst August Gauls, dessen Arbeiten ihr insbesondere auch durch Paul Cassirer nahe gebracht worden sind.

Paul Cassirer war jedoch nicht nur ein leidenschaftlicher Vermittler der Arbeiten August Gauls. Mit großer Begeisterung trat Cassirer auch für die Arbeiten Vincent van Goghs (1853–1890) ein. So befanden sich auch im Besitz Johannes Guthmanns mindestens zwei Arbeiten von van Gogh, die ihm durch Cassirer vermittelt worden sind und die beide im Juni 1914 auf dessen großer van Gogh-Ausstellung gezeigt wurden. So zum einen die Tuschzeichnung *Straße in Saintes Maries de la Mer*⁴⁷, die Guthmann bereits 1907 erworben hatte und in der sich van Gogh in seiner charakteristischen schwungvollen Pinselschrift zu erkennen gibt, mit der er Natur wie Architektur gleichermaßen zu beseelen weiß. Drei Jahre später erwarb Guthmann 1910 von Cassirer zudem einen weiblichen *Gipstorso vor blauer Wand*⁴⁸, der

45 August Gaul: Eselreiter (1912), Bronze, H. 16,2 cm. [Gabler 2007, Nr. 179].
46 Vgl. Gabler 2007, S. 17.
47 Vincent van Gogh: *Straße in Saintes Maries de la Mer* (1888), Tusche u. Bleistift/Papier, 30,5 x 47 cm, Privatbesitz. [Ives Colta u. a. (Hg.): Vincent van Gogh: *The drawings*, Ausst. Kat. Metropolitan Museum of Art, New York 2005, Nr. 50]. In Cassirers Geschäftsbüchern trägt die Zeichnung den Titel *Rue de village*. Sie wurde am 13. November 1907 von Cassirer an Guthmann verkauft. Vgl. die Ausstellung der Zeichnung auf der van Gogh-Ausstellung 1914 bei Cassirer mit folgenden Angaben: »Nr. 97, *Hütten in Saintes-Maries*, Zeichnung, 1888, Besitzer Herr Dr. Joachim Zimmermann, Berlin.« [Echte/Feilchenfeldt 2016, S. 771, Abb. S. 749].
48 Vincent van Gogh: *Weiblicher Torso* (1886/87), Öl/Lwd., 73 x 54 cm, Komaki (Japan), Menard Art Museum. [Jacob-Baart de la Faille: »L'Œuvre de Vincent van Gogh, Catalogue raisonné, I u. II, Paris [u. a.] 1928, Nr. 216]. Vgl. die Ausstellung des Gemäldes auf der van Gogh-Ausstellung 1914 bei Cassirer mit folgenden Angaben: »Nr. 43, *Torso*, gegen 1887, 72 x 54, Besitzer Herr Dr. Johs. Guthmann, Neu-Cladow« [Echte/Feilchenfeldt 2016, S. 765, Abb. S. 717].

Tilla Durieux mit Bronzen von August Gaul, um 1915

49 Guthmann 1955, S. 135.
50 Johannes Guthmann: *Eurydikes Wiederkehr in drei Gesängen*, Berlin (Paul Cassirer) 1909.
51 Johannes Guthmann Max Beckmann: *Eurydikes Wiederkehr*. III. Werk der Pan-Presse 1909 (Gesamtauflage: 60 Exemplare), Ausgabe A (Nr. 1-25); Ausgabe B (Nr. 26-60). [Feilchenfeldt/Brandis 2002, F/B 84]. Vgl. auch die Textausgabe. [Feilchenfeldt/Brandis 2002, F/B 84.1].
52 Feilchenfeldt/Brandis 2002, F/B 147.
53 Ebd., F/B 8.

in Neu-Cladow an prominenter Stelle im einstigen Wohnzimmer und heutigen kleinen Kaminzimmer seinen Platz fand.

Das Sujet wirft ein Licht auf Guthmanns Vorliebe für die Antike, die ihm als »etwas Zeitloses, die Moden Überdauerndes«[49] galt. Diese zeigt sich auch in seinem Prosagedicht *Eurydikes Wiederkehr*[50], das 1909 von Paul Cassirer als dritter Band der Pan-Presse veröffentlicht wurde.[51] In deren Rahmen erschienen bis 1921/22 aus dem Druck der Handpresse neunzehn illustrierte Bücher und graphische Mappenwerke, darunter als siebzehnter Band Slevogts Randzeichnungen zu Mozarts Oper *Die Zauberflöte* (1920)[52] und als neunzehnter und letzter Band Ernst Barlachs Werk *Die Wandlungen Gottes* (1921–1922)[53].

Die Pan-Presse hatte Cassirer 1908/09 gegründet und verfolgte damit das Ziel, eine bibliophile Reihe mit literarischen Vorlagen und illustrierenden Künstlern von höchster Qualität herauszugeben[54] und damit kunsterzieherisch und geschmacksbildend zu wirken[55]. Der Text des dritten Bandes der Reihe war ein Prosagedicht aus der Feder von Johannes Guthmann, das mit neun Lithographien von Max Beckmann (1884–1950) illustriert wurde. Von einem Künstler also, der als Graphiker bis dato völlig unbekannt war.[56] Wenngleich sein 1905 auf der Ausstellung des Deutschen Künstlerbundes in Weimar präsentiertes Gemälde *Junge Männer am Meer* Beckmann zu frühem Ruhm verholfen hatte und er seit 1906 regelmäßig auf den Ausstellungen der *Berliner Secession* vertreten und seit 1907 deren

Vincent van Gogh: *Weiblicher Torso*, 1886/87 (li.)

Max Beckmann: Orpheus' Gang durch die Unterwelt, aus: *Eurydikes Wiederkehr*, 1909 (re.)

54 Zu den einzelnen Werken der Pan-Presse mit dem 1909 im ersten Prospekt der Pan-Presse von Paul Cassirer formulierten Programm vgl. ebd., S. 564–567.
55 Vgl. Sigrid Achenbach: *Die Rolle Max Liebermanns und Max Slevogts in den Verlagen Bruno und Paul Cassirer*, in: Feilchenfeldt/Raff 2006, S. 59–75, hier: S. 66.
56 Vgl. Caspers 1989, S. 60; Zeiller 2006, 139.

Mitglied[57] war, handelte es sich bei der Arbeit für den dritten Band der Pan-Presse um Beckmanns ersten Illustrationsauftrag[58].

Warum Cassirer mit Beckmann einen auf dem Gebiet der Graphik noch völlig unversierten Künstler für die Illustration des dritten Bandes der Pan-Presse wählte, mag mehrere Gründe gehabt haben. Zum einen lässt die Vorliebe für die moderne Bearbeitung antiker Stoffe Max Beckmann für die Illustration des Prosagedichts von Johannes Guthmann wie prädestiniert erscheinen. Darüber hinaus waren es sicherlich auch äußerst prosaische Gründe, die Cassirer bewogen haben mögen, den jungen Beckmann als Illustrator zu gewinnen. So gibt sich darin auch die Absicht zu erkennen, Max Beckmann an sich zu binden, denn dieser hatte sich bereits mehrfach mit dem Gedanken getragen, sich von der *Berliner Secession* zu distanzieren und eine neue Secession ins Leben zu rufen.[59] Es war offenbar eine Mixtur aus künstlerischen und kulturpolitischen Erwägungen, die hinter der Akquise Beckmanns als Illustrator stand. Und einmal mehr hatte Paul Cassirer mit seinem untrüglichen Gespür für die richtigen künstlerischen und kunstpolitischen Schachzüge Erfolg. So heißt es im Tagebuch Max Beckmanns am 4. April 1909 über ein Treffen mit Paul Cassirer:

> »Morgens bei Cassirer, er war sehr liebenswürdig und hatte wirklich etwas da, was ich illustrieren sollte. Ein Buch mit Versen von einem Herrn Dr. Guthmann […]. Morgen nachmittag, bat er, möchte ich mich entscheiden. Hatte erst wenig Lust dazu […] Auf dem Rückweg las ich das Manuscript von Guthmann und fand, daß es nicht schlecht und etwas daraus zu machen sei. Entschloß mich also, es zu machen.«[60]

Beckmanns Illustrationen zu Guthmanns Prosagedicht reihten sich als dritter Band der Pan-Presse an Slevogts Illustrationen zu den *Lederstrumpf-Erzählungen* von James Feinmore Cooper als erstem[61] (1909-10) und Lovis Corinths Bildern zu dem biblischen Buch *Judith* (1910)[62] als zweitem Band der Pan-Presse. Auf Guthmanns Prosagedicht folgten als vierter Band Jules Pascins Illustrationen zu Heinrich Heines *Aus den Memoiren des Herrn von Schnabelewobsky* (1910)[63] und als fünfter Band Lovis Corinths Illustrationen zum biblischen Buch *Das Hohe Lied* (1911)[64]. Die Platzierung von Guthmann als zeitgenössischem Autor zwischen der Bibel und Heinrich Heine im Rahmen der Publikationen der Pan-Presse wirft ein Licht auf die

---

57 Vgl. Caspers 1989, S. 60.
58 Vgl. Zeiller 2006, S. 141.
59 Vgl. u. a. ebd., S. 139.
60 Zit. nach Feilchenfeldt/Brandis 2002, S. 210.
61 Ebd., F/B 35.
62 Ebd., F/B 28.
63 Ebd., F/B 96.
64 Ebd., F/B 29.

Bedeutung, die Cassirer dem Prosagedicht beimaß und die sich auch aus dessen Inhalt erschließt. In drei »Gesängen« erzählt Johannes Guthmann hierin die antike Sage des Sängers Orpheus neu[65] und interpretiert sie als Konflikt des Künstlers, Leben und Kunst miteinander in Einklang zu bringen.

So stürzt Orpheus im ersten Gesang »Leier der Liebe« der Tod seiner Geliebten in tiefe Verzweiflung. An der Bahre der Toten legt Orpheus seine Leier nieder und beklagt im Bewusstsein der unwiederbringlich verlorenen Eurydike die »ungetane, versäumte Liebe«:

> »So klagte Orpheus / sein Herz mit ungerechtem Vorwurf an, / daß sich ihm das Bewußtsein ungetaner, / versäumter Liebe an die Seele hing / und sie mit ehernem Gewicht herabzog. / ›War das der Sinn des Traumes‹, rief er aus, / daß ich, vom irdischen Gefühl beschwert, / dem mühelosen Flug der reinen Liebe / nicht folgen konnte und nun ewig um / dies winzige ›Zu spät‹ dir ferne bin? – / Ach, kehrtest du mir wieder!«[66]

Die zugehörige Illustration führt uns die höchst eigenständige Auffassung und Interpretation des Textes durch Max Beckmann vor Augen, wie sie alle neun Steinzeichnungen charakterisieren.[67] Wenn Orpheus das durch die Wolkendecke brechende Licht nicht im Stehen beobachtet, sondern seiner Verzweiflung buchstäblich erliegt, so radikalisiert der Künstler – indem er Orpheus zu Boden »wirft« – den Guthmann'schen Text und sabotiert die darin enthaltene »Tendenz zur Harmonisierung des gestalteten Konflikts«[68]. Beckmanns Arbeit zeigt die schöpferische Auseinandersetzung mit dem zu illustrierenden Text, die Paul Cassirer mit seiner Pan-Presse intendierte und damit einen anti-akademischen Impetus verfolgte: Maßgebend sollte bei der Gestaltung der Werke der freie schöpferische Geist sein – die individualistische Ästhetik.[69]

Bricht Orpheus in Guthmanns Text am Ende des ersten Gesanges in die Unterwelt auf, um Eurydike zurückzugewinnen, so ist mit den begleitenden Gedanken der ihrem Sohn nachblickenden Mutter die zentrale Thematik der Guthmann'schen Interpretation der Orpheussage benannt – die Frage nach der Vereinbarkeit von Kunst und Leben[70]: »Wehe, wem die Götter / den Sinn für's Höchste gaben und das Herz -/ in Lieb' und Leid verstrickt das Menschenherz -/ ihm ließen!«[71] Getrieben von seiner Sehnsucht nach

65 Vgl. Caspers 1989, S. 61.
66 Johannes Guthmann: *Eurydikes Wiederkehr in drei Gesängen*, Berlin (Paul Cassirer) 1909, S. 24.
67 Vgl. Zeiller 2006, S. 141.
68 Caspers 1989, S. 67.
69 Vgl. Stephanie Jacobs: *Wider den ›Unrat der Gründerjahre‹. Paul Cassirer und die Pan-Presse*, in: Feilchenfeldt/Raff 2006, S. 102–121, hier: S. 102 u. 107.
70 Vgl. Caspers 1989, S. 61; Zeiller 2006, S. 143.
71 Zit. nach Caspers 1989, S. 62.

Eurydike, entschließt sich Orpheus erneut, sich seiner Kunst zu widmen und die Geliebte von den Göttern zurückzuerobern. Der Weg des Orpheus führt dabei im zweiten Gesang mühevoll durch die ihn bedrängenden Schatten und lässt ihn schließlich den Thronsaal des Hades erreichen. Wie sehr sich im Leben des Autors Kunst und Leben durchdringen, macht eine Sequenz aus Guthmanns Lebenserinnerungen deutlich, mit der er uns einen Teil der Entstehungsgeschichte des Prosagedichts überliefert. So begann Johannes Guthmann den Text im schlesischen Schreiberhau und vollendete ihn in Südtirol, wo ihm, wie aus seiner Beschreibung hervorgeht, die landschaftliche Szenerie in Klobenstein wohl Impulsgeber für die literarische Schilderung der Unterwelt war: »Dicker Nebel, alles patschnaß. Das ganze feste Gefüge der Erde war molluskenhaft in ein dampfendes Ungefähr aufgeweicht. So mochte das Bild der Unterwelt sich den Augen meines Orpheus darstellen.«[72] Wenn sich für Guthmann Realität und Mythos zu einem unlösbaren Konglomerat vermengen, so hat dies seine Parallelen bei Max Beckmann, der auf Wangerooge Meeresstudien für die Landschaftsszenen aus *Eurydikes Wiederkehr* betrieb[73]. Auch bei Beckmann verschmelzen »Bildideen und mystische Visionen [...] mit realen Eindrücken«[74], wie aus einem Brief an seine Frau Minna vom Juni 1909 hervorgeht, in dem es heißt:

> »Ich liege auf einer Düne. Hinter mir höre ich das Rauschen des Meeres. Meine Augen sehen in den blauen Abgrund des Himmels. Manchmal hört man den Lärm des Meeres auch nicht. Wohl wenn d. Wind nachläßt. Dann ist es ganz still. Zum Weinen still. Ich streiche mit d. Hand leise über den Sand. Dann liege auch ich still. Nicht's regt sich mehr.«[75]

Guthmanns Neuinterpretation des Orpheus-Mythos wird insbesondere in jenem Moment evident, da Hades – durch Orpheus' Gesang und Leierspiel gerührt – sich entschließt, Orpheus Eurydike zurückzugeben. Die hiermit verbundene Auflage unterscheidet sich bei Guthmann signifikant von der antiken Vorlage in Ovids *Metamorphosen*. Hierin darf Orpheus, um Eurydike erneut zu besitzen, auf seinem Weg in die Oberwelt nicht zurückblicken. Bei Ovid scheitert Orpheus an diesem Gebot. Er kann sein menschliches Fühlen und Wollen nicht den Gesetzen der ewigen Götter unterordnen und verliert Eurydike für immer. Guthmann jedoch kehrt das Gebot des Hades um. Orpheus bekommt bei ihm die Auflage, sich Eurydike

72 Guthmann 1955, S. 120.
73 Vgl. Zeiller 2006, S. 141.
74 Ebd., S. 141.
75 Zit. nach Zeiller 2006, S. 142.

ganz zu verschreiben, um den Mächten der Vergänglichkeit durch die Kraft der Liebe Einhalt zu gebieten. Hieran scheitert Guthmanns Orpheus. Auch wenn er Eurydike am Ende des zweiten Gesangs in die Arme sinkt, sind ihre Tage auf der Erde auch diesmal gezählt. Denn: Orpheus ist durch seinen Gang durch die Unterwelt ein anderer geworden. Das Erlebnis der erlösenden Macht seiner Musik hat ihn seine Bestimmung erkennen lassen, durch seine Kunst dem Schönen (das inmitten der Zufälligkeit und Vergänglichkeit des irdischen Daseins aufscheint) Dauer zu verleihen. Eurydike erkennt dieses hohe Ziel seiner Kunst nicht und muss in die Unterwelt zurückkehren. Orpheus fügt sich in seine künstlerische Berufung, die mit dem Opfer der Einsamkeit verbunden ist: Das Schlussbild zeigt ihn in weiter Meereslandschaft stehend und in die Ferne blickend.[76]

Indem Johannes Guthmann Orpheus' Schicksal mit jenem des Künstlers gleichsetzt, unternimmt er eine neue Deutung der antiken Sage und setzt sich dabei mit jener Thematisierung und Problematisierung der Künstlerexistenz auseinander, wie sie in zahlreichen Romanen und Novellen der Zeit Eingang gefunden hat. Wenn in Guthmanns Prosagedicht die künstlerische Aufgabe der Teilhabe am wirklichen Leben gegenübersteht, so ist damit ein Antagonismus benannt, wie er in der Gegenüberstellung von künstlerischer Tätigkeit und praktischer Teilhabe am Leben beispielsweise auch in Thomas Manns 1903 publizierten Novellen *Tonio Kröger* oder *Tristan* verhandelt wird.[77]

Wenn wir danach fragen, was Paul Cassirer an Guthmanns Prosagedicht so gefesselt haben mag, dass er es als eines der ersten Bände seiner Pan-Presse publizierte, so zeichnet über dessen stilistische Qualitäten hinaus sicher auch sein Inhalt hierfür verantwortlich. Cassirer selbst hatte sich mit der Thematik des Dualismus von Kunst und Leben in seinen eigenen schriftstellerischen Versuchen beschäftigt, denen er sich während seiner Zeit in München seit April 1893 widmete. Hier ging er, nachdem er sich zunächst als Student der Jurisprudenz bei der Meldebehörde eingetragen hatte, seinen künstlerischen Neigungen nach. Er schrieb und malte und verkehrte im Café Luitpold mit der Münchener Künstlerszene. So erschien im August 1894 sein naturromantisches Prosagedicht *Nachtstück* in der von Stefan George begründeten Zeitschrift *Blätter für die Kunst*. Im selben Jahr noch veröffentlichte er unter dem Pseudonym Paul Cahrs das naturalistische Drama *Fritz Reiner, der Maler. Studie nach dem Leben*. Im Folgejahr

Rudolf Grossmann: *Paul Cassirer*, o. J.

76 Vgl. Caspers 1989, S. 62.
77 Vgl. ebd., S. 62f.

erschien – ebenfalls unter dem Pseudonym Paul Cahrs – der Künstlerroman *Josef Geiger*. In beiden Werken beschäftigte sich Cassirer mit der Rolle des Künstlers und seiner Stellung in der Gesellschaft seiner Zeit.[78]

Aus Max Beckmanns Tagebuchaufzeichnungen aus den Jahren 1908/09 geht hervor, dass auch er sich zur Entstehungszeit seiner Illustrationen für Guthmanns Prosagedicht mit der Problematik des Spagats zwischen den lebenspraktischen Anforderungen, die seit 1906 seine Ehefrau Minna Tube an ihn stellte, und seinen künstlerischen Wünschen und Bedürfnissen auseinandersetzte: Immer wieder beklagt Beckmann das Unverständnis seiner Umwelt gegenüber seinen künstlerischen Bestrebungen und ein bisweilen auch im Umgang mit vertrauten Menschen virulentes Gefühl der Einsamkeit. So mag die Reflexion eigener Erfahrungen in Beckmanns bildliche Interpretation von Guthmanns Text mit eingeflossen sein.[79]

War dem dritten Band der Pan-Presse auch kein kommerzieller Erfolg beschieden, so legte Cassirer mit dem Auftrag den Grundstein zu Beckmanns steiler Karriere. Paul Cassirer erkannte und förderte das bis dato vollkommen unbekannte graphische Talent des jungen Künstlers und stellte ihn auf diese Weise erstmals einer größeren Öffentlichkeit vor, sodass Max Beckmann binnen kurzer Zeit in seiner Generation zur Spitze der deutschen Künstler gehörte.[80] Ein Bestseller wurde Guthmanns Prosagedicht jedoch nicht, wie aus den Worten des Verlegers hervorgeht, die uns der Autor überliefert:

> »›Sie sind meine größte Enttäuschung‹, sagte er nach einiger Zeit. ›Sie haben in Ihrer ›Eurydike‹ etwas Schönes, nichts anderes als etwas schlechthin Schönes geben wollen, das heißt etwas so gänzlich dieser Zeit nicht Gemäßes, daß ich mir ein Bombengeschäft davon versprach. Ich bin enttäuscht.«[81]

Es war nicht das erste Mal, dass Paul Cassirers Engagement für zeitgenössische Künstler und ihre Arbeiten enttäuscht wurde. Von den Werken, die Cassirer 1900 auf seiner ersten Cézanne-Ausstellung – der ersten Ausstellung mit Werken des französischen Künstlers in Deutschland überhaupt – präsentiert hatte, war kein einziges verkauft worden. Und auch der Handel mit Arbeiten von Vincent van Gogh, dessen Werke Paul Cassirer erstmalig 1901 präsentierte und dem er in Deutschland zum künstlerischen Durchbruch verhalf, verlief anfangs ähnlich zähflüssig. Cassirers Einsatz für

---

78 Vgl. Raff 2006, S. 43 f.
79 Vgl. Caspers 1989, S. 65.
80 Vgl. Zeiller 2006, S. 148 f.
81 Guthmann 1955, S. 121.

Guthmann und Beckmann im Rahmen der Herausgabe des dritten Bandes der Pan-Presse zeigt vielmehr, dass er nicht nur mit dem beruflichen Kalkül des Händlers und Verlegers agierte, sondern auch mit jener Leidenschaft, die sein Wesen kennzeichnete. So waren es, wie der Kunstkritiker Max Osborn höchst treffend beschrieb, »zwei Seelen«, die in Cassirers Brust wohnten: »die eines klar rechnenden Kaufmanns und die eines glühenden Enthusiasten.«[82] Cassirer war kein Unbeteiligter, der mit kühlem Kopf Kunstwerke lediglich als Handelsobjekte begriff. Vielmehr war er stets auch selbst leidenschaftlicher Verfechter jener Kunst, die er mit unvergleichlicher Risikofreudigkeit vertrat. Wie Ernst Barlach 1928 in seinem Buch *Ein selbsterzähltes Leben* schildert, war Cassirer

> »verwegen [...] wie selten einer. Seine Tapferkeit dürstete nach der Nähe der Gefahr, da wo er die bestmögliche Unmittelbarkeit der Entscheidung witterte, wo kein Schild deckte, keine Anonymität schäbig schützte, nicht wo im bombensicheren Unterstand das grobe und klare Abmachen verschlissen werden konnte, fühlte er sich wohl.«[83]

Und der Pianist, Musikpädagoge und Sozialist Leo Kestenberg (1882–1962) schreibt 1961 in seinen Lebenserinnerungen über Paul Cassirer:

> »Man muß es erlebt haben, wie Paul Cassirer in Feuer geriet, wenn er vor einem Cézanne, einem van Gogh, Manet oder Renoir stand und das Bild deutete, erklärte, bewunderte. Nur ein geborener Connaisseur, wie es P. C. war, konnte sich zu dieser Höhe des Gedankenfluges und reinster Herzensbeziehung erheben. Er war wirklich ein genialischer Kunstkenner, der aber auch die geschäftliche Seite seiner Aufgabe zu meistern wußte und kaum jemals daneben griff.«[84]

Wenn sowohl August Gaul als auch Ernst Barlach dem Kunsthändler Monopolrechte übertrugen, so steckt darin mehr als eine Zusammenarbeit unter rein merkantilen Gesichtspunkten. Es war auch eine gemeinsame Geisteshaltung, die Paul Cassirer mit den von ihm vertretenen Künstlern teilte und die ihn sich für diese Künstler mit jener Vehemenz einsetzen ließ, die ihnen schließlich ihren festen Platz im Kunstgeschehen ihrer Zeit sicherte. Wenn Paul Cassirer die Ausstellungen in seinem Kunstsalon mit Vortragsreihen zu Kunst und Literatur sowie Musikabenden und Lesungen

---

82 Max Osborn: *Cassirers Persönlichkeit*, in: *Vossische Zeitung*, Nr. 11, Abend-Ausgabe, 7. Januar 1926.
83 Zit. nach: Rahel E. Feilchenfeldt: *Paul Cassirer – ein Mosaik*, in: Feilchenfeldt/Raff 2006, S. 13–42, hier: S. 16.
84 Ebd., S. 30

ergänzte, so drückt sich darin sein Wunsch und Wille aus, mit seiner Arbeit auch Bildungsarbeit zu leisten in einer Zeit, die von zahlreichen Künstlern und Intellektuellen als seelen- und geistlos empfunden wurde. So schreibt Cassirer 1911 in seinem Essay über *Kunst und Kunsthandel*:

> »Warum musste ich denn gerade mit französischen Bildern spekulieren? [...] Die Antwort will ich Ihnen geben: weil ich diese Einführung für eine kulturelle Tat gehalten habe. Und auch das ist nicht der wahre Grund. Sondern einfach, weil ich Manet – liebte, weil ich in Monet, Sisley und Pissarro starke Künstler sah, weil ich in Daumier und Renoir Genies, in Degas einen der grössten Meister, in Cézanne den Träger einer Weltanschauung erblickte.«[85]

Wenn Cassirer 1911 die geistige Verfassung Deutschlands beklagt, so sind Kunst und Kultur in seinen Augen Träger einer nationalen Erneuerung, die den Menschen wie die Nation zu sich selbst führen können – weg von der Phrasenhaftigkeit des Historismus der Gründerjahre, hin zum Wesentlichen: zur Moderne! Die Entfaltung der individuellen Künstlerpersönlichkeit wie sie sich im Impressionismus artikuliert, macht selbigen für Paul Cassirer und seinen Kreis attraktiv – macht ihn zu einer »geistigen Bewegung«[86]. Stoff und Gestaltung des 1909 publizierten dritten Bandes der Pan-Presse *Eurydikes Wiederkehr* illustrieren jene Kunst- und Weltanschauung, die Paul Cassirer und seinem Kreis Triebfedern ihres künstlerischen und kunstpolitischen Wirkens waren: Kunst und Leben miteinander in Einklang zu bringen!

Auch wenn Cassirers organisatorischem Geschick und seinen kommunikativen Fähigkeiten das Handeln mit Kunst mehr entsprach als eine kreative Tätigkeit in weltabgeschiedener Isoliertheit, mag es seiner eigenen Affinität zum kreativen Schaffen geschuldet sein, dass er stets ganz eng mit seinen favorisierten Künstlern zusammenarbeitete und sie oftmals höchst uneigennützig protegierte. Entsprechend heftig reagierte er auf Vorwürfe, die ihm eine vorrangig gewinnorientierte Geschäftsführung der *Berliner Secession* unterstellten und schrieb am 12. November 1915 an Eberhard von Bodenhausen:

> »Ich habe während der 17 Jahre, die ich mich diesem merkwürdigen Beruf bisher gewidmet habe, mehr als 40 % meines Einkommens jährlich für junge

[85] Paul Cassirer: *Kunst und Kunsthandel*, in: *Pan*, 1910–11, 1. Jg., Nr. 14, 16. Mai 1911, S. 457–469, hier: S. 467f.
[86] Ebd., hier: S. 465; vgl. Kennert 2012, S. 37.

Künstler geopfert, manchmal im Glauben, dass ich damit eine gute Spekulation mache, meist aber in der vollständigen Kenntnis, dass – mag der betreffende Künstler Talent haben um sich durchzusetzen, oder nicht – er mir niemals auch nur einen Teil des ausgelegten Geldes zurückerstatten würde [...].«[87]

Es tat der beruflichen wie privaten Beziehung des Sammler-Händler-Paares Johannes Guthmann und Paul Cassirer folglich keinen Abbruch, als das von Cassirer (angeblich) von der Publikation des dritten Bandes der Pan-Presse erhoffte »Bombengeschäft« ausblieb. Waren der Kunsthändler und seine Ehefrau, die Schauspielerin Tilla Durieux, gern gesehene Gäste in Neu-Cladow, so partizipierten Guthmann und Zimmermann häufig auch an der anregenden Atmosphäre in Cassirers und Durieux' Wohnung im Tiergartenviertel:

»Die Abende in der Wohnung Cassirers am Matthäikirchplatz mit den Bildern der französischen Impressionisten an den Wänden, den Gaulschen und Maillolschen Bronzen dazwischen, waren voll von einem unvergleichlichen Fluidium. (...). Bei Cassirers lebte man mit den schönen Dingen auf du und du (...).«[88]

Nach ihrer Heirat am 24. Juni 1910 war Tilla Durieux zu Paul Cassirer gezogen, dessen elegante Wohnung sich in der Beletage der Margarethenstraße 1, Ecke Matthäikirchplatz, befand.[89] Durieux zufolge sah es dort folgendermaßen aus:

»Das große Eckzimmer mit der runden Fensterwand hatte Karl Walser mit einer tiefblauen Tapete versehen, auf die er oben Girlanden von Blumen malte, die Musikinstrumente hielten, denn es sollte als Musikzimmer benutzt werden. Alte, hohe, dunkle Mahagonistühle aus Holland, ein großer, runder Tisch, auf dem Barlachs Plastik ›Die singenden Frauen‹ stand, bildeten mit dem Steinway-Flügel die Einrichtung. Das Speisezimmer mit lichtgrünen Wänden wurde mit den herrlichsten Bildern der Impressionisten geschmückt: ›Der Reiter und die Reiterin‹ von Manet. ›Die rote Frau und der Mann mit dem schiefen Hut‹ von Cézanne, das große Bild ›Mole mit Leuchtturm‹ von Manet, ›Zwei Kinder am Klavier‹ von Renoir hoben sich prächtig von dem hellen Grün ab. Mein Zimmer mit der großen Bibliothek, die bis zur halben Höhe die Wände bekleidete, enthielt unter anderem alle Kunstbücher, die P. C. als Nachschlagewerke brauchte, und war über den Bücherregalen mit einer feurigblauen Tapete beklebt.«[90]

87 Caspers 1989, S. 13.
88 Guthmann 1955, S. 212.
89 Bis 1915 blieben Paul Cassirer und Tilla Durieux in der Margaretenstraße 1 wohnen. Danach bezog das Paar das neu erworbene Haus in der Victoriastraße 35. [Vgl. Wehry 2015, S. 32 f.].
90 Durieux 1954, S. 110 f.; vgl. Durieux 1971, S. 131.

Dass das Ende der Ehe zwischen Paul Cassirer und Tilla Durieux tragisch verlief, kann nicht darüber hinweg täuschen, dass sich die Ehe der beiden über Jahre als durchaus fruchtreiche Verbindung ausnahm. So bezeichnet Guthmann Cassirer als den »bestrickendsten, um nicht zu sagen, verflixtesten aller Kunsthändler« und »kongenialsten Ehepartner der ränkereichen Tochter Circes«[91]. Tilla Durieux sei Paul Cassirer, dem »Charmeur mit allen funkelnden Reizen des jüdischen Geistes, aber auch mit dem lästerlichsten – jawohl: Maul, das es jemals in Berlin gab«[92], von Anfang an erlegen gewesen. Getrübt wurde die Beziehung neben zahlreichen Amouren Cassirers insbesondere durch dessen manisch-depressiven Charakter, durch den es immer wieder zu ehelichen Eklats kam, die schließlich den Entschluss zur Scheidung befeuerten. So traf man sich am 5. Januar 1926 in der Kanzlei von Guthmanns Rechtsanwalt Alfred Friedmann in der Voßstraße. Nach der Unterzeichnung von Verträgen vermögensrechtlicher Art zog sich Paul Cassirer ins Nebenzimmer zurück. Und – schoss sich ins Herz!

Am 10. Januar 1926 gab Max Liebermann Cassirer das letzte Geleit mit den Worten:

> »Paul Cassirer, der äußerlich als selbstherrlich und tyrannisch auftrat, war im Grunde ein weiche, ich möchte fast sagen, eine sentimentale Natur, der starke Mann hatte ein weiches Herz. ›Sein Herz, das nur wenige kannten, war so groß wie sein Geist, den alle kannten‹, dürfte ich auch von dem Entschlafenen sagen. Was er für Berlin als Kunststadt und Kunstmarkt geleistet, was er vielen der bedeutendsten Künstler Berlins gewesen: es liegt klar vor aller Augen.
> Nicht als Biograph spreche ich, sondern als Freund rufe ich dem Freunde den Abschiedsgruß zu, und es ist mir, als hörte ich von weither unseres unvergeßlichen Freundes Stimme die Verse Goethes sagen:
> Nicht so vieles Federlesen,
> Lasst mich immer nur herein:
> Denn ich bin ein Mensch gewesen,
> Und das heißt ein Kämpfer sein.«[93]

Zweifellos war Paul Cassirer ein Kämpfer. Unermüdlich war in den Jahren um die Jahrhundertwende sein Einsatz für die moderne Kunst. Sehr früh erkannte er den »Ewigkeitswert« der Schöpfungen von Künstlern der Moderne, die heute als die Klassische bezeichnet wird – und setzte sich selbst

---

91 Guthmann 1955, S. 211.
92 Ebd., S. 121.
93 Max Liebermann: *Ansprache an Cassirers Sarg*, in: *Vossische Zeitung*, Nr. 17, Abend-Ausgabe, 11. Januar 1926. Liebermann zitiert hier eine Sentenz aus dem *Buch des Paradieses* aus dem *West-östlichen Divan* von Johann Wolfgang von Goethe, die im Original lautet: »Nicht so vieles Federlesen! Lass mich immer nur herein: Denn ich bin ein Mensch gewesen. Und das heißt ein Kämpfer sein.‹« Liebermann paraphrasiert die Sentenz bereits in einem Brief an Slevogt vom 20. September 1920, in welchem er den Künstlerkollegen als Gesinnungsgenossen im Kampf um »eine berliner Kunst« [gemeint ist damit in engerem Sinne sicherlich die impressionistische Stilrichtung, Anm. d. Verf.] betrachtet und schreibt: »Ich aber sage mit Göthe: ›Macht kein langes Federlesen, setzt auf meinen Leichenstein: Dieses ist ein Mensch gewesen u das heißt ein Kämpfer sein[‹].« [Max Liebermann an Max Slevogt, 20. September 1920, in: Braun 2016, Nr. 440, S. 376].

damit ein Denkmal. Nach dem Ersten Weltkrieg war der Impressionismus jedoch angesichts mannigfacher neuer Kunstströmungen zunehmend zum Anachronismus geworden …

Es lässt sich daraus ableiten, dass die Gründe für Cassirers Selbstjustiz durchaus komplex waren und nicht allein auf seine Ehekonflikte mit Tilla Durieux zurückzuführen sind, wie dies bis heute vielfach kolportiert wird. Hierauf wird auch in einem Artikel der *Vossischen Zeitung* vom 6. Januar 1926 dezidiert hingewiesen:

> »Man darf annehmen, dass der Wandel der Kunstanschauungen, die immer stärker hervortretende Abwendung von den Ueberzeugungen der impressionistischen Aera, für deren Geltung gerade Cassirer sich mit heißer Begeisterung und Hingabe eingesetzt hatte, Anteil daran hatten – durchaus nicht nur aus geschäftlichen Gründen, denn dieser geschickte Kaufmann wusste solche Schwierigkeiten zu überwinden, sondern ebenso sehr, weil sein an positives Wirken gewohnter Geist es schwer ertrug, sich einer künstlerischen Konstellation gegenüber zu sehen, die ihm innerlich fremd war, und bei welcher er, durchaus noch der Angehörige einer früheren Generation, nicht mehr die Möglichkeit sah, in gleichem Maße wie vorher eine führende Stellung zu behaupten.«[94]

Nicht nur damit und mit der von Tilla Durieux eingereichten Scheidung, auch durch den Tod seines Sohnes und den zweier Brüder habe sich – so die *Vossische Zeitung* – Paul Cassirer wohl der unseligen Vorstellung hingegeben, den »Wert und Inhalt seines Lebens verloren« zu haben. Und insgesamt und vor dem Hintergrund der zeitlebens zu konstatierenden manischen Grundkonstitution ist der Tod Paul Cassirers sicher auch, wie es in der *Vossischen Zeitung* hieß, als »Schlußpunkt einer schweren nervösen Ueberreizung«[95] zu sehen. In den Worten Johannes Guthmanns:

> »Sein Ende gewann Paul Cassirer, dessen widerspruchsvolles Temperament manchem den Atem verschlagen hatte, eine beinahe posthume Sympathie: ein so kluger, scharfer Kopf, mit dem schließlich das Gefühl viere lang in den Abgrund durchgegangen war!«[96]

Scharfer Verstand und leidenschaftliches Gefühl – das waren die beiden Seiten Paul Cassirers, der in seinem Leben wie in seinem Schaffen eine

94 *Vossische Zeitung*, Nr. 9, Abend-Ausgabe, 6. Januar 1926.
95 Ebd.
96 Guthmann 1955, S. 220.

Ausnahmepersönlichkeit war und für dessen aufbrausendes, vielfach unberechenbares Temperament Neu-Cladow sicherlich ein hochwillkommener Rekreationsort gewesen sein mag. Hier gaben sich darüber hinaus auch all jene Musen ein Stelldichein, von deren Zusammengehörigkeit er überzeugt war, wie sein Traum von einem »Fest der Künste« zeigt, dem er 1911 mit folgenden Worten Ausdruck verlieh:

> »Wir planen in jedem Frühjahr ein Fest der Künste, an dem Musik, Dichtung, Schauspielkunst und die bildenden Künste den gleichen Anteil haben. Zur selben Zeit und am selben Ort soll Berlins Kultur sich in allen ihren Erscheinungen entfalten. Vergeblich aber sucht man einen Raum, der würdig wäre, der Schauplatz dieses Festes zu sein. Der Schauplatz muss geschaffen werden.«[97]

Plante Cassirer solch einen Ort auf dem Tempelhofer Feld, so hatte Johannes Guthmann einen solchen im Kleinen schon realisiert: in Neu-Cladow!

---

[97] Paul Cassirer: *Ein Fest der Künste* (1911), zit. nach: Feilchenfeldt/Raff 2006, S. 385–387, hier: S. 385.

Femme fatale am Havelstrand
Die Schauspielerin Tilla Durieux

»Dem Mimen flicht die Nachwelt keine Kränze«[1] heißt es gemeinhin und es liegt dies in der Flüchtigkeit der Profession des Schauspielers begründet. Stets bleibt er mit seiner Kunst dem Augenblick verpflichtet. Im Falle der Mimin Tilla Durieux hat die Nachwelt jedoch eine Ausnahme gemacht.

In mannigfacher Weise inspirierte *die* Durieux (1880–1971) Dichter und Dramatiker, Maler und Bildhauer zu künstlerischen Arbeiten, die in ihrem Facettenreichtum noch heute Kunde geben von ihrer Eigenart und Wandlungsfähigkeit – als Schauspielerin ebenso wie als Mensch. Und auch Tilla Durieux selbst trug Sorge dafür, sich unsterblich zu machen.

Bereits 1922 veröffentlichte sie biographische Notizen unter dem Titel *Spielen und Träumen* zusammen mit sechs radierten und lithographierten Durieux-Porträts von Emil Orlik.[2] Auf ihren 1928 veröffentlichten, autobiographisch gefärbten und vieldiskutierten Roman *Eine Tür fällt ins Schloss*[3] folgten 1954 ihre Lebenserinnerungen mit dem Titel *Eine Tür steht offen*[4]. Und dass Tilla Durieux nahezu ein ganzes Menschenalter auf jenen Brettern verbrachte, von denen man gemeinhin sagt, sie würden die Welt bedeuten und zudem in zahlreichen Film- und Fernsehrollen brillierte, trug das Übrige dazu bei, dass die Spuren, die die Schauspielerin im kollektiven Gedächtnis hinterlassen hat, noch heute kaum verblasst sind.

Dabei ist das Bild, das sich als allererstes vor unserem geistigen Auge auftut, sobald wir an Tilla Durieux denken, wohl jenes der männerbestrickenden Femme fatale, als die sie als Schauspielerin vielfach besetzt wurde und als die sie auch der Münchener Malerfürst Franz von Stuck porträtiert hat: In der Rolle der *Circe* von Calderón, die sie 1912 am Münchener Künstlertheater spielte.[5] Die Rolle der betörenden Verführerin schien der Durieux auf den Leib geschneidert. Aufgrund ihrer slawischen Gesichtsphysiogno-

[1] Friedrich von Schiller, *Wallenstein* (Trilogie; 1796–1799): Prolog zu Wallensteins Lager (1798).
[2] Tilla Durieux: *Spielen und Träumen*, mit einer Lithographie und fünf Radierungen von Emil Orlik, Berlin (Verlag der Galerie Flechtheim) 1922.
[3] Tilla Durieux: *Eine Tür fällt ins Schloss*, Berlin 1928.
[4] Tilla Durieux: *Eine Tür steht offen*. Erinnerungen, Berlin 1954. Die Lebenserinnerungen von 1954 wurden 1971 nochmals in erweiterter Fassung und mit einem von Joachim Werner Preuß nacherzählten Teil »Die Jahre 1952-1971« herausgegeben unter dem Titel: Tilla Durieux: *Meine ersten neunzig Jahre. Erinnerungen*, München, Berlin 1971.
[5] Vgl. Franz von Stuck: *Tilla Durieux als Circe* (1913), Öl/Holz, 60 x 68 cm, SMB, Nationalgalerie.

mie mit den breiten Wangenknochen und den dunklen, mandelförmigen Augen umgab die Schauspielerin eine Aura des exotisch Geheimnisvollen, die auf das zeitgenössische Publikum eine einzigartige Faszination ausübte und der Ernst Barlach 1912 in vier Porträtplastiken in unvergleichlich konzentrierter Form zeitlose Dauer verliehen hat.[6]

Geboren in Wien am 18. August 1880 unter dem bürgerlichen Namen Ottilie Helene Angela Godeffroy, wuchs sie in Wien als Tochter des Chemikers Richard Max Viktor Godeffroy (1847–1895) und der Pianistin Adelheid Ottilie Augustine Godeffroy, geb. Hrdlička (1847–1920), auf. Ihr früh erkennbares musisches Talent förderte man. Wie ihre Mutter sollte Tilla als Tochter aus gutem Hause Pianistin werden. Doch die kleine Ottilie zog es schon früh zum Theater und in ihr reifte der Wunsch, Schauspielerin zu werden. Für eine Bürgerstochter um 1900 ein wahres Unding. Tilla schreibt in ihren Erinnerungen:

> »Wenn einen Beruf auszuüben an sich schon damals für ein Mädchen eine Degradierung bedeutete, wieviel mehr stellte sich eine werdende Schauspielerin abseits von allem Erlaubten und Hergebrachten. Ein junges Mädchen durfte wohl malen, Klavier spielen, singen, nur Gott behüte nicht mit künstlerischem Anspruch, das sah schon wieder verdächtig nach Beruf aus. Sie hatte auf den Mann zu warten, dem sie, liebend oder nicht, beglückt in eine Ehe folgte, der dann wieder solche ›Wartemädchen‹ entsprangen, die dann wieder … und so fort in alle Ewigkeit.«[7]

Doch Ottilie Godeffroy ließ nicht locker. Sie setzte durch, dass sie ab 1899 die Theater-Vorbereitungsschule des Hofschauspielers Karl Arnau in Wien besuchen durfte und änderte auf Drängen der Familie, die ihren Namen nicht verunglimpft sehen wollte, noch während ihrer Ausbildungszeit ihren Namen in jenen, der zur Legende geworden ist – Tilla Durieux:

> »Meinen Namen musste ich ablegen; ich nahm den Mädchennamen der Mutter meines Vaters an, und aus der Tilla Godeffroy wurde Tilla Durieux. Damit tat ich meinen ersten Schritt auf der steinigen Straße, die wandern zu dürfen ich mir als das höchste Glück vom Schicksal erbeten hatte.«[8]

Dass Tilla Durieux in ihren Lebenserinnerungen zwar den familiären Widerwillen gegenüber ihrem Berufswunsch thematisiert, dabei selbst jedoch

---

[6] Vgl. Ripperger 2016, S. 166–170.
[7] Durieux 1954, S. 9; Durieux 1971, S. 20f.
[8] Durieux 1971, S. 21; vgl. Durieux 1954, S. 12: »Meinen Namen Godeffroy hatte ich in den Mädchennamen meiner Großmutter Durieux ändern müssen, […].«

den Beruf der Schauspielerin nicht problematisiert, zeigt die Willenskraft, mit der sie ihren Wunsch gegen alle Widerstände durchsetzte. Unbeirrbar beschritt sie in einer Zeit voller Tabus ihren Weg – auch, wenn dabei manche Hürde zu nehmen war. So schien allein das Äußere der Durieux für eine Bühnenkarriere gänzlich ungeeignet, entsprach es doch in keinster Weise dem gängigen, lieblichen Schönheitsideal einer Schauspielerin. Dies machte ihr der Theaterdirektor der Olmützer Bühnen, Stanislaus Lesser, auch in unmissverständlichen Worten klar, als Tilla Durieux bei ihm vorsprach: »Mit dem Ponem [*jüd.* Gesicht] wollen Sie zur Bühne? Lernen sie lieber kochen!«[9]

Und doch erhielt sie im mährischen Olmütz ihr erstes Engagement. 1901/02 spielte sie dort am Königlich-Städtischen Theater und erhielt für die Spielzeit 1902/03 ein Engagement in Breslau, bevor Tilla Durieux ihr Glück in Berlin versuchte. Es konnte keinen Zweifel geben, dass sie bei Max Reinhardt (1873–1943) am besten aufgehoben wäre. Neben Otto Brahm war Reinhardt *der* Theatermagnat der Reichshauptstadt, auf dessen Bühnen aktuelle und häufig von der Zensur geächtete Stücke aufgeführt wurden. Bei ihm war Tilla Durieux genau am richtigen Platz. Hier konnte sie ihre Vielseitigkeit unter Beweis stellen und eine Spielweise erproben, die sich vom herkömmlichen Pathos der Theaterheroinen unterschied. So schrieb Siegfried Jacobsohn 1917 über die mittlerweile berühmte Schauspielerin:

Tilla Durieux

> »Sie ist keines von den gewaltigen dramatischen Frauenzimmern, die mit stolzem Kothurnschritt und in königlicher Haltung einherschreiten, zum Gipfel aller Kulisseneffekte emporschreiten. [...]. Das moderne Leben mit seinen Prüfungen, Zerfleischungen, Foltern, Schmerzen, Tränen, unser Leben, unsre Leidenschaften und Stürme bilden ihren künstlerischen Stoff.«[10]

Und so hatte Tilla Durieux gleich in ihrem ersten Jahr bei Max Reinhardt ihren ersten großen Erfolg und künstlerischen Durchbruch. 1903 spielte sie die *Salomé* in Oscar Wildes gleichnamigem Stück an Reinhardts *Neuem Theater*, dem heutigen Berliner Ensemble am Schiffbauerdamm, das Max Reinhardt von 1903 bis 1906 leitete und innovativ mit einer Drehbühne ausstatten ließ.

Hier kam ihr die Erkrankung der gefeierten und renommierten Reinhardt-Schauspielerin Gertrud Eysoldt (1870–1955) entgegen, deren Rolle Tilla Durieux zu übernehmen hatte und mit der sie sich schließlich abwech-

9 Durieux 1954, S. 17; Durieux 1971, S. 31.
10 Siegfried Jacobsohn: Tilla Durieux (1917), zit. nach Preuß 1965, S. 49.

Tilla Durieux als Salomé (li.)

Max Slevogt: *Porträtkopf Tilla Durieux*, 1907 (re.)

selte. Mit der *Salomé* spielte die Durieux eine Femme fatale par excellence. Es war dies auch jene Rolle, in der Johannes Guthmann die Schauspielerin erstmalig auf dem Theater sah:

> »Vom ersten Male an, da ich sie sah, als die Wildesche ›Salome‹, in einer Rolle also, die wenig Hilfe vom Kostüm her empfängt, dagegen auf leibliche Schönheit angewiesen ist, zeigte sich die Ausdruckskraft ihres Körpers. Da war sie Meisterin.«[11]

Die Eindringlichkeit der Rollenfotografien vermittelt uns noch heute jenes Selbstbewusstsein, aus der sich die »Ausdruckskraft ihres Körpers« speiste. Und nicht nur ihr Körper verfügte über eine außergewöhnliche Ausdruckskraft. Auch ihre Stimme zeichnete sich durch eine besondere Modulationsfähigkeit aus. So schrieb Philipp Stein im *Berliner Lokal-Anzeiger* über Tilla Durieux' *Salomé* von 1903:

> »Sie betont stark die zügellose Vollnatur der Herodiastochter […]. Wenn sie, der Reden des Herodes nicht achtend, stumm am Boden hockt, ganz ausgefüllt von der Gedankenwollust der kommenden Rache, dann blitzt ihr triumphierend die

[11] Guthmann 1955, S. 211 f.

> Leidenschaft aus den Augen, der Mund öffnet sich, als wollten die blinkenden Zähne raubtierartig die Beute packen, die Nüstern weiten sich, und dann schrillt plötzlich ihr Ruf nach dem Kopf des Propheten mit furchtbarer, harter, unbeugsamer Entschlossenheit in die Worte des Herodes hinein – grausam, stark, ohne jede nervöse Klangfärbung, ganz der Ruf einer Rachegöttin, in der alle anderen Empfindungen erstorben sind.«[12]

Auch wenn Tilla Durieux in ihrer Rolle als *Salomé* zweifellos die »zügellose Vollnatur der Herodiastochter« betonte, wahrte sie dabei die Fasson. Die sprachliche Präzision diente der Schauspielerin dabei als Rahmen für ein breites Spektrum an Gefühlsregungen: »An Klarheit der Sprache und Schärfe des Ausdrucks übertrifft sogar unzweifelhaft die neue Darstellerin die alte«[13], heißt es im Vergleich mit Gertrud Eysoldt als »Salomé« 1903 in der *Täglichen Rundschau*. Intellekt und Intuition sind die beiden Pole, zwischen denen sich die »Konventionen sprengende«[14] Spielweise Tilla Durieux' ausspannte. Entsprechend hieß es 1908 in der *Vossischen Zeitung* über Tilla als Lady Milford in *Kabale und Liebe*, sie habe »den Ton der großen Dame, durch den die elementare Leidenschaft hindurchzittert, ohne die Form zu zerreißen.«[15] Und Siegfried Jacobsohn schrieb 1917 über Tilla Durieux:

> »sie ist eine Kraft, aus der Flammen lodern, und die diese Flammen zugleich zu bezähmen und zu bewachen versteht. Also bei aller blühenden und blutenden Lebendigkeit eine Intelligenz ersten Ranges. Eine Intelligenz, die haarscharf sieht, blitzschnell erfasst und rücksichtslos die Konsequenzen zieht.«[16]

Es sind jene »gezähmten Flammen«, die ihr über den Vorwurf des mangelnden Pathos hinaus auch den Vorwurf der Gefühlskälte eintrugen. Insbesondere wurde dies an der Figur der *Judith* von Friedrich Hebbel moniert, die Tilla Durieux in einer Reinhardt'schen Inszenierung der Spielzeit 1909/10 zunächst im *Münchner Künstlertheater* und später am *Deutschen Theater* in Berlin gab. In den Augen der Zeitgenossen fehlte ihrer Judith »das Biblische, Überlebensgroße«, wie in der *Welt am Montag* konstatiert wurde: »Was wir sahen, war nicht die mystische Tat des heldischen hebräischen Mädchens, sondern das mit schauspielerischer Delikatesse und Intelligenz gespielte Schicksal eines sexuell erregten, hysterischen Weibchens.«[17] Damit

12 Zit. nach Preuß 1965, S. 85.
13 Zit. nach ebd.
14 So nannte der Theaterkritiker Walther Karsch anlässlich seiner Laudatio zu Tilla Durieux' 90. Geburtstag die der Schauspielerin eigene »Balance zwischen Intellekt und Instinkt«. [Durieux 1971, S. 451].
15 Zit. nach Preuß 1965, S. 85.
16 Zit. nach ebd., S. 49.
17 Zit. nach ebd., S. 87.

brach die Schauspielerin mit dem tradierten Stilideal und erwies sich mit der natürlichen, gleichsam schlackenlosen Auffassung ihrer Rolle als eminent modern. Die Rolle der Judith mit Tilla Durieux zu besetzen, erschien dem Rezensenten der *Nationalzeitung* folglich geradezu als zwingende Notwendigkeit:

> »Reinhardt [...] musste gerade mit der Durieux die Judith geben, um uns zu zeigen, wie ›modern‹ diese Dichtung ist in allem, was des Weibes geheimstes, rätselhaftestes Leben angeht. Musste sie geben gerade mit der Durieux, weil diese Schauspielerin von allen nicht nur seines Ensembles, sondern soweit wir sie übersehen können, die feinnervigste, differenzierteste, ›modernste‹ ist. Gewiss, in ihrer Judith ist keine Spur einer Theaterheroine, – so wenig, wie in Hebbels Judith eine Spur der biblischen Hebräerin. Das zum Pathos treibende Moment des Religiösen und Nationalen, [...] tritt in der Darstellung der Durieux als Impuls gebendes völlig zurück hinter den stürmisch begehrenden Empfindungsmächten der Weibsnatur [...].«[18]

Es war die Besonderheit Tilla Durieux', in ihren Rollen das »allgemein Menschliche« zu betonen und dabei ihre eigene Persönlichkeit mit in die Rollengestaltung einfließen zu lassen. Bereits über ihre Frühzeit in Olmütz schreibt sie in ihren Lebenserinnerungen: »Wie bestrebt war ich, aus der papiernen Gestalt meiner Rolle einen Menschen zu formen«[19]. Und am 5. Juni 1928 findet sich ein Artikel von Tilla Durieux im *Casseler Tageblatt*, in dem sie ihre Auffassung ausführlich darlegt: »Die Rolle ist das Skelett eines Menschen, und nun gehe hin, nimm dein Fleisch und füttere das Skelett, nimm dein Blut und gieße es hinein in diesen unersättlichen Vampir, ströme alle deine Kräfte aus und zu ihm hin, dann wirst Du wissen, was eine ›Rolle‹ bedeutet«[20]. Entsprechend hieß es über ihre Rolle der *Judith* von 1909/10 in den *Münchener Neuesten Nachrichten*: »Fräulein Durieux arbeitete sozusagen mit Röntgenstrahlen. Und Judith überlebte es. Ja man muß zugeben, aus einer bandagierten Mumie ist der lebendige Kern hervorgetreten.«[21] Die sich hierin artikulierende Modernität der Durieux ließ sich ihren Zeitgenossen zufolge selbst aus ihrer Stimme heraushören, die – wie Siegfried Jacobsohn 1917 schrieb – »nie eigentlich melodisch tönen« werde, »weil sie in jeder Lage und Stärke einen Beiklang von jener *Rauheit* behält, die die *Rauheit unserer Gegenwart* ist.«[22]

18 Ebd.
19 Durieux 1971, S. 31.
20 Tilla Durieux: *Rolle und Literatur – Eine Verteidigung ohne Anklage*, in: Durieux 2004, S. 66 f., hier: S. 66.
21 Zit. nach Preuß 1965, S. 87.
22 Siegfried Jacobsohn: *Tilla Durieux*, in: *Frankfurter Nachrichten*, Jg. 196, Nr. 225a vom 15.8.1917, Abend-Ausgabe; vgl. Preuß 1965, S. 21.

Wenn der Stimme Tilla Durieux' dabei stets der Hauch eines Wiener Akzentes anzuhören war, so war es kein Mann vom Theater, kein Regisseur oder Intendant, der versuchte, ihr selbigen abzugewöhnen. Es war vielmehr der Kunsthändler und Verleger Paul Cassirer (1871–1926), der Tilla Durieux eines Tages fragte, ob sie »schon gehört hätte, dass es so etwas wie eine deutsche Sprache gäbe«[23]. Auch wenn seine Kommentare ihr gegenüber bereits bei ihrem ersten Zusammentreffen alles andere als schmeichelhaft waren, war Tilla Durieux Paul Cassirer vom ersten Augenblick an verfallen, obwohl sie gerade frisch verheiratet war: 1904[24] war sie die Ehe mit dem Maler Eugen Spiro (1874–1972) eingegangen. Das Kennenlernen mit Cassirer im Haus des Kunsthistorikers und Schriftstellers Julius Meier-Graefe (1867–1935) am Berliner Lützowplatz[25] war ein Erlebnis, das Tilla Durieux zeitlebens als wegweisend für ihre persönliche wie künstlerische Entwicklung betrachtete:

> »Wir stiegen also die Treppe hinauf, und als ich auf halber Höhe war, hörte ich, wie hinter mir das Haustor geöffnet wurde und das Geräusch von Schritten, die mich derart erschreckten, dass ich einen Schrei ausstieß und rief: ›Wer kommt hinter uns?‹ Spiro sah sich rasch um, zog mich weiter die Treppe hinauf und flüsterte mir zu, dass es der Kunsthändler Paul Cassirer sei, der außerordentlich wichtig für seine Zukunft wäre […]. Dabei bat er mich, möglichst liebenswürdig zu diesem Herrn zu sein. Ich war so verwirrt, dass ich kaum hörte, was er sprach. Während ich im Vorzimmer meinen Mantel ablegte, stand ich dem Mann gegenüber, der mein Schicksal sein und einen Einfluss auf mich haben sollte, der bis heute noch fortdauert, bis heute, da ich eine alte Frau und am Ende meines Lebens angekommen bin.«[26]

Zwar hatte Tilla Durieux sich mit ihrer Heirat ein eigenes Privatleben aufgebaut und war den Fittichen ihrer Mutter entkommen, die mit Argusaugen über das Privat- und Berufsleben ihrer Tochter wachte. Auch hatte sie sich aus eigener Kraft im Reinhardt-Ensemble zu einer bedeutenden Schauspielerin empor gearbeitet. Durch Paul Cassirer jedoch blühte Tilla Durieux vollends auf. Nachdem sie Spiro 1906 verlassen hatte[27], heiratete sie Cassirer am 24. Juni 1910. Mit ihm las sie gemeinsam Werke der Weltliteratur und gestaltete Vortragsnachmittage und -abende in seiner Galerie: »Das war, ja das war die Welt, von der ich immer schon geträumt hatte, dass sie

23 Durieux 1954, S. 69; Durieux 1971, S. 88.
24 Abweichend von vielfachen Angaben in der Literatur, die die Heirat Tilla Durieux' mit Eugen Spiro auf 1903 datieren, berufe ich mich auf die eigene Aussage von Tilla Durieux in: Durieux 1970, S. 39; vgl. auch Preuß 1965, S. 113.
25 Julius Meier-Graefe ist im Berliner Adressbuch für die Jahre 1900, 1907ff. und 1910f. in der Genthiner Straße 13i verzeichnet. [Vgl. Wehry 2015, S. 104].
26 Durieux 1954, S. 56; Durieux 1971, S. 74.
27 Vgl. Durieux 1970, S. 39.

irgendwo verborgen sei!«[28] Es war das kulturelle und geistige Leben der Reichshauptstadt, zu dem Tilla Durieux durch Paul Cassirer mannigfachen Zugang fand. Folgt man Durieux' Erinnerungen, so war es jedoch nicht das damit verbundene glamouröse Gesellschaftsleben, das ihr das Gefühl vermittelte, »angekommen« zu sein, als sie Paul Cassirer begegnete. Vielmehr schloss sich für sie durch Cassirer eine Welt auf, nach der sie sich bereits als junge Schauspielerin gesehnt hatte, wie sie schreibt:

> »Seltsamerweise erfüllte mich nicht der Drang nach Erfolg oder Ruhm und Glanz, es war mehr ein krankhaftes Sehnen nach einer anderen Welt, die doch irgendwo stecken musste. Einer Welt voller Geheimnis und zugleich voller Wahrheit, einer Welt, die ich nicht hätte beschreiben können, die aber erreicht werden musste, und sollte ich an meinem Ziel verhungert und in Fetzen ankommen.«[29]

Jene »andere Welt« nach der Tilla Durieux schon früh zu suchen begonnen hatte, als sie sich entschloss, Schauspielerin zu werden, fand sie in Berlin im Kreis der künstlerischen Avantgarde um Paul Cassirer, dem Kunst und Kultur kein schmückender Dekor, sondern sinnstiftende »Lebensmittel« waren und der mit dem Gedanken einer kulturellen Erneuerung letztlich auch die Hoffnung auf eine gesellschaftliche Erneuerung verband. Es nimmt vor diesem Hintergrund nicht wunder, dass sich Tilla Durieux sozial engagierte und vor dem Ersten Weltkrieg zusammen mit dem Musikpädagogen und Pianisten Leo Kestenberg Sonntagsmatineen in den Berliner Arbeitervierteln veranstaltete, bei denen sie aus Werken der Weltliteratur las und Kestenberg klassische Musik spielte.[30]

Zahlreiche bildende Künstler aus dem Umkreis Cassirers begannen Tilla Durieux um 1910 zu porträtieren. Ihr Gesicht, das ihr in Olmütz nur Häme eingebracht hatte, war nun keine zehn Jahre später voller Faszination für Maler, Zeichner, Bildhauer. So saß sie auch Max Liebermann Modell, allerdings weder für ein Porträt noch für ein Rollenporträt, sondern für eine biblische Szene: für das moderne Historienbild *Simson und Delila*. Einmal mehr – und noch bevor sie 1914 im Berliner *Lessing-Theater* die Delila in Frank Wedekinds *Simson* spielen sollte – verkörperte sie damit den Typus der männermordenden Frau, der Femme fatale. Hier in Gestalt der Tochter des Königs Herodes, die mit den Locken des Simson das Geheimnis und

28 Durieux 1954, S. 60; Durieux 1971, S. 78.
29 Durieux 1954, S. 16; Durieux 1971, S. 30f.
30 Vgl. Durieux 1954, S. 91 ff.; Durieux 1971, S. 111 ff.; Ursula Hudson-Wiedenmann: *›Ausfluß einer Künstleraune‹. Musik ediert im Verlag von Paul Cassirer*, in: Feilchenfeldt/Raff 2006, S. 311–328, hier: S. 314.

Symbol seiner übernatürlichen Stärke beschneidet und ihm so zum Verhängnis wird. Hebt Delila in der 1902 entstandenen ersten Fassung[31] die Locken des Simson triumphierend empor, so ist sie in der zweiten Fassung[32] von 1910 im Begriff, seine Locken abzuschneiden. Tilla Durieux schildert die Porträtsitzung:

> »Er führte mich nun zu einem Divan, auf dem ich knien mußte. Mein Kopf sollte einem üppigen, rotblonden Frauenkörper aufgesetzt werden. Ich fand die Idee nicht ganz glücklich. Es war eine Dalila, die eben triumphierend Samson [sic] das Haar abgeschnitten hatte. Die Bilder an den Wänden, die ich bei meiner Pose betrachten konnte, verschönten mir die Zeit, aber Liebermann selbst wurde mir immer unangenehmer. In seinem Berliner Dialekt fing er allmählich an, gegen Spiro, den er doch kaum kannte, loszulegen, ja er redete mir zuletzt zu, mich von ihm scheiden zu lassen, und wollte mir beweisen, daß wir ein zu ungleiches Paar seien. Ich war über diese Einmischung empört und merkte erst später, daß das eine Art sein sollte, mir den Hof zu machen.«[33]

Die Erzählung gibt auf den ersten Blick Rätsel auf: Scheint sich die Haltung, die Durieux einnehmen sollte, eindeutig auf die zweite Fassung des Gemäldes zu beziehen, so verweist die von ihr erwähnte triumphierende Pose auf die erste Fassung des Liebermann'schen Gemäldes, das zum Zeitpunkt des Modellsitzens jedoch schon vollendet gewesen sein muss. Setzt sich die Schauspielerin hier bewusst in Szene? Oder zitiert sie lediglich aus dem Kopf und vermengt dabei die Erinnerungen an die unterschiedlichen Fassungen der Bilder? Indem Durieux die Episode in ihren Lebenserinnerungen in die Zeit ihrer Ehe mit Spiro kontextualisiert, gibt sie uns einen Schlüssel für die Lösung des Rätsels an die Hand: Liebermann hatte kurz nach der Fertigstellung des ersten Gemäldes mit einer zweiten Version begonnen und mehrfach umgearbeitet[34]. Die Modellsitzung von Tilla Durieux diente Max Liebermann demnach wohl als Etappe im Bildfindungsprozess und mag durch Paul Cassirer angeregt worden sein, in dessen Besitz sich die zweite Fassung des Gemäldes 1911 befand. Ob Cassirer auch verantwortlich dafür zeichnete, dass Liebermann verbal gegen Spiro zu Felde zog und sie zu beeinflussen suchte, sich von ihm scheiden zu lassen? Bei Fertigstellung der zweiten Fassung des Gemäldes war Tilla Durieux nicht mehr mit Eugen Spiro verheiratet.

31 Max Liebermann: *Simson und Delila* (1902), Öl/Lwd., 151,2 x 212 cm, Frankfurt a. M., Städelsches Kunstinstitut. [Eberle 1996, WV-Nr. 1902/1]
32 Max Liebermann: *Simson und Delila – 2. Fassung* (1910), Öl/Lwd., 125,6 x 175,8 cm, Gelsenkirchen, Städtisches Museum. [Eberle 1996, WV-Nr. 1910/1]
33 Durieux 1954, S. 54; Durieux 1971, S. 72.
34 Vgl. die Studien zur 2. Fassung von *Simson und Delila*, in: Eberle 1996, WV-Nr. 1907/25–28.

1903 hatte Tilla Durieux den Maler Eugen Spiro, der später zu einem der führenden Köpfe der *Berliner Secession* werden sollte, in Breslau kennen gelernt. Spiro war es, der um 1905 eine Reihe von Porträts seiner Frau schuf[35], die die lange Reihe jener Bildnisse eröffnen, die Tilla Durieux zu einer der meist porträtierten Schauspielerinnen machen. So hielt Eugen Spiro Tilla Durieux 1905 als Salomé[36] fest, als die sie 1903 in Oscar Wildes gleichnamigem Stück am *Neuen Theater* reüssiert hatte – eine Rolle, die ihren Durchbruch im Reinhardt-Ensemble bedeutete und über Jahre fester Bestandteil ihres Repertoires war. Während die Jugendstil-Ästhetik von Spiros Porträt keinen Hinweis auf die von den Zeitgenossen an Durieux' Rollengestaltung hervorgehobene »zügellose Vollnatur der Herodiastochter« zu erkennen gibt, durchpulst das zwei Jahre später von Max Slevogts Hand entstandene Rollenporträt jene animalische Kraft der Salomé[37], die Tilla Durieux auf unvergleichliche Weise darzustellen wusste. Es wirft ein Licht auf die Bedeutung des Porträts wie des Künstlers für Tilla Durieux, dass sich Slevogts Porträt von ihr als Salomé zeitlebens in ihrer Kunstsammlung befand. Die Unmittelbarkeit, die sich bereits in Slevogts Salomé-Porträt in dem nervös-impulsiven Pinselgestus des Malers mitteilt, erfuhr 1921 ihre Steigerung in jenen Rollenporträts, die Slevogt von Tilla Durieux als Weib des Potiphar in der *Josephslegende*[38] schuf, die im selben Jahr innerhalb eines Richard-Strauß-Zyklus an der Berliner Staatsoper aufgeführt und von Strauß selbst dirigiert wurde.

Eine größere Anzahl von Bewegungsstudien entstand direkt vor Ort. Das Weib des Potiphar war dabei jene Rolle, in der die Schauspielerin Johannes Guthmann am besten gefiel, wie er uns durch seine Lebenserinnerungen, die 1955, ein Jahr nach denen Tilla Durieux', erschienen, wissen lässt:

> »Es war nicht aufs Geratewohl, dass ich ihr in späteren Jahrzehnten auf ihre Frage, worin sie mir am besten gefallen habe, das Weib des Potiphar aus der ›Josephslegende‹ nannte. Sie nahm die Eloge mit Genugtuung auf. Die Aufgabe, die Richard Strauß hier stellte, war der der Salome verwandt. Es war eine virtuose Leistung. Als Tänzerin überragte sie alle Kolleginnen vom Theater, als Schauspielerin alle Tänzerinnen von Beruf durch ihre hohe künstlerische Intelligenz und ihre dramatische Fähigkeit, sich darzustellen. Im Grunde spielte sie immer sich selber als eine Bombenrolle.«[39]

---

[35] Zwischen 1902 und 1907 entstanden von Spiros Hand mindestens sieben Porträts von Durieux. [Vgl. Ripperger 2016, S. 102].
[36] Eugen Spiro: *Tilla Durieux als Salomé* (1905), Öl/Lwd., Maße und Verbleib unbekannt; in: *Jugend*, 1912, Jg. 17, Heft 34, S. 981. [Ripperger 2016, S. 319, Abb. 1].
[37] Max Slevogt: *Porträtkopf Tilla Durieux* (1907), Öl/Karton, 39,8 x 49,9 cm, Zagreb, City Museum, Collection Tilla Durieux. [Ripperger 2016, S. 319, Abb. 2].
[38] Max Slevogt: *Tilla Durieux als Weib des Potiphar* (1921), Öl/Lwd., 64 x 36 cm, GDKE Rheinland-Pfalz, Landesmuseum Mainz, Inv.-Nr. GE 83/16.
[39] Guthmann 1955, S. 212.

Max Slevogt: Tilla Durieux als Weib des Potiphar, 1921

Guthmann spielt hier auf die Neuartigkeit des Stückes an, das durch das Miteinander verschiedener Genres wie Tanz und Schauspiel von sich reden machte und das in der *BZ am Mittag* als »bedeutsamer Schritt aus dem traditionellen Ballett zum getanzten Drama«[40] bezeichnet wurde. Als Weib des Potiphar hatte Tilla Durieux neben ihrem schauspielerischen Können auch ihr tänzerisches Vermögen unter Beweis zu stellen und gab sich damit gewissermaßen als Universalgenie auf der Bühne zu erkennen. So pries auch Harry Graf Kessler, der das Libretto zusammen mit Hugo von Hofmannsthal verfasst hatte, die Durieux in einem Interview für *Das kleine Journal*: »Ich stehe nicht an, ihre Arbeit in dieser Partie als das Genialste zu bezeich-

[40] *BZ am Mittag* (Erich Urban), zitiert nach Preuß 1965, S. 91.

nen, was mir auf der deutschen Bühne vorgekommen ist«[41]. Kesslers Faszination teilte Slevogt, der ein ganzes Heft mit Zeichnungen füllte ...

Tilla Durieux war ihr Beruf nicht nur Profession – er war ihr Passion. Legendär geworden ist jenes »Doppelengagement«, das sie an einem Abend zuerst an der Berliner Staatsoper das *Weib des Potiphar* in der *Josephslegende* und später die *Mrs. Chevely* in Oscar Wildes *Idealem Gatten* am Lessing-Theater spielen ließ. Einem Journalisten des *Neuen Wiener Journal* erzählte die Schauspielerin:

> »Ich bin bei Barnowsky engagiert, der sein Repertoire um meiner Potiphar willen natürlich nicht in Unordnung bringen konnte. Also setzte die Staatsoper den Beginn der *Josephslegende* für 6 Uhr fest, und nach Bewältigung der auch körperlich sehr anstrengenden Partie fand ich mich um ½ 8 Uhr bei Barnowsky ein, wo ich – nicht gerade zur Erholung – die Hauptrolle im *Idealen Gatten* zu spielen hatte. Am Vormittag aber probte ich mit Albert Steinrück den Strindbergschen *Totentanz*, und zum Studieren blieben mir immer noch die Nächte. Zum Vergnügen ist Berlin nicht da, und nur, wenn mir dort ab und zu ein junges, törichtes Mädchen mit dem gewissen Blick der Theaternärrin nachsieht, könnte ich das schöne Gefühl haben, eine sozusagen nicht ganz unberühmte Schauspielerin zu sein. Ich habe es aber trotzdem nicht, ich habe keine Zeit dazu.«[42]

Auch der französische Impressionist Auguste Renoir (1841–1919) porträtierte – bereits gelähmt im Rollstuhl sitzend und im Auftrag von Paul Cassirer – Tilla Durieux.[43] Im Juli 1914 saß sie ihm in Paris in einem von dem Modedesigner Paul Poiret entworfenen Kostüm Modell, das sie zu jener Zeit als Eliza in George Bernard Shaws Schauspiel *Pygmalion* trug.[44] Die sanft-liebliche Anmutung, die Renoir der Porträtierten mit weichem Strich und in zarten Farben verlieh, steht dabei jenem populären Bild diametral entgegen, das sich die Schauspielerin im kollektiven Bewusstsein insbesondere durch Rollen wie Salomé, Circe, Potiphars Weib oder Delila erarbeitet hatte.

In ihrer Kunst wie in ihrem Leben selbstbestimmt und selbstsicher ihren Weg gehend, dabei von exotischem Äußeren, entsprach Tilla Durieux ganz dem von männlichen Angstprojektionen besetzten magisch-dämonischen Frauentyp der Femme fatale, der in Kunst und Literatur des Fin de siècle Hochkonjunktur hatte. Sie selbst mag sich dabei nicht so gesehen haben,

---

41 Zit. nach Preuß 1965, S. 19.
42 Ebd.
43 Pierre Auguste Renoir: Tilla Durieux (1914), Öl/Lwd., 92,1 x 73,7 cm, New York, Metropolitan Museum of Art. [Ripperger 2016, S. 325, Abb. 13].
44 Vgl. Ripperger 2016, S. 174.

wie ihre Abneigung gegen Franz von Stucks Rollenporträt als Circe von Calderón am *Münchener Künstlertheater* 1911 zu erkennen gibt:

> »Franz von Stuck hat mich während des Engagements mehrfach als Circe gemalt, und die Bilder und Skizzen dazu sind allgemein bekannt geworden. Nach meinem Geschmack waren sie nicht.«[45]

Oder bezieht sich ihre Kritik auf rein stilistische Gesichtspunkte? Zweifellos wird Tilla Durieux' Kunstgeschmack Slevogts spontane Erfassung des Bühnengeschehens mehr entsprochen haben als von Stucks dramatische Auffassung und theatralische Inszenierung.

Das durch die Medien – durch das Theater und die Bildende Kunst, durch Presse und Fernsehen – lancierte Bild von Tilla Durieux als unterkühltem, männermordendem Vamp ist bis heute transportiert worden. Aber: Es greift zu kurz! Der Charakter Tilla Durieux' war weitaus vielschichtiger. Insbesondere in Zeiten der Not, wie jener des Ersten Weltkriegs, setzte sie sich für andere ein und bezeugte damit ein soziales Bewusstsein, das sie von ihrer eigenen Person absehen ließ. Davon zeugt eine Passage aus ihren Lebenserinnerungen, in der sie von ihrem Freiwilligendienst als Krankenschwester im Lazarett Buch berichtet, für das bei freiwilligen Helferinnen keine Nachfrage bestand, weil man sich damit keine gesellschaftliche Reputation erwerben konnte:

> »Ich bewarb mich um einen Platz in einem Lazarett. Schon die ersten Versuche zeigten klar, was ich in Berlin zu erwarten hatte. Hier drängten sich nämlich die Damen der Gesellschaft zu den Lazaretten, die für Offiziere bestimmt waren. Ich aber wollte ehrliche Arbeit leisten oder gar keine. [...]. [...] für Buch war bei den freiwilligen Helferinnen keine Nachfrage.«[46]

Dass Tilla Durieux darüber hinaus von überaus praktischer Natur war, führt uns Johannes Guthmann vor Augen, der uns ihre hausfraulichen Qualitäten lebhaft schildert:

> »Sie belehrte mich – es war in den immer dunkleren Jahren nach 1916 –, wie man die mühsam erlangten ›Fressalien‹ am sichersten einweckte, ganz wie eine ›Perfekte‹; sie legte mir selbstbereitetes Kompott zum Wildbret vor, ich weiß

Mary oder Franz von Stuck (attr.): Studie zu *Tilla Durieux als Circe*, um 1912/13 (o.)

Franz von Stuck: *Circe*, 1912 (u.)

[45] Durieux 1954, S. 143; Durieux 1971, S. 167. Bekannt sind sechs Versionen von Stucks Tilla Durieux als Circe. [Vgl. Ripperger 2016, S. 125].
[46] Durieux 1954, S. 182; Durieux 1971, S. 213.

nicht mehr, warens Hagebutten oder grüne Nüsse im süßesten Saft; sie trug Sorge, dass die Salzburger Nockerln wohltemperiert auf den Tisch kamen; kurz, sie gab sich als nichts denn als Hausfrau. Nach der Mahlzeit saß sie da und stichelte an den delikatesten Handarbeiten nach den uralten Mustern der geliebten Großmama, oder, lieber noch, strickte sie dicke, flauschige Strümpfe für unsere Feldgrauen. Zwischendurch erkundigte sie sich teilnehmend, wie wir unsern [Hund] Kuno durch die mißlichen Zeiten brächten. Solch Boxermagen!? Sie half sogar mit immer neuen Adressen für Pferdefleisch, für nahrhafte und wohlfeile Ersatzmittel nach. Sie wusste und kannte alle Vorder- und Hintertreppen [...].«[47]

Häufig waren Tilla Durieux und Paul Cassirer in Neu-Cladow zu Gast und mit ihnen fanden sich bisweilen auch die Schauspielerin Lucie Höflich und deren Mann, der Kunsthistoriker Anton Mayer ein. Wie Tilla Durieux war Lucie Höflich 1903 von Max Reinhardt an das *Deutsche Theater* engagiert worden. Spielweise und Auffassung der beiden Miminnen unterschieden sich jedoch frappant, wie Guthmann deutlich macht: Während das »Handwerk« der Durieux ein »überaus beherrschtes«[48] sei, verlasse sich Lucie Höflich ganz »auf die nachtwandlerische Sicherheit ihres Instinkts« und lebe »ihre Rollen gleichsam unter Ausschaltung des Verstandes«[49]. Und nicht nur hinsichtlich ihrer künstlerischen Auffassung waren sich die Miminnen nicht »grün«. Guthmann berichtet zudem

> »daß ihre persönlichen Beziehungen des öfteren gespannt waren. Ahnungslos, daß sie sich gerade wieder einmal gründlich leid waren, hatte ich sie gemeinsam zu einem Frühstück nach Neu-Cladow eingeladen, die Lux mit dem Anton, die Tilla mit Paul Cassirer, [...]. Eben noch über die Sachlage unterrichtet, lud ich die Paare schleunigst auseinander. Versehentlich jedoch rollten dennoch beider Wagen hintereinander herein. Da waren sie! Die Überraschung war echt. Die Begrüßung, ein Meisterstück aus der Commedia dell'arte, machte der schauspielerischen Begabung der beiden Heroinen jede Ehre. Man wußte, wen man vor sich hatte. Ein Parterre von Königen wäre nichts gewesen gegen dies Vis-à-vis der gefeierten Personnagen. Es ging nichts über ihre Herzlichkeit, und sie ließen, selbander durch den schönen, frischen Park wandelnd, sich nicht mehr los, ja am Ende war die Theaterei so vollkommen, daß sie selber die Grenzen von Natur und Kunst nicht mehr zu unterscheiden vermochten und echte Küsse tauschten.«[50]

---

47 Guthmann 1955, S. 213 f.
48 Ebd., S. 211.
49 Ebd., S. 208.
50 Ebd., S. 211.

Die Spannungen zwischen Höflich und Durieux nahmen wohl bereits 1908 ihren Anfang, als Lucie Höflich durch Tilla Durieux ihre Rolle als Notburg in der Reinhardt-Inszenierung des Dramas *Graf von Gleichen* von Wilhelm Schmidtbonn streitig gemacht bekam. Unfreiwillig, wie Tilla Durieux schildert und die Missstimmung zwischen sich und Lucie Höflich auf das »Aufhetzen der Schauspieler gegeneinander« durch die Theaterleitung, namentlich insbesondere den Dramaturgen und Regisseur Felix Hollaender, zurückführt:

> »Es herrschte die Sitte, einen Erfolg sofort mit einer unangenehmen Nachricht zu dämpfen. Zum Beispiel mit der Ankündigung, man hätte nun ein neues Talent entdeckt für die gleichen Rollen, die der oder die Betroffene selber spiele. Man verspreche sich sehr viel von diesem Talent und berate noch, wer nunmehr in den neuen, geplanten Stücken spielen werde. Das geschah, um, wie man sich ausdrückte, ›die Bäume nicht in den Himmel wachsen zu lassen‹. Dabei waren wir damals alle so bescheiden und wollten keineswegs in den Himmel wachsen. Die kleinste Statistin beim Film bildet sich heute mehr ein und stellt größere Ansprüche als etwa seinerzeit die Höflich, die Wangel[51] oder ich. Schon beim ›Graf von Gleichen‹ war ich durch diese Methode in eine peinliche Situation geraten. Man hatte mir die Rolle plötzlich ins Haus geschickt. Ich kam auf die Probe und fand Lucie Höflich vor, die sie schon seit längerer Zeit in Händen hatte. […]. Von der Zeit an mußte sie mich für eine falsche Katze halten. Solche Szenen gab es des öfteren, und wir alle litten darunter.«[52]

Nicht nur in den sonnigen Stunden lustvollen Müßiggangs am Havelstrand vermischten sich Spiel und Wirklichkeit. Nicht selten nahm sich das Leben der Tilla Durieux selbst wie ein Theaterstück aus und es mutet an, als spielte sie auch im Leben jene ränkereichen Rollen, für die sie auf der Bühne Berühmtheit erlangte: So wurde Tilla Durieux von Max Reinhardt und Paul Cassirer im Februar 1911 gewissermaßen als »Lockvogel« eingesetzt, um das aus Sittlichkeitsgründen vom Aufführungsverbot an den Reinhardt'schen Kammerspielen bedrohte Lustspiel *Die Hose* von Carl Sternheim zu retten und den Chef der Zensurbehörde, den Polizeipräsidenten Traugott von Jagow, umzustimmen. Guthmann berichtet davon:

51 Hedwig Wangel (1875–1961), Schauspielerin, ab 1903 bei Max Reinhardt am *Deutschen Theater*.
52 Durieux 1954, S. 116 f.; Durieux 1971, S. 138.

»Herr von Jagow wurde zu einer Sonderaufführung geladen und, damit er sich in seiner Loge nicht langweilte, von Frau Cassirer, der geschicktesten Interpretin moderner Literatur, begrüßt, unterhalten und eines Besseren belehrt. Am Ende küßte er der faszinierenden Bittstellerin verständnisinnig [sic] die Hand, ohne zu ahnen, wie ›nah das Naturell der Frauen mit Kunst auch hier verwandt‹[53] sein kann. Tilla Durieux schwang ihrerseits das freigegebene Manuskript im Triumphe [...].«[54]

Am selben Abend jedoch erhielt Tilla Durieux eine handschriftliche Notiz von Jagow, mit dem Wunsch, das Gespräch möge in seiner Privatwohnung fortgesetzt werden – ungeachtet dessen, dass der sich in kaiserlichen Ungnaden befindliche Paul Cassirer der Ehemann Tillas war und Jagow ein hoher Beamter des Kaisers. Dass Alfred Kerr die Korrespondenz veröffentlichte, führte zu einem éclat in der Presse und festigte den Ruf Tilla Durieux' als Femme fatale.[55]

Slevogts Sicht der Dinge findet sich in einer Gelegenheitszeichnung in Johannes Guthmanns Buch *Scherz und Laune*, von dem bereits im vorherigen Kapitel die Rede war. Tilla Durieux schreibt in ihren Lebenserinnerungen:

»Auf Seite 124 sitze ich auf einem Strauch, und der Polizeipräsident, Herr von Jagow, kommt als Schmetterling auf mich zugeflattert. Rechts das Heer der Kritiker mit einem Schmetterlingsnetz aus Zeitungsblättern, unten aber eine vermummte Gestalt, die eine Pistole abschießt: P. C. [Paul Cassirer, Anm. d. Verf.]«[56]

Dass die Malerin Alice Trübner (1874[57]–1916) – Ehefrau des Malers Wilhelm Trübner (1851–1917) – im März 1916 im Beisein von Tilla Durieux Selbstmord beging, festigte einmal mehr den Ruf der Durieux' als Femme fatale. Johannes Guthmanns Bericht über die Vorkommnisse nimmt sich wie eine Sentenz aus einem Kriminalroman aus, wenn er schreibt:

»Das montägliche Abendessen in der ›Deutschen Gesellschaft 1914‹, dem zwanglos anregungsreichen Treffpunkt von Politik, Großindustrie, Hochfinanz, Kunst und Wissenschaft, war vorüber, und man saß in den behaglichen Winkeln der großen Halle herum.[58] Es begab sich eigentlich nichts, außer, dass Emil

---

53 Guthmann zitiert hier Goethe: »Denn das Naturell der Frauen / Ist so nah mit Kunst verwandt.« In: Johann Wolfgang von Goethe: *Faust. Der Tragödie zweiter Teil*, vollendet 1831, in: Goethe's Werke. Vollständige Ausgabe letzter Hand, Bd. 41, Stuttgart u. Tübingen (J. G. Cotta'sche Verlagsbuchhandlung), 1832, S. 24.
54 Guthmann 1955, S. 213.
55 Vgl. auch die ausführliche Schilderung der Ereignisse in: Durieux 1954, S. 130–137; Durieux 1971, S. 153-161.
56 Durieux 1954, S. 129; Durieux 1971, S. 153; vgl. Guthmann 1920, S. 125 [sic].
57 Die Angaben des Geburtsjahres von Alice Trübner variieren in der Literatur. Laut der Inschrift auf dem Grabstein der Familie Trübner auf dem Karlsruher Hauptfriedhof war Alice Trübner am 24. August 1874 geboren worden. Sie starb am 20. März 1916.
58 Die Mitglieder der *Deutschen Gesellschaft 1914* trafen sich im Pringsheim'schen Palais in der Berliner Wilhelmstraße 67.

Orlik, wie es seine Art war, geschäftig mit dem Skizzenbuch durch die Räume flitzte, um die prominentesten unter so vielen Charakterköpfen im Bilde festzuhalten [...]. Wir saßen geruhsam um unseren runden Tisch, als der Page aus der Telephonzelle meldete: ›Das Hotel Esplanade wünscht Herrn Cassirer zu sprechen.‹ Wir sahen dem beweglichen Manne, wie er so beschwingt zur Glaszelle inmitten der Halle eilte, nach. [...] – Das Telephongespräch zog sich in die Länge. Von weitem sah es aus, als ob unser Freund, Halt suchend, sich in eine Ecke des gläsernen Verlieses habe gleiten lassen. Gaul wurde unruhig. Er lugte ein um das andere Mal hinüber. Es litt ihn nicht mehr. Er stand plötzlich auf und folgte. Täuschten wir uns? Auch er schien willenlos gegen die Glaswand hinzusinken und kehrte nicht wieder. Am Ende machte sich Slevogt stark und schritt hinüber. Hatte die Situation bis hierher nicht der Komik entbehrt, so wurde jetzt daraus unverkennbarer Ernst. Wir sahen Cassirer und Gaul enteilen – ein Auto stand bereit. Slevogt kehrte allein zurück. Alice Trübner, Wilhelm Trübners Frau, hatte sich im Esplanade erschossen, nach einem Souper mit [...] Tilla Durieux! Man habe bei Tisch recht guter Dinge geschienen. An Sekt sei nicht gespart worden. Frau Trübner habe sich hernach in ihr Zimmer begeben, begleitet von Frau Cassirer. Kurze Zeit darauf ein Schuss! Frau Trübner tot – Tilla Durieux die einzige Zeugin!«[59]

Johannes Guthmann bekam die Affäre aus erster Hand von Tilla Durieux berichtet, als er einige Tage nach dem Vorfall im Cassirer'schen Haus weilte: »wahrscheinlich um [...] einer unvorteilhaften Legendenbildung zuvorzukommen«, erzählte sie Guthmann »von dem fatalen Abend sehr lebhaft«[60]. Und auch in ihren Erinnerungen schilderte Tilla Durieux das Erlebnis höchst anschaulich:

»Sofort sprang ich auf, davon überzeugt, daß man mir eine Komödie vormachen wollte, und eilte auf meine Jacke zu, um sie anzuziehen. Am Bett angelangt, fiel mir die regungslose Haltung auf, ich drehte die große Deckenbeleuchtung auf, und meine entsetzten Augen sahen, wie ihr das Blut aus Mund und Nase strömte. Das Bett war noch nicht zur Nacht hergerichtet gewesen, und so lag sie auf der Überdecke in einer Lache von Blut. Ich stürzte zur Klingel, das Stubenmädchen erschien sofort, und ich rief ihr zu: ›Sofort zum Direktor, die Dame hat sich erschossen.‹ Ich hatte gleich bemerkt, daß ein Arzt hier umsonst gerufen würde, denn die Augen standen blicklos weit offen und starrten die Decke

59 Guthmann 1955, S. 215 ff.
60 Ebd., S. 217.

an. Vom Revolver war nichts zu sehen, aber ich dachte auch nicht daran, ihn zu suchen, denn ich stand mit zitternden Beinen vor dem Bett und rang die Hände.«[61]

Da die Tote auf dem Revolver lag und man sah, dass die Leiche nicht bewegt worden war, stellte man nach kurzer Untersuchung fest, dass es sich um einen klaren Fall von Selbstmord handelte. Der Maler Wilhelm Trübner aber, der Ehemann der Toten, wollte an einen solchen nicht glauben. Nachdem er zunächst Tilla Durieux des Mordes an seiner Frau verdächtigt hatte, blieb er schließlich bei der Annahme, die beiden Frauen hätten eine Filmszene geprobt, während der es zu dem schrecklichen Unglück gekommen sei.[62] Es war jedoch nicht die einzige reale Tragödie, deren Zeugin Tilla Durieux wurde. Zehn Jahre später nahm sich Paul Cassirer in ihrem Beisein das Leben – in der Kanzlei des Anwalts von Johannes Guthmann:

»Das Ehepaar Cassirer-Durieux entschloß sich zur Scheidung und fand sich bei meinem Rechtsanwalt Alfred Friedmann, einem Freund und Sachverständigen derartiger von den Parzen verworrener Gespinste, ein. In dessen Stube, vielmehr dessen Vorplatz war es, wohin sein mit den Nerven längst fertiger Klient, um Luft zu schöpfen, geflüchtet war, daß Tillas Gatte den doch vielleicht nicht erwarteten Selbstmordversuch unternahm und der vielgeprüften Frau an das in jäher Wallung hochschlagende Herz sank. – Theater? Aber ein Theater mit blutigen Tränen [...].«[63]

Und Tilla Durieux erinnert sich:

»Der Tag kam, an dem wir uns bei dem Anwalt zur Unterschrift versammeln sollten. Wir saßen alle um einen Tisch, plötzlich vor der Unterzeichnung, erhob sich Paul, murmelte eine Entschuldigung und verließ das Zimmer. Gleich darauf fiel ein Schuß im Nebenzimmer. Hatte ich nicht schon öfters solche Selbstmordversuche um ganz geringe Dinge erlebt? Ich stürzte ins Nebenzimmer und fand Paul am Boden liegend und mir entgegenrufend: ›Nun bleibst du aber bei mir!!‹«[64]

Paul Cassirer wollte ohne Tilla Durieux nicht sein – und konnte doch nicht ganz mit ihr sein. Immer wieder, so berichtet sie, hatte er Affären,

61 Durieux 1954, S. 210; vgl. Guthmann 1955, S. 217 f. (Guthmann zitiert in seinen Lebenserinnerungen die Schilderungen von Durieux textgetreu.).
62 Vgl. Durieux 1954, S. 212; Guthmann 1955, S. 218 f.
63 Guthmann 1955, S. 220.
64 Durieux 1954, S. 275; Durieux 1971, S. 313.

die ihr stark zusetzten. Immer wieder auch drohte er mit Selbstmord und bevor er tatsächlich starb, hatte es mehrere Selbstmordversuche gegeben. Manisch-depressiv, so mag man Cassirers Gemütszustand wohl am besten beschreiben. Das Wechselbad der Gefühle, in das er Tilla Durieux immer und immer wieder mit hineinzog, war für sie schon lange, bevor Paul Cassirer am 7. Januar 1926 die Augen für immer schloss, quälend und wurde von ihr nicht selten als unerträglich empfunden. Bereits vor dem Entschluss zur Scheidung hatte Tilla den Generaldirektor des Schultheiß-Patzenhofer Brauereikonzerns Ludwig Katzenellenbogen (1877–1944) kennen gelernt, den sie 1930 auch heiraten sollte. Und doch blieb Paul Cassirer der Fixstern im privaten wie künstlerischen Leben von Tilla Durieux. Nur wenige Monate vor ihrem Tod am 21. Februar 1971 schreibt sie an ihren Patensohn Peter, den Sohn der kurz zuvor verstorbenen Helene Lutt (1888–1971), einer ihrer engsten Vetrauten: »Sollte ein Bild von Paul Cassirer noch da sein, dann bitte bringt es mir.«[65]

Was Tilla Durieux und Paul Cassirer einte, war in allererster Linie ihre Leidenschaft für die Kunst. Ihre Profession war für den Kunsthändler und Verleger wie für die Schauspielerin ihre jeweilige Passion. Gegenseitig schürten sie ihr jeweiliges Feuer, dessen Flammen bisweilen so hoch schlugen, dass sie sich gegenseitig gar oft zu verbrennen drohten und sich doch gleichermaßen brauchten, um sich aneinander zu wärmen. Und so schreibt Tilla Durieux 1954 in ihren Lebenserinnerungen rückblickend über ihre Zeit mit Cassirer:

> »Ich verdanke Paul Cassirer die schönsten und die bittersten Stunden, meine geistige Entwicklung, meine wachsenden Erfolge an der Bühne, eine unendliche innere Bereicherung, aber auch den tiefsten Kummer. Meine Augen haben durch ihn die Herrlichkeit der Welt gesehen, aber auch die verzweifeltsten Tränen geweint.«[66]

Und doch sind Tilla Durieux' Erinnerungen nicht durchtränkt von einer Larmoyanz, die sich an den negativen Erlebnissen ausrichtet. Vielmehr kennzeichnet ihr Denken und Handeln zeitlebens ein Pragmatismus, der sie auch ihren dritten Ehemann, den jüdischen Ludwig Katzenellenbogen kompromisslos unterstützen lässt, als sie mit ihm 1933 nach Jugoslawien emigriert. Auch dieser Verbindung war kein glückliches Ende beschieden:

65 Tilla Durieux an Peter Lutt, 18. Januar 1971, Privatbesitz.
66 Durieux 1954, S. 56; Durieux 1971, S. 74.

1941 wurde Ludwig Katzenellenbogen nach dem Einmarsch der deutschen Truppen in Jugoslawien verhaftet und verschleppt und starb 1944 im Berliner Jüdischen Krankenhaus.[67] Tilla Durieux baute sich in einem abgelegenen Palais oberhalb von Zagreb eine neue Existenz auf und bis in die Nachkriegszeit hinein schuf sie Kostüme und Figuren für ein staatliches Puppentheater. Es wirft ein helles Licht auf ihr Wesen, dass sie im Zweiten Weltkrieg die serbische Widerstandsbewegung unterstützte.

Dafür, dass sich Tilla Durieux trotz aller zeitbedingter Unbilden stets einen unverbrüchlich lebensbejahenden Kern bewahrte, der ihr letztlich auch die Kraft gab, nach Kriegsende nach Deutschland zurückzukehren und hier seit September 1952 wieder auf der Bühne zu stehen (zunächst als Gast am Berliner Schlossparktheater), zeichnet ihre nie versiegende Freude am künstlerischen Gestalten verantwortlich – am Spielen: »Vielleicht liegt darin das Geheimnis, wie ich mir meine schauspielerische Jugend erhalten konnte: in der ständigen Bereitschaft, tagtäglich meine Rolle neu zu erobern, die ich gerade spiele«[68], konstatierte sie Mitte der 1960er Jahre. Darin, dass die Durieux sich ihre Rollen stets neu und vor der Folie aktueller gesellschaftlicher wie individueller Erfahrungen und Erlebnisse anverwandelte, lag die zeitlose Aktualität ihres Spiels begründet. So hieß es anlässlich ihres 85. Geburtstages in der *Süddeutschen Zeitung*: »Sie (...) ist durch die Erfahrung eines schweren, oft gefährdeten Lebens am Rande des Chaos zu zeitlos wirkender Ausdruckskraft gelangt«[69].

So groß die Spannweite auch sein mag zwischen der männerbestrickenden Salomé oder Circe und der Putzfrau Marie Bornemann in dem Einpersonenstück *Langusten* von Fred Denger, das 1960 als Fernsehspiel aufgeführt wurde und mit dem die Schauspielerin 1961 auf Deutschland-Tournee ging und schließlich auf dem Berliner Theater spielte – Tilla Durieux gab sich stets mit Leib und Seele in ihre Rolle:

> »Sehen Sie, die Rolle dieser armen alten Frau zu spielen, war ein Erlebnis für mich. Sie ist so unendlich einsam, und ich kenne diese Einsamkeit. Ich habe verstanden, daß die Frau Bornemann dem lieben Gott böse ist, weil er keine Zeit für sie hat, und ich habe die Frau Bornemann bewundert, weil sie in all ihrer Einsamkeit und Enttäuschung gütig geblieben ist, anstatt zu verbittern, weil sie verzeiht, anstatt zu hassen«[70].

---

[67] Ich berufe mich hier auf die Recherchen von Sigrid Bauschinger, die 1944 als Todesdatum mit Verweis auf die Grabstelle auf dem jüdischen Friedhof in Berlin-Weißensee angibt. [Vgl. Bauschinger 2015, S. 354]. Bisweilen wird auch 1943 als Todesdatum genannt. [Vgl. u. a. Durieux 2004, S. 146]. Durieux selbst schreibt, sie habe 1944 »über die Schweiz die traurige Nachricht« erhalten, »daß L. K. in Berlin gestorben sei«. [Durieux 1954, S. 338; Durieux 1971, S. 376].
[68] Zit. nach Preuß 1965, S. 13.
[69] Hermann Proebst: *Tilla Durieux zum 85. Geburtstag*, in: *Süddeutsche Zeitung*, 18. August 1965.
[70] *Funk-Uhr*, Dortmund, 7. Juni 1962, zitiert nach: Durieux 2004, S. 105.

Am Ende ihres Lebens war es Tilla Durieux im Leben und auf der Bühne gelungen, die einst »raffiniert gesteigerte Leidenschaft« in eine »stille Leidenschaft«[71] zu verwandeln. Und wie wir eingangs auf den Variationsreichtum der Modulationsfähigkeit der Stimme Tillas hingewiesen haben, so heißt es auch in Bezug auf ihre Rolle der Marie Bornemann in *Langusten* 1961 in der *Berliner Morgenpost*:

> »Die Durieux spielt nicht, sie lebt diese Rolle. Zuerst noch burschikos, mit spitzen, fast jugendlichen Tönen falschen Galgenhumors. Dann bricht die Stimme: die Verzweiflung der Einsamkeit mündet in die Klarheit und Weisheit des mit Würde getragenen Alters. Es ist phänomenal, über welche Kraft und welche Vielfalt des Ausdrucks diese Frau noch verfügt.«[72]

Eigensinn ist für Tilla Durieux ebenso kennzeichnend wie die Demut vor ihrer künstlerischen Aufgabe: »Kein Platz, keine Rolle ist ihr zu gering, keine Aufgabe zu groß und schwer«[73], konnte man anlässlich ihres 85. Geburtstages in der *Frankfurter Allgemeinen Zeitung* lesen und über ihren ungebrochenen Schaffensdrang schrieb Joachim Werner Preuß:

> »Der Besucher gewinnt den Eindruck, daß sie auch mit 85 Jahren noch gern gleichzeitig an zwei Bühnen auftreten würde, nur um den Spaß des Wettlaufs und den anerkennenden Auftritts-Applaus zu haben. Welchen Blick des Triumphes kann man doch auch in den Zuschauerraum werfen, wenn man schon auf der Bühne steht und die letzten Pendler verspätet ihren Platz im Parkett einnehmen!«[74]

Es war jedoch keine Ruhmsucht, die Tilla Durieux antrieb. Ihre Lebenserinnerungen gipfeln vielmehr in dem bescheidenen Bekenntnis: »Welchen hohen Preis ich auch bezahlen musste, wie sehr ich mich bemühte, ich bin auch heute erst im äußeren Ring der Wollenden und nicht im inneren Ring der Wissenden und Könnenden.«[75] Vielleicht ist die Sehnsucht, bis in den inneren Ring der Wissenden und Könnenden vorzustoßen, der Grund, weshalb die Spiellust der Tilla Durieux bis in ihre letzten Lebensjahre hinein ungebrochen war. Mit Authentizität und Geradlinigkeit schritt sie durch ihr Leben und ihre Rollen. Lebenslänglich hielt Tilla Durieux an ihrem in früher Jugend gefassten Grundsatz fest, dass ein Künstler nach jedem Er-

---

71 Preuß 1965, S. 25.
72 Zit. nach ebd., S. 95.
73 Wolfgang Drews: *Im inneren Ring. Tilla Durieux 85 Jahre*, in: *Frankfurter Allgemeine Zeitung*, Nr. 190, 18.8.1965.
74 Preuß 1965, S. 20.
75 Durieux 1954, S. 69; Durieux 1971, S. 88.

folg bereit sein müsse, von vorn anzufangen. Der innere Antrieb, sich zu vervollkommnen, der sie durch alle Schicksalsschläge hindurch trug und den zu befeuern Paul Cassirer sie stets bestärkte, gibt zu erkennen, dass der Beruf der Schauspielerin für Tilla Durieux nicht nur Profession war, sondern auch Berufung!

»… ihr Leben hatte der theatralischen Momente genug«[76], schreibt Johannes Guthmann über Tilla Durieux und man darf hinzufügen: bis zuletzt! Die Mimin schloss am 21. Februar 1971 die Augen – an jenem Tag, an dem Paul Cassirer hundert Jahre alt geworden wäre. Neben ihm fand sie auf dem Waldfriedhof Heerstraße in Berlin-Charlottenburg am 1. März 1971 die letzte Ruhe. Dabei spendete sie selbst den um sie Trauernden Trost mit einem 1969 aufgenommenen Gedicht aus den *Gesängen der Nacht* von Janne Furch Allers – einem Gedicht, das ihren Lebenserinnerungen *Meine ersten neunzig Jahre* vorangestellt ist:

Ihr, die ihr leben dürft, hört ihr im Lärm der Welt noch meinen leisen Schritt?
Im Schatten jeder Sommerwolke wandert mein Schatten mit
Und legt sich auf blühende Täler, auf Flüsse,
Auf spielende Kinder, auf Gräber und auf Kanonen. –
Ihr, die ihr leben dürft, werdet ihr Leben und Frieden
Und Freiheit der Anderen schonen?
[…].

Ihr, die ihr leben dürft, dankt ihr dem Himmel dafür?
Öffnet ihr manchmal den Stimmen der Toten die Tür?
Viele sind nur ein Blatt, das im fallenden Laub rasch vermodert …
Ich aber will Flamme sein!
Feuer und Licht!
Das im Herzen der Lebenden lodert!! –[77]

---

[76] Guthmann 1955, S. 212.
[77] Zit. nach Durieux 1971, S. 7.

Rendezvous auf der Terrasse
Lucie Höflich & Anton Mayer

Im wahrsten Wortsinne das Fundament für jene festliche Neu-Cladower Atmosphäre, die in den sommerlichen Zusammenkünften zahlreicher illustrer Gäste ihren sprechenden Ausdruck fand, war die Veranda mit ihrer auf einem Säulenhalbrund ruhenden Terrasse an der Ostseite des Gutshauses, von der sich heute wie ehedem ein grandioser Havelweitblick erschließt.

Guthmanns poetische Beschreibung der Neu-Cladower Abende macht uns deren märchenhafte Stimmung noch heute erfahrbar:

>»Diese Abende auf der Terrasse[1], die sich im Glanze der Sommernacht wunderbar ins Ungemessene dehnten, waren von einer ungekünstelten Poesie. Die Bäume des alten Parks standen still, wie verzaubert, als lauschten sie auf Wort und Ton vom Hause her. Die Vögel waren längst im Nest. Nichts regte sich; spät drang vom Wasser herauf, die Schilfwaldungen an den Ufern der Havel entlang, ein Chor, vielmehr ein wunderlicher Choral, gesungen von ungezählten Fröschen. Die Stimmgewalt der Sängerschaft schwoll an, schwoll ab, brandete die weiten Wasserflächen hinan, hinunter, von eigenen Gesetzen bestimmt, und verstummte plötzlich in einer langausgehaltenen Pause ganz und gar. Aber dann tönte sie unerschöpft in sich abermals fort, diese märkische Wald- und Seensymphonie. Dem Vibrato der helleren Stimmen gesellten sich da und dort die Rufe der Unken, warnende, gleichsam Unheil verkündende, aus chthonischen Tiefen, bis am Ende sich alles in der irrealen Szenerie dieser phantastischen Wirklichkeit verlor.«[2]

Es handelte sich beim Autor dieser Zeilen nicht um Johannes Guthmann, würde er bei aller Poesie des märchenhaften Szenarios nicht auch die prosaischen Umstände so manchen sommerlichen Zusammentreffens schildern:

Max Slevogt: *Abendessen auf der Terrasse in Neu Cladow*, 17. Juli 1912

[1] Guthmann meint die von Säulen umstandene Veranda, wenn er von »Terrasse« spricht.
[2] Guthmann 1955, S. 190.

»Chtonisch oder tragisch, das Satyrspiel blieb gleichfalls nicht aus. Es war der Fluch, der über unserm sommerlichen Neu-Cladow lag und den kein Opferfeuer sühnen konnte. Die Frösche drunten, und droben Myriaden von Mücken! Das Lächeln konnte einem wohl vergehen. Man rauchte, die Teufelsbrut in Tabakwolken zu ersticken. Frauliche Frauen, die die Zigaretten sonst verschmähten, bliesen dicke Qualmschwaden um sich, ja, unter sich; denn das war das Infernalische, daß die Mücken und Gnitzen, allenthalben verflucht, verfolgt, sich unter den großen Tisch flüchteten und das empfindliche Elfenbein unserer Besucherinnen aufs ungezogenste anzuknabbern sich erlaubten. Jedermann wußte Hilfsmittel, aber keins verfing. Ich war auf den Einfall gekommen, der Höllenbrut mit Höllenflammen zu begegnen. Rechts und links der Stufen, die von der Terrasse im Halbkreis in den Garten führten, ließ ich rechtzeitig zwei homerische Scheiterhaufen schichten, die, später entzündet, herrliche Flammenstrudel in die reglose Nacht emporjagten. Ich glaubte damit sämtliche Mücken zwischen Potsdam und Berlin vernichtet. Umsonst auch das! Und dies die ›beste aller Welten?‹ mochte man mit Schopenhauer fragen[3]. Ja, wenn der große Gott der Natur die Frösche dort drunten auf die Mücken hier oben losgelassen hätte! So aber konnte es dem nüchternen Verstande scheinen, als sei es aus mit der Glückseligkeit von Ort und Stunde, für immer aus mit allen Wundern, bis fernher plötzlich ein Zauberflöten anhob, ein wunderbares Singen, Trillern, Schluchzen in unbeschreiblichen Kadenzen, immer wieder dasselbe: ›Bin die Verschwendung‹ – und immer wieder neu: ›Bin die Poesie‹[4]! Eine Nachtigall! Wem sang sie in vertrauten Lauten? Wessen schwesterliche Stimme hatte sie vernommen? Lucie Höflichs? Das holdselige blonde Menschenkind mit ihrem Silberlachen, galt ihr der melodische Gruß?«[5]

Lucie Höflich (1883–1956) haben wir schon im vorangegangenen Kapitel kennenlernen dürfen und sie von Guthmann als »Komplementärkontrast« zu ihrer Schauspielkollegin Tilla Durieux vorgestellt bekommen.

Im Gegensatz zu dieser hat die Nachwelt Lucie Höflich jedoch keine Kränze gewunden, obwohl sie mit Tilla Durieux zu den populärsten deutschen Miminnen ihrer Zeit zählte – zunächst auf dem Theater und später auch im Film. Anders als Tilla Durieux hatte sich Lucie Höflich wohl nicht gegen Widerstände im engsten Familienkreis durchzusetzen: Ihr Stief- und Adoptivvater Georg Höflich (1854–1906) war Schauspieler und Regisseur am Berliner Schauspielhaus. Überliefert ist, dass Lucie Höflich schon

---

3 Im Sinne seines »philosophischen Pessimismus« verneinte Arthur Schopenhauer (1788–1860) die Leibniz'sche These, die Welt sei die beste aller möglichen Welten und stellt ihr die Annahme gegenüber, sie sei die schlechteste aller möglichen Welten. [Vgl. Daniel Schubbe/Matthias Koßler (Hrsg.): *Schopenhauer-Handbuch. Leben – Werk – Wirkung*, Stuttgart ²2018, S. 85].
4 Guthmann zitiert hier Verse aus Goethes *Faust II*, nämlich die Worte des Knaben Lenker: »Bin die Verschwendung, bin die Poesie; / Bin der Poet, der sich vollendet / Wenn er sein eigenst Gut verschwendet.« [Johann Wolfgang von Goethe: *Faust. Der Tragödie zweiter Teil*. Stuttgart, 1832, S. 45].
5 Guthmann 1955, S. 190f.

Lucie Höflich in ihrer Wohnung in Charlottenburg, Droysenstraße 2, um 1912

als Kind auf der Bühne stand. Geboren am 20. Februar 1883 in Hannover als Helene Lucie von Holwede, gab sie ihr Debüt 1899 am Stadttheater Bromberg. Nach Stationen in Nürnberg, Prag und Wien war sie 1903 in Berlin von Max Reinhardt verpflichtet worden. In Maurice Maeterlincks neuromantischem Schauspiel *Pelleas und Melisande*, in dem Lucie Höflich im selben Jahr unter Reinhardts Regie auf der Bühne stand, begeisterte sie durch die »natürliche, tief empfundene Innerlichkeit und Zartheit ihrer Darstellung«[6] das Publikum und die Kritik. Und auch Johannes Guthmann schwärmt im Rückblick auf jene Blütezeit der Lucie Höflich:

>»Die Höflich? Eine Franziska damals, wie von Lessing selber auf die Stirn geküßt, ein Käthchen, ein Gretchen, ja in den wenigen Versen ›einer der Büßerinnen‹ am Schluß des Faust zu Tränen mitreißend, war sie uns allen der Inbegriff junger, schöner, reiner Weiblichkeit. Und dabei im Schmollen, ja beinahe verhaltenen Knurren der Stimme, in dem unerwarteten Aufschlag ihres fragenden Blicks, in dem plötzlichen, kaum bemerkbaren Verstraffen aller Muskeln von einer sich selbst noch unbekannten Tiefe, als gelte es, vor so viel Liebreiz unerfahrener Jugend immerhin zu warnen. Und das alles naiv, selbstverständ-

6 *Neue Deutsche Biographie*, Band 9, Berlin 1972, S. 316.

Lucie Höflich als Gretchen

lich, ohne jede Pose oder leises Unterstreichen, einfach ein wundervolles Stück Natur und dadurch unwiderstehlich.«⁷

Lucie Höflich reüssierte zunächst in den naiv-sentimentalen Rollengestalten der deutschen Klassik, die sie höchst eigenständig auffasste, indem sie sie »ent-tragisierte«⁸. Dabei löste sie sich vom konventionellen Deklamationsstil und gestaltete ihre Rollen aus echtem Gefühl und persönlichem Empfinden – gleichsam natürlich! So beispielsweise die Franziska in *Minna von Barnhelm* von Gotthold Ephraim Lessing, das Käthchen im *Käthchen von Heilbronn* von Heinrich von Kleist oder das Gretchen in Goethes *Faust I*. Johannes Guthmann schreibt:

> »Sie hätte den Ariel spielen sollen mit ihrer Engelknabenstimme, ich glaube, sie hätte den Vergleich mit allen Luftgeistern Shakespearescher Zeitrechnung vertragen. Doch der Ariel wie der Puck, der Knabe Wagenlenker und Euphorion: unvorstellbar damals der Gedanke, daß jemand anders sie verkörpern könne als Getrud Eysoldt mit den ihr eigenen wesenlosen, weltentrückten Diskantlauten ihrer Kehle. Vielleicht aber hätte die Höflich gerade mit dem Genie ihres Blutes der Rolle das geben können, was jener fehlte! Ihr Ariel erst wäre vermutlich der eigentliche, der rührende, der ›Herzensariel‹ Prosperos geworden⁹. Wollte man entgegnen, daß bei aller Poesie, die sie umfing, schon die junge Lux eine Neigung zum Stämmigen, Erdenfesten, Resoluten gehabt habe, die dem Wesen jenes kleinen Luftgebildes widersprach, ja daß die gesegnete fünfzehnpfündige Rinderbrust, die man selbst im kleinsten Kreise als Tischgast regelmäßig bei ihr vorgesetzt bekam, recht eigentlich das Symbol ihrer vitalen, also auch künstlerischen Existenz darstellte? Doch gerade dieses irdische Gewese, der Realismus, in dem die Blume ihrer so persönlichen Kunst wurzelte, war das theatergeschichtliche Einmal-und-nicht-wieder Lucie Höflichs.«¹⁰

Kennengelernt hatten sich Johannes Guthmann und Lucie Höflich durch ihren Freund und späteren Ehemann Anton Mayer (1879–1944), den mit Johannes Guthmann und Joachim Zimmermann eine Vielzahl an Interessen verband:

> »Anton Mayer, der uns von seinem Vater anvertraut wurde, war ein kluger Kopf, von erstaunlicher Aufnahmefähigkeit und einem Gedächtnis, das auch im Alter

7 Guthmann 1955, S. 191 f.
8 Thieß 1920, S. 24.
9 Ariel (Luftgeist) und Prospero (Zauberer): Figuren aus *Der Sturm* von William Shakespeare.
10 Guthmann 1955, S. 191 f.

nie versagte. Dazu war er ein sehr guter Lateiner, was mir imponierte, ein noch besserer Reiter, was Jochen in Entzücken versetzte, und außerdem von ungewöhnlicher musikalischer Begabung, mit der er charmierende Wunder über Wunder wirkte. Kein Wunder also, wenn wir uns abends öfter und öfter im alten, braven Weinhaus Ewest[11] trafen und alle Fragen der Künste und der Wissenschaften leidenschaftlich mit ihm erörterten.«[12]

Am 22. April 1879 in Berlin als Sohn des Bankdirektors Georg Anton Mayer (1846–1927) in Berlin geboren, hatte Anton Mayer nach einer anfänglichen Laufbahn beim Militär[13] seit dem Wintersemester 1903/04 an der Berliner Universität Kunstgeschichte studiert. 1907 wurde er an der Universität Halle bei Adolph Goldschmidt mit einer Arbeit über die flämischen Landschaftsmaler Matthäus und Paul Brill promoviert[14] und arbeitete danach zeitweise am Berliner Kupferstichkabinett. Es muss in dieser Zeit gewesen sein, dass sich Johannes Guthmann und Anton Mayer kennen lernten. Bevor Johannes Guthmann im Juli 1910 an die Havel zog, waren die Neu-Cladower Rencontres mit Anton Mayer in den Abenden bei *Ewest* vorgeprägt. Und so hatte Mayer eines Tages auch Guthmann und Zimmermann gefragt, »ob er einmal die Lucie Höflich mitbringen dürfe? Sie liebten sich. Kein Mensch auf der Welt wisse darum.«[15]

Die Geschichten von Anton Mayer und Lucie Höflich sind in Guthmanns Augen unlösbar miteinander verwoben. In seinen Lebenserinnerungen widmet er ihnen ein ganzes Kapitel, das von der wichtigen Bedeutung beider für den Neu-Cladower Kreis kündet. Diese hält uns auch Max Slevogt vor Augen: In seinem Gemälde des nächtlichen Schmausens auf der Terrasse vom 17. Juli 1912 – auf das wir bereits mehrfach zu sprechen gekommen sind – hat er neben Johannes Guthmann, Joachim Zimmermann und Conrad Ansorge auch Lucie Höflich und Anton Mayer ein Denkmal gesetzt. Johannes Guthmann wiederum statuiert am Exempel der Liebesbeziehung von Lucie Höflich und Anton Mayer Allgemeingültiges: den zeittypischen Antagonismus zwischen einer traditionellen und einer modernen Lebensführung. Dass es sich bei Anton Mayer und Lucie Höflich von Anfang an um ein Paar handelte, das wenig Wert auf bürgerliche Konventionen legte, weiß uns Guthmann lebendig zu schildern:

Porträt Anton Mayer

11 Julius Ewest, Behrenstraße 26a, Hoflieferant seiner Majestät des Kaisers und Königs.
12 Guthmann 1955, S. 193.
13 Anton Mayer diente von 1899 bis 1903 zunächst als Fahnenjunker, später als Leutnant im zweiten Königlich Sächsischen Husaren-Regiment Nr. 19 in Grimma. 1903 schied er aus dem Dienst aus und wurde Reserveoffizier.
14 Anton Mayer: *Das Leben und die Werke der Brüder Matthäus und Paul Brill*, Leipzig (Hiersemann) 1910.
15 Guthmann 1955, S. 195.

»In der Tat hatten sie kaum, weder er noch sie, Blick für elegante Kleidung oder irgendwelche konventionellen Allüren. Hübsche Menschen beide, machten sie von ihrem Äußeren nichts her. Das Geld war besser in Sekt vertan. Aber der neue Hut? Wo war er überhaupt? – ›Ich geniere mich, – wenn er dem Hans nicht gefällt – und dem Jochen auch nicht.‹ ›Zeig schon den Hut!‹ – ›Aber ich sitze doch drauf.‹ Umsonst alle Scham, sie bückte sich endlich, stöberte unter dem Sofa, auf dem sie gethront, und förderte endlich das Corpus delicti ans Licht, einen ziemlich häßlichen weißen Filzhut, hellblau garniert, zerknüllt und unscheinbar. Wirklich kein Prunkstück, das sie denn auch schleunigst und für immer verschwinden ließ.«[16]

Sowohl Anton Mayer als auch Lucie Höflich legten keinen Wert auf Äußerlichkeiten. So beschreibt auch der Schriftsteller Rudolf G. Binding (1867–1938) in seinen 1927 erschienenen Lebenserinnerungen seinen Freund Anton Mayer, den er während seiner Militärzeit kennen gelernt hatte:

»Der Reiz eines ungekünstelten und zugleich wohlgebildeten musischen Menschen ging von ihm aus und – was mich besonders bestach – alles Tun-als-ob schien ihm fremd; eine heitere Ehrlichkeit, die bis zu einer leichten Selbstverspottung gehen konnte, war in ihm und äußerte sich in einer seltenen Frische und Gelöstheit, wenn er mit mir zusammen war. Dann spürte er wohl die gleiche Feindlichkeit gegen die Heuchelei, spürte und atmete also die gleiche Luft. [...]. Eine gehobene sinnliche Harmonie, nicht gerade aufregend, etwas ästhetisch, unverbindlich, ohne eigentliche Verantwortung, ohne Konflikte – dieses besonders –, kampflos, kultiviert, unheroisch und unplebejisch: das war das Ziel des Menschlichen dem er lebte. So war Anton. Er war damit eine der vollkommensten Inkarnationen eines gehobenen jungen Mannes aus der Wende des Jahrhunderts; die vollkommenste die ich je gekannt, mit allen Schwächen, die er bereitwillig zugab, und allen Reizen der Echtheit«[17].

Alles »Tun-als-ob« war auch Lucie Höflich fremd, im Leben wie auf der Bühne. Star-Allüren waren ihre Sache nicht. »Nein, Lucie Höflich ist nicht glänzend«[18], schreibt Frank Thieß 1920 in seiner Monographie über die Schauspielerin. Ihr Spiel sei »absolut effektlos, ohne Trick, ohne Kunstmittelchen, ohne Tendenz, ohne Unterstreichungen, Willkürlichkeiten und Manier – nur mit höchster Konzentration eine Szene bis zum letzten Atemzug ausfüllend.«[19] An Lucie Höflich sei »nichts von Komödiantentum, nichts

16 Ebd.
17 Rudolf G. Binding: *Erlebtes Leben*, Frankfurt a. M. 1927, S. 163 f.
18 Thieß 1920, S. 35.
19 Ebd., S. 34.

von Eitelkeit, nichts von Selbstsucht«[20] gewesen, schreibt auch Johannes Guthmann: »Alles interessierte sie – sie wollte vorwärtskommen –, auch die Kunstgeschichte, und sie war stolz auf ihren Anton, wenn er mit neuem Wissen prunken konnte. Dann sah sie ihn gesenkten Kopfes so sonderbar von unten her an und schnurrte wie ein Kätzchen. Die Lux! Auch wir nannten sie bald nicht anders.«[21]

Mit ihrer unprätentiösen Art und gleichsam bohèmehaften Attitüde passten Anton Mayer und Lucie Höflich aufs Beste zusammen:

> »Im übrigen war ihnen beiden, um mit ihrem Lieblingswort zu sprechen, alles, auch was die Leute sagten, ›schnurz‹, völlig ›schnurz‹. Hatte man sie im Theater erspäht, irgendwo im Parkett oder gar im Foyer, dann stauten sich die Menschen: ›Der Anton und die Lux! Habt ihr sie schon gesehen?‹ Alle waren sie in Aufregung, nur nicht die beiden Glückspilze, denen man mit Rührung nachblickte, wie sie so traulich dicht bei dicht die Straße dahinwanderten. […]. Ach, diese Liebe auf die kein Wölkchen Schatten warf, über der die Zeit stille zu stehen schien. Jahr und Tag! Selige Gegenwart immerdar, ist sie nicht der Inbegriff allen Liebens?«[22]

Im Gegensatz zu Tilla Durieux und Paul Cassirer spielte das Sammeln von Kunst offenbar keine vergleichbar dominierende Rolle im Leben von Lucie Höflich und Anton Mayer. So berichtet uns Guthmann darüber, dass der Vater Anton Mayers seinem Sohn ein Bild schenkte, »das man ihm aufgeschwatzt und das sich an den Mayerschen Wänden nicht gefiel, eine der berühmten Variationen Claude Monets über das Thema der Themsebrücke, […] das der Liebende so generös wie schnurzig der Geliebten weiterschenkte, der das anspruchsvoll reservierte Stück auch nicht sonderlich ans Herz griff, es sei denn, daß ihr der Preis zu denken gab.«[23]

Nicht nur war das Paar durch die abendlichen Theatervorstellungen Lucie Höflichs häufig getrennt, auch die räumlich weit entfernt voneinander gelegenen Wohnungen machten deutlich, dass es sich bei dem Paar um zwei höchst eigenständige Persönlichkeiten handelte – eine Ménage, die bürgerlichen Konventionen Hohn sprach, wie Johannes Guthmann feinsinnig bemerkt:

> »Der Anton hatte sich eine nette Wohnung im alten Westen genommen, die Lux eine draußen in Charlottenburg. Ein weiter Weg. Nach meinem Vorbild hatte Anton sich Schlafzimmermöbel bei Grenander bestellt. Eine Bettstatt, einen

20 Guthmann 1955, S. 195.
21 Ebd.
22 Ebd., S. 196.
23 Ebd., S. 197.

Waschtisch, einen Wäscheschrank, eins bei eins wunderschön aus lichtesten Fournierhölzern, ein Junggesellenschlafzimmer. Junggesellen -? Ei, warum nicht? Banale Mentalität, die an dergleichen Anstoß nehmen konnte und diese Liebe, wenn man sie anders wollte, etwa mit Ehebett und Kindern, vollkommen verkennen würde. Wer im Zeitalter Ibsens wollte an ›das Wunderbare‹ rühren? Diese stille Liebe, von der kein Mensch wußte! Aber wußte nicht eigentlich ganz Berlin um sie?«[24]

Auch, wenn sich Anton Mayer von dem schwedischen Architekten Alfred Grenander (1863–1931) – dem »Hofdesigner« Neu-Cladows[25] – einrichten ließ, galt seine Leidenschaft weniger dem Sammeln von Kunst und Mobiliar als vielmehr dem Leben an sich, das er offenkundig in vollen Zügen genoss, schenkt man Guthmann Glauben. Dieser beschreibt, wie Mayer anlässlich musikalischer Kostproben im Freundeskreis offenbar häufig auch von seiner Wirkung auf das weibliche Geschlecht Gebrauch machte:

»Unser Anton stellte sich derweilen in den Häusern seiner Freunde ein, wo er sicher war, junge Menschen, das heißt junge Mädchen, ein gutes Instrument und einen ebensolchen Tropfen zu finden. Ja, die Musik! Sein Repertoire war nicht groß, aber er beherrschte es, die schmetternde Pracht der frühen Lieder von Richard Strauß, ebenso die Hugo Wolfsche Innigkeit oder den Mozart. Man hörte alles immer wieder gern, aber schließlich kannte man es doch auswendig, und das Publikum verlief sich einer nach dem anderen, bis auf den Musikus und eine einzige, letzte, allerletzte musikalische Seele, die ihm jeweils die anderen alle ersetzte. Wir kannten das. Das Klavierspiel wurde leiser, man sang auch nicht mehr. Man war beim ›Tristan‹ angelangt. Unentrinnbar. Der Anton streichelte die Tasten, über die Sektbecher hinweg fanden sich die Blicke und ließen sich nicht – und nicht nur die Blicke! Es war nachgerade langweilig. Unwillkürlich dachte man ein paar Straßenviertel weiter, an die Lux und an ihren neuerdings so ernsten Mund und Blick.[26]

Denkt Johannes Guthmann an Lucie Höflich, so ist der Leser darüber hinaus geneigt, an Isoldes Liebestod bei Richard Wagner zu denken. Und tatsächlich kündigt sich bereits an dieser Stelle in Guthmanns Erzählung jene Wende in der Beziehung zwischen Lucie Höflich und Anton Mayer an, die von der Hochzeit des Paares im Jahre 1910 markiert wird. Gegen diese

24 Ebd., S. 196.
25 Zum Wirken Alfred Grenanders in Neu-Cladow vgl. u. a. Owesle 2014, S. 38–42.
26 Guthmann 1955, S. 197 f.

hatte sich der Widerstand des Bankiers Mayer geregt, der seinen Sohn nicht mit einer Schauspielerin verheiratet wissen wollte und Johannes Guthmann diesbezüglich um Vermittlung ersuchte:

»Da, eines Tages war diese ganze kleine Welt auf den Kopf gestellt: der Anton und die Lux erklärten, heiraten zu wollen. Es war ein Sonntagmorgen. Der alte Mayer ließ bei mir anfragen, ob er mir in Neu-Cladow seinen Besuch machen könne. Ich erwartete ihn und schon war er da mit einem rüstigen Auto. Seine üble Laune spürte man von weitem. Er war wortkarg, stand an der Terrassentür, tat einen Blick ins Grüne und vermißte die Promenadenwege eines Kurgartens. Neu-Cladow mißfiel ihm offenbar. Also, die beiden wollten heiraten. Wovon wollten sie leben? Ich stutzte: Antons Wechsel – die Gagen des Fräulein Höflich? – ›Wenn die Höflich meinen Sohn heiraten will, muß sie natürlich die Bühne verlassen!‹ Ich hörte wohl nicht recht? ›Wir Mayers führen unsern Stammbaum in gerader Linie ins 16. Jahrhundert zurück, wir sind Patrizier. Denken Sie, ich habe Lust, daß man auf meine Schwiegertochter mit den Fingern zeigt? Sagen Sie mir nichts. Ich weiß, was ich weiß. Aber Sie muß ich bitten, meinem Jungen die Flausen aus dem Kopf zu reden.‹ Ich vereiste. Er bemerkte es, stoppte den Redefluß und überschlug die Situation. Offenbar hatte er schon mehr Porzellan zerschlagen, als wünschenswert war. Er zwang sich zu einem Lächeln, räusperte sich – die Anstandszigarette war ohnehin verraucht – und erhob sich. Ich hielt ihn nicht. Wie er so ging, etwas unentschlossen, etwas hilflos – war das Parkett ihm zu glatt? – aber er sammelte sich schnell, machte sich strack, machte sich ansehnlich. Ein forcierter Händedruck: ›Ich werde mit meinem Sohne selber reden.‹ Neuer Blitz und Donner im Anzuge? Ach nein! Der Meterologe nennt dergleichen ›Rückseitenwetter‹. – In der Tat, der Alte hatte genug von der Geschichte. Mochten sie tun, was er nicht hindern konnte. Aber die Theaterei, die war zu Ende! Darin vertrug er keinen Spaß! Anton, der Sohn, mochte Schlimmeres befürchtet haben und gab aufatmend einen Gefahrenpunkt an der Peripherie auf, er gab die Kunst der Lucie Höflich auf.«[27]

Dass Anton Mayers Vater wohlangelegte »Promenadenwege« in Neu-Cladow vermisste, vermittelt uns, was ihm missfiel: Die freigeistige Atmosphäre Neu-Cladows entsprach ganz der bisher unkonventionellen Lebensweise von Lucie Höflich und Anton Mayer, die ihren Fürsprecher in Johannes Guthmann fanden. Bei Guthmann stieß das Gesuch Mayer

27 Ebd., S. 198f.

seniors auf taube Ohren und veranlasste diesen letztlich, resigniert nach Berlin zurückzureisen. Dass mit seiner schlussendlichen Einwilligung in die Heirat für Lucie Höflich die Auflage verbunden war, fortan der Bühne zu entsagen, kann als Anfang vom Ende der Beziehung zwischen Lucie und Anton betrachtet werden – was Guthmann bereits bei der Hochzeit 1910 erahnte, schien ihm doch eine Sequenz aus der Traurede des Schriftstellers Rudolf G. Binding geradezu als absurd:

»Das Hochzeitsmahl fand mit allem Glanz, den die vierhundertjährige Tradition verlangen durfte, mittags um zwei Uhr im Hause des alten Herrn statt, dem die Vorfreude bereits die strammen Bäckchen rötete, nachdem neben dem Flügel scheinbar überraschend Rudolf Binding noch erschienen war und die Traurede gehalten hatte, jene Traurede, die als kostbarer Druck der Ernst-Ludwig-Presse sich heute noch gut liest. Sie war gediegen, herzlich, überhaupt nicht besser zu denken. Mich persönlich befremdeten gegen das Ende die Worte: ›Hebe sie über Deine Schwelle! Hebe sie über Deine Schwelle!‹[28] Die Vorstellung, daß der junge Gatte das geliebte Weib mit herrischer Kraft in eine neue Lebenssphäre einzuführen habe, ließ den Dichter nicht los. ›Hebe sie über Deine Schwelle!‹ Ich weiß nicht warum, aber eben diese Vorstellung beunruhigte mich. Ich sah den schlanken, schmächtigen, unverändert jungen Leutnant, vielmehr Studiosus hist. art. Und die Lucie neben ihm, nicht mehr Franziska oder Ariel, nein, zum ersten Male heute eine Frau aus dem Geschlechte, das dem Rubens wohlgefiel.«[29]

Guthmann spürte, dass es Lucie Höflich nicht genügen konnte, nur »die Frau von Anton Mayer« zu sein. Auch Rudolf G. Binding hatte das Paar offenbar vor der Ehe gewarnt, wie er in seinen Lebenserinnerungen schreibt:

»›Ihr wißt‹, fragte ich Anton, ›daß dies die einzige Art ist wie ihr einander verlieren könnt?‹ – Anton sagte: ›Lux und ich haben alles überdacht. Es ist wohl besser so.‹ Er glaubte Unbequemlichkeiten auszuweichen, Lux eine gesellschaftliche Stellung, eine Erbschaft, dem Kinde das sie sich wünschte eine bürgerliche Anerkennung und Ehelichkeit zu verschaffen. Sie glaubten beide, es sei besser so. Das Neue, Gesicherte, Geregelte beglückte sie.«[30]

Es nimmt nicht wunder, dass das Paar nach seiner Hochzeit noch häufiger in Neu-Cladow weilte. Das freie Leben an der Havel entsprach der eigent-

28 Das Zitat lautet im Original der Hochzeitsrede Rudolf G. Bindings: »Sicher ist daß eine Hochzeit von jeher […] durch eine Handlung wirksam wird. Von alters her durch die Tat des Mannes, der die Braut heimführte und über seine Schwelle hob. Da kann kein Freund und noch weniger ein Priester helfen. Auch ich sage dir daß die Tat es ist welche dir die Frau gewinnt. Hebe sie wenn du heimkommst auf deinen Armen über deines Hauses Schwelle. Sie wird es dir nie vergessen. – Du aber: lasse dich von ihm willig tragen. Es wird seine Kraft stählen wenn du ihm schwer im Arm liegst. – Wenn du aber, mein Freund, sie über deines Hauses Schwelle hebst – und du sollst es tun –, bedenke daß sie nun weiß wie du sie tragen kannst. Sie wird nicht aufhören – keine Frau würde es! – dies von dir zu verlangen.« [Rudolf G. Binding: *Erlebtes Leben*, Frankfurt a. M. 1927, S. 239f.].
29 Guthmann 1955, S. 199.
30 Rudolf G. Binding: *Erlebtes Leben*, Frankfurt a. M. 1927, S. 233f.

lichen Wesensart des Paares und mochte Lucie Höflich und Anton Mayer magisch angezogen haben:

> »Für Neu-Cladow waren sie die Alten geblieben; vielleicht sahen wir das junge Paar jetzt, wo Lucie plötzlich über so viel freie Zeit verfügte, sogar öfter, auch als Logierbesuch mitsamt ihren Vollblütern. Wenn Lucie zwischen Jochen und Anton die lockeren Sommerwege durch das Havelland ritt – mir blieben meine alten Wanderpfade lieber –, um endlich im schlanken Trab in die große Allee einzubiegen und vor dem Herrenhause zu halten, von den zwei Stallburschen geziemend erwartet, dann rührten sich die Tropfen blauen Bluts in ihr, auf die sie im geheimen [sic] stolz war. Sie fühlte sich als Landedelfrau, wozu die etwas gedrungene Figur und die hochgeröteten Wangen nicht schlecht paßten. Wie fest und prall gleich einer Bronze von Maillol[31] der ebenmäßige gesunde Körper war, kam im Sonnenbad unten an der Havel recht zur Geltung. Das nackte Fleisch, die Sonne, die Freiheit – da mochte das Rampenlicht am Ende zu entbehren sein!«[32]

Überliefert uns Slevogt mit seinem am 17. Juli 1912 um 6 Uhr früh entstandenen Gemälde *Reiter in der Schwemme*[33] ein Bild der Ausritte Jochens und Antons und zeigt beide hoch zu Pferde in der schilfumstandenen Havelbucht, so ist uns kein Bild von Lucie Höflich beim Sonnenbaden überliefert – im Gegensatz zu Johannes Guthmann und Joachim Zimmermann, deren sommerlichen Müßiggang Slevogt in einer Serie von Aquarellen festhielt[34], die als Signum des ebenso persönlichen wie zeittypischen Wunsches nach einem einfachen, muße- und friedvollen Leben in Einklang mit der Natur lesbar sind[35].

Darüber hinaus will uns folgende, von Guthmann geschilderte, winterliche Szene wie eine Illustration jenes »Winterbildes im Park von Neu-Cladow« erscheinen, das Slevogt im Januar 1914 schuf[36] und dessen Aussehen und Standort uns bedauerlicherweise nicht überliefert sind:

> »Und derselbe Platz im Winter, wenn die weite Spiegelfläche gefroren war und das Auge nicht zu unterscheiden vermochte, wo das blanke, ungewiß dunkelnde Eis aufhörte und wo die Strömung das Wasser offenhielt! – Die junge Frau lockte der Übermut, auf ihren neuen Schlittschuhen die unheimliche Grenze zu erkunden! Ungeübt jedoch strauchelte sie plötzlich und kam mit voller Wucht

31 Aristide Maillol (1861–1944), französischer Bildhauer, Maler, Grafiker.
32 Guthmann 1955, S. 200.
33 Max Slevogt: *Reiter in der Schwemme* (1912), Öl/Lwd., 82 × 95 cm, bez. Slevogt 17. Juli 12 6 Uhr früh (u. r.), ehem. Sammlung Dr. Johannes Guthmann, Standort unbekannt. [Guthmann 1948, S. 39; Guthmann 1955, S. 188; Ausst.-Kat. Mannheim 1948, Kat. Nr. 30 (Abb.); Imiela 1968, S. 395 (hier: 19. Juli 12 6 Uhr früh)].
34 Vgl. u.a. Max Slevogt: *Johannes Guthmann und Joachim Zimmermann im Sonnenbad*, (o. J. (1912)), Bleistift und Aquarell, Stiftung Saarländischer Kulturbesitz, Saarlandmuseum, Saarbrücken, Inv.-Nr. KW 207. [Owesle 2014, Abb. S. 104].
35 Vgl. Owesle 2014, S. 103; Röske 2016, S. 70f.
36 Vgl. Imiela 1968, S. 395. Das Bild gehörte möglicherweise Conrad Ansorge.

Max Slevogt: *Reiter in der Schwemme*, 1912

37 Guthmann 1955, S. 200.
38 Georg Kolbe: *Porträt Lucie Höflich* (1912), Marmor, lebensgroß, Photographie von Ludwig Schnorr von Carolsfeld, 14,4 x 10,3 cm, Vintage, Silbergelatineabzug, in: Berlin, Georg Kolbe Museum. Inv.-Nr. GKFo-0107_001.
39 Georg Kolbe: *Porträt Lucie Höflich* (1912), Stucco, H. 32,8 cm, Berlin, Georg Kolbe Museum. Inv.-Nr. P176.

zu Fall. Die hauchdünne, kaum noch tragende Fläche in tausend Sprüngen zerrissen! Ein Augenblick – und aus ungekannten klaffenden Abgründen nah lauernde Dämonen, bereit, nach ihrem Opfer zu greifen! Ein Wunder, daß das Eis gehalten und sie gerettet wurde! Sie versuchte zu lachen, vielmehr sie knurrte wie immer, wenn ihr etwas zu Herzen ging. Der feste Boden schien ihr unter den Füßen, die noch die Schlittschuhe trugen, zu schwinden – die Angst! – vorbei! ›Das Leben – o Gott, es ist doch schön!‹«[37]

Es war dies jene Zeit, da Georg Kolbe für das von Max Reinhardt geleitete *Deutsche Theater* in Berlin 1912 eine Marmorbüste[38] von Lucie Höflich ausführte. Ein *Modellkopf*[39] dazu befindet sich noch heute im Georg Kolbe Museum und kündet von dem dichten Netz der Beziehungen innerhalb der künstlerischen Avantgarde Berlins im Allgemeinen und Neu-Cladows im Besonderen. Dabei muss die Beziehung zwischen Georg Kolbe und Lucie Höflich sowie Anton Mayer zeitweilig recht eng gewesen sein. So porträtierte Kolbe gar Höflichs Reitpferd und schuf damit seine einzige Tierplastik und zog darüber hinaus als Fahrer von Anton Mayer in den Ersten Weltkrieg.[40] Während Lucie Höflich zahlreiche gemeinsame Reisen mit Anton

Mayer in die weite Welt hinausführten, entfernte sie sich dabei immer mehr von ihrem Ehemann. Subtil skizziert Johannes Guthmann die Wolken, die sich allmählich am anfänglich klaren Himmel über Lucie Höflich und Anton Mayer abzeichneten:

> »Die Pausen zwischen ihren Besuchen wurden häufiger und länger. Antons Freude am Reisen war ihm nachgerade zum Beruf geworden. Europa war bald zu eng, das englische Amerika, das spanisch-portugiesische immer ausschließlicher sein Ziel. Die weite Welt, über Berlin und Wien hinaus ihr bis dahin unbekannt, beschäftigte Lucies scharfe Beobachtungsgabe und hellen Verstand; aber am Ende fand sie, daß alle diese großen Hotels und alle Erdteile, aus ihren Fenstern gesehen, sich glichen, wie der Sekt derselbe war in New York, in Rio oder bei Ewest. Gastspielreisen – ohne Gastspiele.«[41]

Georg Kolbe: *Lucie Höflich*, 1912

Wie eine Anspielung auf Henrik Ibsens naturalistisches Drama *Nora oder Ein Puppenheim* (1879) will uns der von Guthmann geschilderte Fensterblick Lucie Höflichs erscheinen, der ihre Befangenheit in ehelichen Konventionen und die aus dem Verzicht auf ihre Profession als Schauspielerin resultierende Isoliertheit sinnfällig zum Ausdruck bringt.

Und wie ein Schauspiel mutet auch jene Szene in Florenz an, in der sich die lang angestauten Emotionen des Paares bei einem zufälligen Zusammentreffen mit Johannes Guthmann und Joachim Zimmermann im Frühjahr 1914 entluden:

> »Den Winter und das Frühjahr 1914 hatten Jochen und ich mit Slevogt in Ägypten verbracht. Es galt, den erschöpften Meister in Etappen vorsichtig heimzugeleiten. In Florenz war ein etwas längerer Aufenthalt vorgesehen […]. Unerwartet aber standen im überalterten winkligen Albergo ›Porta Rossa‹ zu unserer Begrüßung der Anton und die Lux da. Das war ja nun sehr nett; aber wir hatten sofort den Eindruck, als ob die Überraschung anderem als nur dem Willkommen gelten sollte.
>
> Das Wiedersehen wurde in einer altvertrauten Trattoria mit viel Chianti stravecchio gefeiert. Doch wir brachen bald auf, denn die allgemeine Müdigkeit verlangte nach frühem Schlaf: Herzliches ›Buona notte‹ auf der Schwelle des Hotels – worauf die Mayers beide gewartet zu haben schienen. Jochen und ich wurden zurückgehalten und mit Beschlag belegt. Noch einen letzten bicchiere di

40 Die Autorin verdankt diese wertvollen Hinweise Frau Dr. Ursel Berger. [E-Mail-Korrespondenz vom 29. August 2016].
41 Guthmann 1955, S. 201.

vino, irgendwo in der damals noch so trunk- und serenadenfrohen Stadt? Aber so wars nicht gemeint. Mit ungewohnter Muskelkraft packte die Lux plötzlich den Jochen beim Arme und mich der Anton, und dahin gings ›mit Geist- und Feuerschritten‹[42]. Aber in verschiedener Richtung. Anton, sonst nicht geschwätzig, überschüttete mich mit einer brodelnden Flut verwickelter Historien und ehelicher Aperçus. Was das alles sollte, übersah ich nicht gleich. Doch wurde bald offenbar, daß es zwischen den Gatten einen Krach oder vielmehr eine ununterbrochene Folge häuslicher Szenen gegeben hatte. Wer die Schuld trug? Darauf kam es gar nicht an. Der Anton fühlte sich verkannt, verletzt, verraten – aber aus jedem Worte sprach die nichtveraltete, die naive Liebe der jüngeren Jahre.

Da mit einem Male in der nächtigen Dunkelheit der verwinkelten Gassen stießen wir auf ein anderes daherstürmendes Paar: den Jochen mit der Lux! Ein Chassez-croisez wie in der Tanzstunde, und die Lucie hatte mich beim Arme, der Anton nun den Jochen. Und weiter, immer weiter gings durch die florentinische Nacht. Als ob sie gewußt hätte, wo Anton den Faden fallen gelassen, griff sie ihn auf und überschüttete den Entlaufenen mit allen Superlativen ihres lodernden Zornes. Ich erkannte dieselben Historietten wieder, dieselben Anrufungen aller guten und bösen Geister. Nur hatte die Frau offenbar alles schärfer beobachtet, tiefer empfunden als der gute Junge. Das Wichtigste aber schien mir doch, daß es auch hier die alte Liebe war, die sich aufgeopfert glaubte und dennoch im Tiefsten von dem andern nicht lassen wollte. Nicht konnte! Nur ein Wort, so glaubte ich empfehlen zu können, ein einziges rechtes Wort und dann ein Kuß, und alles war, wie es gewesen. Wie klein doch die liebe Stadt war, durch die wir so in voller Rage fegten. Da war die brave Porta Rossa abermals erreicht – und da das andere Paar. War es nicht Schlafengehenszeit? Notgedrungen trat man ins Haus. Aber noch lange geisterte es auf den Treppen und Fluren. Bald stand die Lux an Jochens Tür und der Anton an der meinen, bald umgekehrt, um ein letztes Wort, ein letztes Punktum vor unser beider Salomonischer Weisheit zu Protokoll zu geben.

Am nächsten Morgen waren sie abgereist, nach Haus.[43]

Nimmt sich Guthmanns Schilderung beinahe wie eine Posse oder eine Szene aus einer *opera buffa* aus, so endete die Florentiner Auseinandersetzung durchaus ernst – mit der Trennung von Anton Mayer und Lucie Höflich drei Jahre später. Sicherlich rekurrierte die zunehmende Entfremdung auf Höflichs Rückkehr zum Theater und steht vermutlich auch im Zusam-

---

[42] Guthmann spielt hier an auf Goethes Gedicht *Diner zu Koblenz (im Sommer 1774)* an, in dem es heißt: »Und, wie nach Emmaus, weiter ging's / Mit Geist- und Feuerschritten, / Prophete rechts, Prophete links, / Das Weltkind in der Mitten.« [Johann Wolfgang von Goethe: *Poetische Werke. Berliner Ausgabe*, Band 1–16, Band 1, Berlin 1960 ff., S. 470–471, hier: S. 471].

[43] Guthmann 1955, S. 201 ff.

menhang mit der Geburt der gemeinsamen Tochter Ursula im Jahr 1911: »Und eines Tages ward ein Kind geboren, Lucies Kind. Ihr Kind und keines anderen! Sie liebte es abgöttisch. Kam sich der Anton etwas beiseitegeschoben vor? Er trieb es wie in seinen jungen Tagen, nur mehr und mehr ohne die Lux.«[44] Von 1913 bis Ende Mai 1915 bekleidete Anton Mayer schließlich das Amt des Direktors des Großherzoglichen Museums für Kunst und Kunstgewerbe in Weimar. Der Krieg jedoch forderte seinen Tribut. In vielfacher Hinsicht:

> »Wenige Monate später brach der große Krieg aus. Anton als Reserveoffizier, dann bis zum Major avanciert, war von Anfang an draußen im Osten, nicht eigentlich an der Front, sondern im Auto immerfort unterwegs, [...]. Lucie hatte derweilen die Position in Weimar, die wohl niemand ganz ernst genommen, aufgegeben und war nach Berlin zurückgekehrt, wo sie festen Boden unter den Füßen hatte. Es stellte sich heraus, daß die schwiegerväterlichen Kassen, nachdem das Kabel mit Amerika und seinen Börsen unterbrochen war, nicht allzuviele Aktivitäten aufzuweisen hatten. Eines Tages gar schickte der alte Herr einen Boten, das Bild von Monet abzuholen, das außer seinem gewöhnlichen plötzlich einen ganz ungewöhnlichen Devisenwert repräsentierte. Soviel wußte sogar der Alte von der bildenden Kunst und soviel auch die Lux. Sie berief sich auf den korrekten, leider nur nicht notariell beglaubigten Vorgang der Schenkung. Im Nu wurde ihr bewußt, daß sie das Geld sehr bald für ihr Kind brauchen werde. Jetzt verstand sie keinen Spaß mehr. Aber was halfs? Das Bild ging seinen Weg, den ungewissen Glorien- und Passionsweg aller großen Kunstwerke.«[45]

Aus der Not wurde jedoch gleichzeitig eine Tugend. Die Höflich kehrte auf die Bühne zurück:

> »Wenige Tage darauf stand Lucie Höflich wieder auf der Bühne, nicht mehr als die Elfengestalt Materlinckscher Mysterien, nicht mehr als Franziska oder Gretchen, sondern als ›Weibsteufel‹ in der vollen Kraft ihrer Vitalität, vom Publikum und der Kritik umjubelt. Die neuen Rollen für sie sproßten geradezu aus dem gedeihlichen Theaterboden.«[46]

Lucie Höflich wurde nun zu jener »Inkarnation sämtlicher Tragödien Ibsens und Hauptmanns«, als die sie der Theaterkritiker Emil Faktor am

[44] Ebd., S. 201.
[45] Ebd., S. 203 f.
[46] Ebd., S. 204.

Lucie Höflich als Weibsteufel, 1915

31. Dezember 1924 im *Berliner Börsen-Courier* bezeichnete.[47] Sie übernahm nun die großen Rollen des Realismus und Naturalismus.

Beispielsweise jene der Hanne Schäl im *Fuhrmann Henschel* oder der Frau John in den *Ratten* – beides Stücke von Gerhart Hauptmann. Die Kritiken seit Mitte der 1910er und insbesondere der 1920er Jahre lesen sich wie eine nicht enden wollende Eloge auf Lucie Höflich, »die herrliche Höflich«, wie Alfred Kerr sie am 17. Oktober 1927 im *Berliner Tageblatt* nennt. So schreibt ihr Biograph Frank Thieß über ihre Rolle als *Weibsteufel* in Karl Schönherrs gleichnamigem Drama 1915:

> »Nie rauscht das Gewitter ihrer Vitalität mächtiger als gerade in dieser Rolle. Aber nie ist sie beherrschter, gehaltener. Glühend, aber nicht erhitzt. So stellt sie die Gestalt von Anfang an nicht auf die Stärke sinnlichen Triebes, sondern auf das bis zur Pathologie gesteigerte Überlegenheitsgefühl der geschlechtlich Stärkeren. Übermacht. Das ist die verborgene Urgeste aller ihrer Gestalten. Übermacht aus unerschöpflichem Lebenswillen, der so raubtierhaft gefaßt ist, daß er das Schwächere bei aller ›Liebe‹ mit der Tatze niederschlagen muß. Vitalität, Leben, Kraftbewußtsein in jeder ihrer wenigen Attitüden. Was bedarf es da viel einer Maske?«[48]

Der Erfolg hatte seinen Preis und vertiefte die Risse in der zunehmend brüchiger werdenden Beziehung zwischen Anton Mayer und Lucie Höflich. Hatte diese schon in Florenz den Rat Johannes Guthmanns gesucht, so lieh er ihr während der entbehrungsreichen Zeit des Ersten Weltkriegs, da Joachim Zimmermann und Anton Mayer im Kriegsdienst standen, erneut sein Ohr:

> »Jochen hatte sich, obwohl er über die Soldatenjahre hinaus war, im Jahre 1915 als Freiwilliger gemeldet und eine Feldwetterwarte in Flandern erhalten. Ich war am Abend allein. Meinem Vorschlag, öfter gemeinsam zu essen, stimmte sie freudig zu. Und so folgte jene lange Reihe freundschaftlicher Rendezvous im alten Restaurant Hiller[49], die mir unvergeßlich geblieben sind.
> Sie sprach in diesen vormitternächtlichen Stunden viel. Ihr beinahe ausschließliches Thema war der Anton. [...]. Man spürte, wie ihr der ganze Mensch zu entgleiten drohte, ja schon entglitten war. Dieses Wohlleben an seiner Seite, meinte sie, töte ihre Phantasie, das Künstlertum und ihre ethische Kraft.

---

47 Faktors Bezeichnung bezog sich auf Höflichs Spiel in Luigi Pirandellos *Sechs Personen suchen einen Autor*. Ein Stück, das unter der Regie von Max Reinhardt am 30. Dezember 1924 in der Berliner *Komödie* Premiere feierte. [Günther Rühle: *Theater für die Republik. 1917–1933 im Spiegel der Kritik*, 1. Band, 1917–1925, Berlin 1988, S. 597].
48 Thieß 1920, S. 40.
49 Restaurant Hiller, Unter den Linden 62/63.

[...]. Diese Liebe – oder was von ihr geblieben war – war nicht mehr selbstlos. Ein guter Kerl, der Anton, aber er genügte rundheraus im engeren und weiteren Sinne den Ansprüchen nicht mehr, die sie für berechtigt hielt. Ihr Künstlertum wuchs, allerdings nicht innerhalb der Grenzen bürgerlicher Wünschbarkeiten.«[50]

Der persönliche Reifeprozess Lucie Höflichs spiegelte sich auch in der Rollenauffassung der Schauspielerin:

»In alle Aufgaben, die sie zu gestalten hatte, webte sie die Erfahrungen ihres Lebens hinein. Wie auch hätte sie sonst die verhaltene Innerlichkeit, wie die erschütternden Seelenbilder der russischen, skandinavischen Dichter auf der Bühne sichtbar – greifbar machen können? Wie die Leiden und die Freuden alle, beschworen von ihrer genialischen Vorstellungskraft? Wie aber auch die scheinbar so grausig verzerrte, in Wahrheit so unbeschreiblich echte Sexualität der brünstig gewordenen Alten in den ›Geschichten aus dem Wiener Wald‹? Das Purgatorio in jedem Sinne hatte sie durchgemacht. Aber hat sich auch das Paradieso ihr am Ende erschlossen?«[51]

Dass Guthmann sich nicht positionieren und die Freundschaft mit Höflich und Mayer aufrechterhalten wollte, wurde von Lucie Höflich nicht goutiert – sie brach den Kontakt zu Johannes Guthmann ab:

»Der Anton und die Lux. War ihre Liebe wirklich tot? Ich glaube, er hat es nie verstanden, jedenfalls nie verwunden, daß diese Frau ihm verloren war. Der Ehe war nicht mehr zu helfen. Sollte der Freund beider Gatten über den einen das ›Schuldig‹ sprechen? Was heißt schuldig sein? Sie haben mir beide bitter leid getan, ich wünschte, beiden die Freundschaft zu wahren. Die Lux hat mir das verdacht. Sie hatte mir die Tragödie ihres Daseins ungeschminkt enthüllt, sie hatte, um es ganz scharf zu sagen, die Substanzlosigkeit des einst so geliebten Mannes bloßgelegt. Sie verlangte Parteinahme. Immer wieder habe ich mit ihr Grüße tauschen wollen, habe die kluge, die weise Ilka [Grüning][52] um Vermittlung gebeten. Aber der Haß war ihres liebebedürftigen Herzens Herr geworden.«[53]

Unwillkürlich fühlen wir uns an die Lucie Höflich auf der Bühne erinnert, die in den 1920er Jahren zunehmend böse, besessene oder groteske Gestal-

50 Guthmann 1955, S. 204 ff.
51 Ebd., S. 206.
52 Die Schauspielerin Ilka Grüning (1876–1964) war eng mit Lucie Höflich befreundet und leitete mit ihr gemeinsam nach 1933 eine von Grüning in den frühen 1920er Jahren in Berlin gegründete Schauspielschule. [*Deutsches Theater-Lexikon*, Berlin/Boston 2014, S. 107].
53 Guthmann 1955, S. 206.

ten spielte, bis hin zu ihrer letzten Rolle 1956 als Äbtissin in Strindbergs Drama *Nach Damaskus*.[54]

Lucie Höflich und Anton Mayer trennten sich 1917. Betrachtet man den Lebensweg, den Höflich fortan alleine ging, wird deutlich: Es war ihr Leben, auf der Bühne oder vor der Kamera zu stehen. Darüber hinaus gab sie über Jahrzehnte Schauspielunterricht und wurde 1947 zur Professorin ernannt – in jenem Jahr, in dem sie auch zur Theaterdirektorin des Staatstheaters Schwerin berufen wurde, das sie bis 1950 leitete. Zahlreiche bedeutende Schauspielerinnen und Schauspieler bildete sie seit den 1920er Jahren aus, so unter anderem auch Otto Mellies (*1931), der seit 1956 fünfzig Jahre lang zum Ensemble des *Deutschen Theaters* in Berlin gehörte und der sich in seinen Lebenserinnerungen einer Episode aus der Zeit seiner Ausbildung am Schweriner Staatstheater erinnert, die von Guthmann erzählt sein könnte:

»Als frischgebackener Schauspielschüler hielt ich mich natürlich den ganzen Tag im Theater auf. Vormittags herrschte auf der Bühne und in den Arbeitsräumen geschäftiges Treiben, nachmittags wurde es ruhig. Oft saß ich in diesen stillen Momenten lesend im Rangfoyer. Einmal hörte ich ein leises Singen. Dezent wankenden Schrittes kam Lucie Höflich aus ihrem Amtszimmer und ging an mir vorüber ohne mich zu bemerken. Als sie nach einer Weile zurückkam, grüßte ich sie höflich. Sie grüßte zurück, und ich bemerkte eine leichte Fahne, eher einen Wimpel, der sie umflatterte. Am Theater hieß es, sie tränke recht gern mal ein kleines Schnäpschen. Hatte das vielleicht mit dem Auf und Ab in ihrem langen Theaterleben zu tun? Sie war, so wie ich durch sie, ebenfalls mit sechzehn Jahren zur Bühne gekommen, hatte am Wiener Raimundtheater gespielt und blieb dann ab 1903 beinahe ununterbrochen für fast drei Jahrzehnte am Deutschen Theater in Berlin. Sie erlebte die große Karriere einer Stummfilmdiva. […]. Zeitweilig hatte sie mit Emil Jannings zusammengelebt. 1933, kurz nach dem Machtantritt der Nazis, wurde sie als Direktorin an die Staatliche Schauspielschule Berlin berufen, führte aber nach 1934 ein eigenes Studio für Schauspielkunst. Zu Beginn des Krieges spielte sie in mehreren Nazipropaganda-Streifen Mütterrollen, in denen sie auf die Tränendrüsen der verführten Zuschauer drückte. Nun war sie in Schwerin gelandet, in der russischen Zone. […]. 1956 kurz vor ihrem Tod, hatte Lucie Höflich noch einmal eine Filmrolle in ›Anastasia, die letzte Zarentochter‹. Das war nun gerade kein sehr bedeutender Film. – Noch heute bin ich traurig über das schnelle Ende dieser großen realis-

54 *Neue Deutsche Biographie*, Band 9, Berlin 1972, S. 316.

tischen Charakterdarstellerin, deren ›Wir nehmen dich!‹ ich so vieles, um nicht zu sagen alles verdanke.«[55]

Der von Mellies als eher unbedeutend eingestufte letzte Film der Höflich hatte der Schauspielerin immerhin einen Preis eingebracht: 1957 wurde sie als beste Nebendarstellerin in *Anastasia, die letzte Zarentochter* mit dem Deutschen Filmpreis ausgezeichnet. Posthum: Am 9. Oktober 1956 war Lucie Höflich im Alter von 73 Jahren in Berlin gestorben.

Anton Mayer blieb mit Johannes Guthmann zeitlebens verbunden. Dies basiert sicherlich auf einer gemeinsamen Geisteshaltung der beiden Kunsthistoriker und Schriftsteller. Die von Anton Mayer 1913 im Verlag Paul Cassirer veröffentlichte und Lucie Höflich gewidmete Schrift *Der Gefühlsausdruck in der bildenden Kunst*[56] wirft ein Licht auf Mayers Kunstverständnis. So erinnert es an Guthmanns Auffassung von Kunst und Kultur als sinnstiftenden Faktoren in Zeiten eines umfassenden gesellschaftlichen Wandels, wenn Mayer im letzten Kapitel seines Buches der Frage nach dem Zweck der Kunst für die Menschheit nachgeht und dabei »die Überzeugung einer positiven Mission der Kunst« zu erkennen gibt, »in welcher die höchsten Werte und letzten Ziele auf seelisch-gefühlsmässigem Gebiete liegen«[57]. Der Schriftsteller Wolfgang Goetz kommentiert als enger Freund Johannes Guthmanns in einem Aufsatz über Anton Mayer in der Zeitschrift *Die Horen* dessen schriftstellerisches Wirken vor und nach dem Ersten Weltkrieg, wenn er schreibt:

> »Allein diese ersten Bücher, […] haben noch nichts entschiedenes [sic], sind eher polemisch als kämpferisch. Seine Bedeutung gewinnt das Wirken Anton Mayers erst nach dem Kriege. Er nimmt Stellung. In einem eigenen Organ sucht er die Kräfte zu fördern, die für ihn nicht nur aus dem Zusammenbruch aller Werte gerettet werden müssen sondern die ihm überhaupt als Heil dieser Welt erscheinen: Sie heißen Griechenland und Mozart.«[58]

Goetz spielt hier auf die Zeitschrift *Faust*[59] an, die Anton Mayer seit 1921 herausgab – einer Monatsschrift für Kunst, Literatur und Musik, deren Programm auf der Rückseite des ersten Heftes abgedruckt war:

> »Unsere Zeit verlangt Sammlung und Wiederaufbau, auch im Geistigen. Dieser Aufgabe soll die neue Zeitschrift dienen […]. Der ›Faust‹ wird als die erste reich

[55] Otto Mellies: *An einem schönen Sommermorgen … Erinnerungen*, Berlin 2010.
[56] Anton Mayer: *Der Gefühlsausdruck in der bildenden Kunst*, Berlin (Paul Cassirer) 1913.
[57] *Börsenblatt für den Deutschen Buchhandel*, 15.02.1913, zit. nach: Feilchenfeldt/Brandis München 2002, S. 330. 1914 veröffentlichte Anton Mayer *Fünf Aufsätze* im Paul Cassirer Verlag, die gewissermaßen eine Fortsetzung des vorangegangenen Bandes waren und die 1913 diskutierten theoretischen Fragestellungen nun an praktischen Beispielen aus Malerei, Skulptur und Architektur erörterten. [Vgl. Feilchenfeldt/Brandis 2002, S. 330].
[58] Wolfgang Goetz: *Anton Mayer*. In: *Die Horen. Monatshefte für Kunst und Dichtung* 3, 1926/27, S. 288–290, hier: S. 288.
[59] *Faust. Eine Monatsschrift für Kunst, Literatur und Musik*, Berlin (Bard; Reiß) 1921–1926.

illustrierte Revue großen Stils neue Wege gehen. Er ist keine Fachzeitschrift, sondern umspannt alle Gebiete unseres Geisteslebens und stellt die parallelen Strömungen in Kunst, Philosophie, Dichtung, Musik, Gesellschaft zusammenfassend dar. Die Zeitschrift wird sich nicht in Tageskämpfe mischen, sondern von einem sachlichen Standpunkt aus durch die Darbietung eines reichen Tatsachenstoffes Orientierung und Überblick ermöglichen.«[60]

In *Faust* sollten »alle wichtigen Tagesfragen der Kultur behandelt und die bisher noch so wenig wiederhergestellten internationalen Beziehungen gepflegt«[61] werden. Neben Beiträgen von Gerhart Hauptmann, Ferruccio Busoni und Ludwig Justi, die ihre »besondere und dauernde Mitwirkung«[62] zugesagt hatten, waren mit Autoren wie Wolfgang Goetz, Georg Swarzenski und Johannes Guthmann zahlreiche Protagonisten des Neu-Cladower Kreises mit ihren Texten in *Faust* vertreten. Der gattungsübergreifende Impetus der Publikation wurde durch die jeweiligen Musikbeilagen ersichtlich. Dem ersten Heft war ein bisher unveröffentlichtes und von Feruccio Busoni herausgegebenes Scherzo von Franz Liszt beigegeben. Behandelte jedes Heft dabei ein in sich abgeschlossenes Thema, so kann das des ersten Heftes als richtungsweisend gelten: Es lautete *Kunst und Mythos* und allein der erste Text des antiken Philosophen Plotin war von programmatischem Charakter: »Von der Schönheit«[63]. Entsprechend veröffentlichte Mayer 1924 die Schrift *Die Einheit der griechischen Kunst*[64], in der er »die Plastik und die Musik unter dem einheitlichen Gesichtswinkel der griechischen Geistigkeit zu fassen«[65] suchte. Rudolf G. Binding kommentiert das Kulturverständnis Anton Mayers mit folgenden Worten:

> »Er neigte damals sehr der Antike zu als der nach seiner Meinung einzigen Form des Lebens die Würde und Anmut vereinigte. Ich widersprach ihm im Innern, da er in irgendwelcher Weise sich damit von der Gegenwart loszusagen gedachte. Aber bei der Unwahrhaftigkeit der Formen des Lebens die uns umgaben – es war im wörtlichen und übertragenen Sinne alles *Stuck* was uns umgab und stellte etwas vor was es gar nicht war – konnte ich ihm nichts entgegensetzen.«[66]

Dem Wunsch, dem »Stuck« des Lebens etwas zeitlos »Echtes« entgegen zu setzen, standen jedoch die Zeitverhältnisse diametral entgegen. Nicht nur

---

60 *Faust. Eine Rundschau*, I. Jg., 1. Heft, *Kunst und Mythos*, Berlin (Bard) 1921.
61 Ebd.
62 Ebd.
63 Ebd., S. 1–3.
64 Anton Mayer: *Die Einheit der griechischen Kunst*, Berlin (de Gruyter) 1924.
65 Wolfgang Goetz: *Anton Mayer*. In: *Die Horen. Monatshefte für Kunst und Dichtung* 3, 1926/27, S. 288–290, hier: S. 288.
66 Rudolf G. Binding: *Erlebtes Leben*, Frankfurt a. M. 1927, S. 166.

wurde der *Faust* 1926 eingestellt. Anton Mayer war im Zuge der Inflation verarmt und auf seine Einnahmen als freier Schriftsteller angewiesen. So verfasste er seit Mitte der 1920er Jahre in großer Zahl und teilweise unter dem Pseudonym »Johannes Reinwaldt« Sachbücher und Romane und übersetzte Bücher aus dem Englischen und Französischen. Hervorzuheben sind in unserem Kontext insbesondere seine musikgeschichtlichen Werke und musikhistorischen Romane. So hatte er 1922 *Mozarts Opern* von Edward J. Dent aus dem Englischen ins Deutsche übersetzt und gab in der Folgezeit selbst mehrere Werke zum Thema heraus, beispielsweise 1929 *Die Oper: eine Anleitung zu ihrem Verständnis*. 1932 publizierte Anton Mayer mit *Der Spielmann Gottes* einen Mozart-Roman, dem 1938 ein Beethoven-Roman und 1940 ein Händel-Roman folgten. Als ihm als Halbjude von der Reichs-Schrifttumskammer Schreibverbot auferlegt wurde, veröffentlichte er Kochrezepte.[67] Johannes Guthmann kommentiert die Entwicklung Anton Mayers mit den Worten:

> »Anton hat das rings um ihn verarmende Leben mit unerwartetem Gleichmut getragen. Er hatte später wirklich oft keinen Pfennig mehr, aber er ließ sich nicht untergehen. Er hatte in seinem Leben viel gesehen, viel gelesen, viel erlebt. Sein Gedächtnis stand ihm, wenn Verlegerfragen an ihn herantraten, in jedem Augenblick zur Verfügung. So schrieb er Bücher, Bücher über schlechterdings alles, außer vielleicht über Politik. Er schrieb sie, rein äußerlich betrachtet, mit einer unglaublichen technischen Pedanterie, täglich die genau vorausbestimmte Manuskriptzahl, nicht eine Silbe mehr oder weniger. Zerschnitt das zehnte Seitenende ein Wort, so schrieb er die Hälfte hin, die andere Hälfte dem nächsten Pensum lassend, und gab das Scriptum auf die Post, ohne eine Abschrift oder einen Empfangsschein in der Hand zu behalten. Und sein Leichtsinn hat sich an keiner seiner Terminverpflichtungen gerächt. Selbst den über sechshundert Druckseiten langen Briefwechsel der Kaiserin Friedrich mit ihrer Mutter, für dessen Übersetzung ihm nicht mehr als zwanzig Tage zur Verfügung standen, lieferte er pünktlich ab, wohl eine Rekordleistung im literarischen Frondienst. Es mag ein halbes Hundert und mehr sein, zum Teil recht stattliche Bände, die er uns mit wohlgesonnenen Widmungen in unsere Biblioteca amicorum nach Schreiberhau gestiftet hat. Er lebte von den Vorschüssen. Waren sie verzehrt, schrieb er neue Bücher. Ich liebte sie nicht alle, aber dem unverdrossenen Kämpfer um sein Leben konnte ich meine Bewunderung nicht versagen.«[68]

67 Die Autorin verdankt diese Information Herrn Dr. Heinrich von Loesch, dem Neffen Anton Mayers.
68 Guthmann 1955, S. 206f.

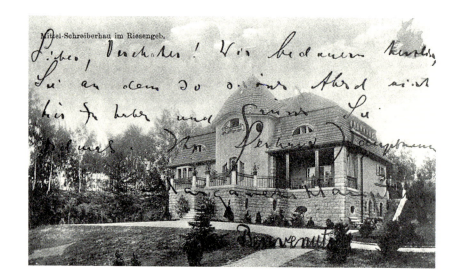

Postkarte an Walther Rathenau, 1909

Aus finanziellen Gründen zog Anton Mayer mit seiner zweiten Frau Anselma Fürst von Berlin nach Kleinmachnow und wurde dort als Halbjude denunziert und deportiert. Am 19. Dezember 1944 starb er im Konzentrationslager Neuengamme[69]:

> »Dann blieb er aus und jede Kunde von ihm mit. Den gänzlich Unbeteiligten, den für das politische Geschehen oftmals allzu Gleichgültigen, hatte 1944 ein unbedachtes Wort verraten. Der Satanas der Zeit griff nach ihm. Ihm ward ein fürchterlicher Tod. Ein Tod, der ihn nichts anging. – Er ward gehängt.«[70]

Auch nach der Neu-Cladower Zeit war Anton Mayer Guthmann und Zimmermann eng verbunden geblieben. Über Jahrzehnte war er im Riesengebirge häufig ihr Gast und bereits 1909 kündet eine gemeinsame Postkarte[71] von Gerhart Hauptmann und Anton Mayer, Johannes Guthmann und Joachim Zimmermann aus dem schlesischen Schreiberhau an Walther Rathenau in Berlin von den Anfängen jener engen Bande, die sich in Neu-Cladow verfestigten und schließlich zeitlebens Bestand hatten. Über die Besuche Anton Mayers in Schlesien schreibt Johannes Guthmann:

> »Er kam alljährlich für Wochen zu uns und mit ihm eine Welt wundervoller Erinnerungen: Neu-Cladow!«[72]

69 Aktion Stolpersteine in Kleinmachnow (Hg.): *Stolpersteine in Kleinmachnow*, Kleinmachnow 2012, S. 5; http://www.stolpersteine-kleinmachnow.de/; letzter Zugriff: 1.8.2018.
70 Guthmann 1955, S. 207. Als offizielle Todesursache gilt eine »Brustfellentzündung«. [Aktion Stolpersteine in Kleinmachnow (Hg.): *Stolpersteine in Kleinmachnow*, Kleinmachnow 2012, S. 5; http://www.stolpersteine-kleinmachnow.de/; letzter Zugriff: 1.8.2018].
71 Postkarte an Walther Rathenau vom 30. August 1909 mit einer Abbildung der Villa Deutsch in Mittel-Schreiberhau, Riesengebirge; 9 x 14 cm. Vs: »Lieber Verehrter! Wir bedauern Sie an dem so schönen Abend nicht hier zu haben und grüssen Sie herzlich. Ihr Gerhart Hauptmann / Margarete Hauptmann / Benvenuto«; Rs: »In acht Tagen müssen Sie dabei sein. Herzlichen Gruss L. Ergebenen Gruss Ihr Ivo Hauptmann / Johannes Guthmann / Joachim Zimmermann / Anton Mayer / Duddel«, Berlin, Staatsbibliothek, Handschriftenabteilung (GH BrNL, Walther Rathenau II. Bl. 15). [Ausst.-Kat. Berlin 1997, Kat. Nr. 2/69, Abb. S. 59, Text S. 318].
72 Guthmann 1955, S. 207.

»Warum mach'n Se denn det nich jrade?«
Max Liebermann und Neu-Cladow

An der einen oder anderen Stelle dieses Buches fiel bereits der Name eines Künstlers, den wir nun ins Zentrum stellen wollen und der dies möglicherweise in der Art seiner spöttisch-nüchternen berlinischen Bonmots mit den Worten quittieren würde: »DET WURDE ABER OOCH ZEIT!« Es handelt sich hierbei um keinen Geringeren als Max Liebermann (1847–1935). Dessen unumstrittene künstlerische Vormachtstellung in Berlin in den Jahren um 1900 hebt Johannes Guthmann in seinen Lebenserinnerungen hervor, wenn er ihn den »Herrn vom Pariser Platz Nr. 7«[1] nennt. Unmittelbar neben dem Brandenburger Tor bewohnte Max Liebermann seit 1892 zusammen mit seiner Frau Martha und seiner Tochter Käthe den zweiten Stock eines Hauses, das sein Vater, der jüdische Textilunternehmer Louis Liebermann und seinerzeit einer der reichsten Männer Berlins, bereits 1857 erworben hatte.

Bereits die Stadtwohnung Johannes Guthmanns befand sich in der ersten Dekade des 20. Jahrhunderts in unmittelbarer Nähe von Liebermanns Wohnung und Atelier am Pariser Platz. Und auch am westlichen Havelufer wurde Liebermann im Sommer 1910 buchstäblich ein Nachbar von Johannes Guthmann. 1909 hatte er in der renommierten Villenkolonie Alsen eines der letzten freien Wassergrundstücke erworben: ein lang gestrecktes, etwa 7000 Quadratmeter umfassendes Grundstück an der Seestraße 42, der heutigen Colomierstraße 3. Hier ließ sich Liebermann durch den Architekten Paul Otto August Baumgarten (1873–1946) nach dem Vorbild von Hamburger Patriziervillen einen Landsitz errichten, den er im Juli 1910 bezog und den er bis zu seinem Lebensende 1935 jährlich in den Sommermonaten zusammen mit seiner Familie bewohnen sollte.

1 Guthmann 1955, S. 305.

Im Juli 1910 zog auch Johannes Guthmann an das westliche Havelufer, nachdem er seit 1909 das frühklassizistische Gutshaus und den weitläufigen Park zu Neu-Cladow durch den Architekten Paul Schultze-Naumburg einer Verjüngungskur hatte unterziehen lassen. Ein Haus, das Liebermann in einem Brief vom 21. Juni 1913 an den Gartenreformer und Direktor der Hamburger Kunsthalle, Alfred Lichtwark (1873–1914), als »einfach wunderbar«[2] bezeichnet, während er sich für den Garten – ebenso wie für seinen eigenen und für den seiner Nachbarin, der Kunstsammlerin Margarete Oppenheim (1857–1935), – den beratenden Beistand Lichtwarks wünscht, wenn er an diesen schreibt: »Und dabei brüllt nicht nur mein Garten, sondern der von Frau Oppenheim u die Besitzung von Dr Guthmann in Cladow […] nach Ihnen und Ihren Rathschlägen.«[3]

Den Neu-Cladower Gutspark hatte Liebermann wohl erstmalig 1911 kennen gelernt, als ihn insbesondere Slevogts Wandmalereien im Gartenpavillon auf den Plan riefen:

>»Der Wandschmuck der Gartenhalle von Neu-Cladow war noch kaum beendigt, und schon begann sein Ruhm in die Lande zu gehen. Bezeichnend für den geradezu historischen Augenblick in der Berliner und deutschen Malerei war ein Anruf aus Wannsee: Liebermann meldete sich. Er witterte Morgenluft, das heißt, er drückte den Wunsch aus, Neu-Cladow, von dessen Schönheiten man nachgerade so viel höre, kennenzulernen. Und schon war er auch da mit Frau und Tochter und Männe, dem Dackel.«[4]

Liebermann mochte sich bereits 1911 die Gegenwart Alfred Lichtwarks im Neu-Cladower Park ersehnt haben. Folgt man Johannes Guthmann, so tat er bei der gemeinsamen Parkbegehung jedenfalls sein Unverständnis gegenüber der Naturbelassenheit des hügeligen Terrains unmissverständlich kund und rückte dabei auch seinen eigenen Garten ins rechte Licht:

>»Wir begaben uns in den Park und wandelten durch das abwechslungsreiche Gelände mit den langen Tal- und Wiesenblicken, auf den gemächlich zwischen alten Bäumen steigenden Pfaden. Liebermann war schweigsam, ja der ganze Spaziergang langweilte ihn plötzlich: ›Warum mach'n Se denn det nich jrade?‹ Ich sah ihn veständnislos an. – ›Na, det hier!‹ Und er wies auf das anmutvolle ›Wohlauf und Wohlab‹ des in seiner Formation einzigartigen Terrains und er-

---

2 Max Liebermann an Alfred Lichtwark, 21. Juni 1913, in: Braun 2015, Nr. 311, S. 346.
3 Ebd., Nr. 311, S. 346.
4 Guthmann 1955, S. 179.

klärte, daß es doch zweckmäßiger in einem Park sei, mit einer Riesenwalze alles einzuebnen. ›Es mag ja aber vielleicht Jeld kosten.‹ Damit gab er sich zufrieden und mahnte zum Aufbruch zurück nach Wannsee, wo ihm Alfred Lichtwark den nicht allzu großen Garten durch kunstvoll geführte geschorene Hecken zu charakteristischen Sonderräumen verengt und dadurch den Eindruck des Ganzen geschickt und geschmackvoll ausgeweitet hatte.«[5]

Ob Liebermann Guthmann gegenüber *tatsächlich* die Frage äußerte, warum dieser das naturbelassene hügelige Neu-Cladower Terrain denn nicht einebnen lasse, kann als marginal bezeichnet werden: Seinen Sinn verfehlt die Sentenz keinesfalls, macht sie doch deutlich, dass Liebermann seinen eigenen Garten nicht in den Schatten gestellt wissen wollte.[6] Zweifellos stand der Charakter des Neu-Cladower Gutsparks seinem eigenen, von Albert Brodersen (1857–1930) nach modernsten Gartenbautheorien konzipierten und klar gegliederten Wannseegarten diametral entgegen. Liebermann hatte den vorderen Gartenteil als Bauern- und Staudengarten gestalten lassen. Rückwärtig wurde unterhalb der Terrasse eine Rasenfläche angelegt, die seitlich von Heckenquartieren und einer Birkenallee gesäumt wurde und die sich bis zum Wannsee hin erstreckte. Guthmanns Hinweis auf die Beteiligung des renommierten Gartenreformers Alfred Lichtwark an der Gestaltung des Liebermann'schen Gartens spricht eine eigene Sprache und verweist auf die Modernität von Liebermanns Impetus, seinem Garten ein unverwechselbares Gesicht zu verleihen, in dem Aspekte der Ästhetik wie der Nutzanwendung gleichermaßen Berücksichtigung finden sollten. Nicht nur porträtiert Guthmann den Liebermann'schen Garten anschaulich – er charakterisiert auch den Künstler pointiert, wenn er ihn in direkter Rede zu Wort kommen lässt und damit auch seinen berüchtigten Sarkasmus und seine nicht selten gefürchtete spitze Zunge ebenso in Szene setzt, wie die stolz-überlegene Haltung, die von Liebermanns gesellschaftlicher Stellung kündet, wie auch sein Heim am Wannsee sprechender Ausdruck seines wirtschaftlichen Erfolges war.

Liebermanns gesellschaftliche Reputation und sein wirtschaftlicher Erfolg als Künstler waren dabei trotz seiner familienbedingt günstigen ökonomischen Disposition hart erkämpft. 1847 in Berlin geboren, hatte er nach einem Studium der Malerei an der Großherzoglich-Sächsischen Kunstschule in Weimar 1872 auf der Akademischen Kunst-Ausstellung zu

5 Ebd., S. 180 f.
6 Vgl. Owesle 2015, S. 90.

Berlin ebenso seinen ersten Erfolg errungen, wie einen Skandal entfacht: Mit seiner dunklen Farbpalette und dem tristen Sujet schwer arbeitender Frauen trug sein hier ausgestelltes Gemälde *Gänserupferinnen*[7] (1872) dem Künstler den Ruf ein, ein »Schmutzmaler«, ein »Apostel der Hässlichkeit« zu sein. Beharrlich setzte sich der Künstler jedoch mit seiner neuen Kunstauffassung gegen die Widerstände des etablierten Kunstbetriebs zur Wehr und schließlich durch. Dass 1888 sein Gemälde *Flachsscheuer*[8] als erstes Werk Liebermanns in ein Museum – die Berliner Nationalgalerie – gelangte[9], bedeutete die erste Etappe auf dem Weg zum Erfolg des Künstlers, mit einem Gemälde, das in jeglicher Hinsicht konventionellen Darstellungsmethoden widersprach. Nicht nur setzte Liebermann hier im Format eines Historiengemäldes einfache Arbeiterinnen fast lebensgroß in Szene. Auch zeigte das Bild Charakteristika der modernen Freilichtmalerei, mit der sich der Künstler in Frankreich und Holland auseinandergesetzt hatte. Max Liebermann trug so maßgeblich dazu bei, dass Berlin sich der Moderne öffnete und München als deutsche Kulturhauptstadt schließlich ablöste. Seine Teilnahme an den Ausstellungen der *Hellmaler* Ende der 1880er Jahre ist bereits Signum für jenes leidenschaftliche Engagement, mit dem Liebermann in den 1890er Jahren an vorderster Front für die Öffnung Berlins zur Moderne kämpfte und im Zuge dessen er sich auch an den Gruppenausstellungen der 1892 von ihm mitbegründeten *Vereinigung der Elf* beteiligte, deren Ziel es war, kleine und qualitätsorientierte, juryfreie Ausstellungen zu konzipieren und der modernen Kunst in Berlin ein Ausstellungsforum zu bieten.

Als Max Liebermann 1899 als Präsident der frisch gegründeten *Berliner Secession* nach München reiste, um für die Eröffnungsausstellung neue Talente anzuwerben, war darunter kein Geringerer als der 1868 in Landshut geborene Max Slevogt. Dieser hatte seine künstlerische Ausbildung an der Münchener Akademie erhalten und erntete in den 1890er Jahren für seine auf den Ausstellungen der *Münchener Secession* präsentierten Werke vielfach Hohn und Spott. Betrachtete Liebermann die Übersiedlung Slevogts nach Berlin als »innere Notwendigkeit«[10], der das Bestreben Slevogts zugrunde lag, Anschluss an die moderne Malerei zu finden, so beschreibt es Johannes Guthmann wiederum als klugen kunstpolitischem Schachzug Liebermanns, Slevogt für die erste Ausstellung der Secession gewonnen zu haben:

---

7 Max Liebermann: *Gänserupferinnen* (1872), Öl/Lwd., 118 x 172 cm, SMB, Nationalgalerie.
8 Max Liebermann: *Flachsscheuer* (1887), Öl/Lwd., 135 x 232, SMB, Nationalgalerie.
9 Liebermann hatte das Gemälde *Flachsscheuer* der Nationalgalerie 1888 nahezu unentgeltlich übergeben. Wichtig für das Prestige des jungen Künstlers war dabei, dass das Werk dennoch als angekauft galt, da die Ankaufskommission durch den Erwerb einiger Vorstudien für 500 Mark wegen Geringfügigkeit umgangen werden konnte. [Nationalgalerie Berlin, *Das XIX. Jahrhundert*, Katalog der ausgestellten Werke, hrsg. von Angelika Wesenberg u. Eve Förschl, Berlin, Leipzig ²2002, S. 238].
10 Liebermann 1928, S. 227.

> »Als er 1899 zur Eröffnungsausstellung der Berliner Sezession Bilder von Corinth und Slevogt herangeholt hatte, war seine Absicht gewesen, gerade mit diesen beiden zu zeigen, was moderne Malerei sei und somit seine eigene Stellung in der Kunst der Zeit zu betonen und zu stärken.«[11]

Von Anfang an ist Slevogt für Liebermann ein wichtiger Partner zur Durchsetzung kunstpolitischer Ziele. So zunächst im Vorstand der Secession, wie beispielsweise ein Brief vom 12. Oktober 1910[12] deutlich macht und später insbesondere in der Ausstellungskommission der Akademie der Künste, wie aus einem Brief vom 24. März 1922[13] hervorgeht.

Die große Anerkennung, die man Slevogts in München abgelehntem, spannungsreich-psychologisierend gestaltetem Triptychon *Der verlorene Sohn* auf der ersten Berliner Secessionsausstellung im Mai 1899 entgegenbrachte, bedeutete das Entrée Max Slevogts in die Berliner Kunstwelt. 1928 schreibt Liebermann rückblickend:

> »Das Triptychon machte, in unserer ersten Ausstellung in der Kantstraße an besonders sichtbarem Platz aufgestellt, einen tiefen Eindruck, zumal auf die Künstler, und wenn Slevogt auch erst zwei Jahre später nach Berlin übersiedelte, war er seit der Ausstellung des ›Verlorenen Sohnes‹ einer der Unsrigen, der er auch – dem Himmel sei Dank – geblieben ist.«[14]

So wohlwollend Liebermanns Haltung im Oktober 1928 in seiner Eröffnungsrede zur Ausstellung anlässlich des sechzigsten Geburtstages von Max Slevogt in der Berliner Akademie rund dreißig Jahre nach der ersten Begegnung der beiden Künstler auch ist, so war ihre Beziehung offenbar nicht frei von Ressentiments. Guthmann jedenfalls schildert die auf das künstlerische Konkurrenzempfinden rekurrierenden latenten Spannungen im Verhältnis Liebermanns zu Slevogt:

> »Liebermann jedenfalls, als er 1899 in Berlin die jungen Talente um sich geschart, mochte wohl in der Malerei des jungen Slevogt in dem großen Triptychon vom ›Verlorenen Sohn‹ neben dem Rembrandtischen die ihm selbst verwandte Art des einstigen Mitkämpfers Fritz von Uhde gespürt und in diesem Jüngeren den Mann gerade zu finden geglaubt haben, den er wollte und brauchte. Und der Erfolg hatte ihm Recht gegeben, der war groß gewesen, vielleicht zu groß! Und

11 Guthmann 1948, S. 23.
12 Max Liebermann an Max Slevogt, 12. Oktober 1910, in: Braun 2014, Nr. 422, S. 425 f.
13 Max Liebermann an Max Slevogt, 24. März 1922, in: Braun 2017, Nr. 41, S. 61.
14 Liebermann 1928, S. 227.

so begann er an dem damals mit ausgestellten Freilichtbildnis von Slevogts Frau, auf das der eben verheiratete Künstler als auf ein Stück unvoreingenommener Malerei besonders hielt, zu kritisieren: so male man doch seine Frau nicht. Das Wort ging um und verletzte den jungen Meister, wo er empfindlich war.«[15]

Bei dem von Liebermann kritisierten »Freilichtbildnis von Slevogts Frau« wird es sich um Slevogts Porträt seiner Frau *Nini auf der Mauer*[16] handeln, das 1900 auf der zweiten Secessionsausstellung gezeigt und mit großem Beifall bedacht worden war. Im vollen Sonnenlicht hatte Slevogt seine Gattin im Frühling 1899 aus der Untersicht heraus auf einer Mauer sitzend und im Profil nach links gewandt in Szene gesetzt und dabei zu erkennen gegeben, dass es ihm weniger auf Porträtähnlichkeit, als vielmehr auf die Darstellung der Wirkung des Lichts auf die Materie ankam. Slevogt machte hier die Malerei selbst zum Hauptthema des Bildes. Die sich hierin artikulierende äußerst kühne Sichtweise teilt Liebermann nicht. Vielmehr erweist er seiner ruhig sinnenden Frau Martha Mitte der 1890er Jahre künstlerisch die Referenz, indem er ihrem privaten Porträt durch die würdevolle Ruhe seiner malerischen Auffassung gleichsam repräsentative Züge verleiht.[17]

Mag Liebermann auch Kritik an der Darstellungsweise des Slevogt'schen Bildes geübt haben, so bot er seinem Kollegen mit der Präsentation von dessen Werken auf den Ausstellungen der *Berliner Secession* doch ideale Möglichkeiten, um künstlerisch in Berlin Fuß zu fassen. Zweifellos rekurrierte der rasche Erfolg Slevogts in der Reichshauptstadt auf der Vermittlungsarbeit Max Liebermanns. Dabei zollten sich die Künstlerkollegen von Anfang an Respekt. Schon früh hatten sie sich wechselseitig porträtiert. Setzt Slevogt den Berliner Maler 1902 dabei vor einem Gemälde mit schwerem, reich ornamentiertem Rahmen in Szene[18], so assoziiert man mit der beinahe bildfüllenden Präsenz des den Betrachter nonchalant direkt anblickenden Künstlers unwillkürlich das Adjektiv »rahmensprengend«.

Und wirklich hatte sich Liebermann bis zu diesem Zeitpunkt durch eine Vielzahl unkonventioneller künstlerischer wie kunstpolitischer Schachzüge an die Spitze der künstlerischen Avantgarde emporgearbeitet. Ende der 1890er Jahre war bereits ein Porträt Max Slevogts von Liebermanns Hand entstanden.[19]

Der begleitende Brief Max Liebermanns, mit dem er die Sendung seines Gemäldes an Slevogt am 5. Dezember 1898 kommentiert, zeugt von der

15 Guthmann 1948, S. 26 f.
16 Max Slevogt: *Nini auf der Mauer* (1899), Öl/Lwd., 98 x 74 cm, GDKE Rheinland-Pfalz, Landesmuseum Mainz. [Vgl. Imiela 1968, S. 50, Abb. Nr. 20, S. 51]; auf der zweiten Ausstellung der *Berliner Secession* 1900 ausgestellt unter dem Titel *Freilichtstudie*. [Kat. Ausst. *Berliner Secession* 1900, Kat.-Nr. 266].
17 Vgl. Max Liebermann: *Die Gattin des Künstlers am Strand (Martha Liebermann)*, 1895, Öl/Lwd., 100 x 126 cm, Weimar, Klassik-Stiftung, Schlossmuseum.
18 Max Slevogt: *Bildnis Max Liebermann* (1902), Öl/Lwd., 47 x 37 cm, GDKE Rheinland-Pfalz, Landesmuseum Mainz, Inv.-Nr. 73/13. [Ausst. Kat. Mainz 2014, Kat. 75].
19 Max Liebermann: *Bildnis Max Slevogt* (1899), Öl/Holz, 42,7 cm 31,5 cm, GDKE Rheinland-Pfalz, Landesmuseum Mainz, Inv.-Nr. 73/12. [Ausst. Kat. Mainz 2014, Kat. 74; Eberle 1995, WV-Nr. 1899/2].

Achtung Liebermanns vor dessen Urteil. Hierin heißt es: »Verehrter Herr Slevogt, eine gewisse Scheu, die Sie, als College verstehen werden, hat mich verhindert, Ihnen Ihr Conterfei bis heut zu senden. Aber da Sie's durchaus haben wollen, schicke ich es Ihnen u. – wasche meine Hände in Unschuld.«[20]

Im Dreiviertelprofil hat Liebermann sein Modell in summarischem Duktus festgehalten. Die obligatorische Zigarre im Mund, den Kopf leicht dem Betrachter zugewandt, die Hände verborgen, will es dabei scheinen, als sei der Porträtierte gerade im Begriff, sein eigenes Konterfei zu malen. Sah sich Liebermann in Slevogt selbst gespiegelt? Oder ist die Betonung des stark reflektierenden Brillenglases, das dem Betrachter den direkten Blickkontakt mit dem Porträtierten verwehrt, als Hinweis darauf zu lesen, dass Slevogts künstlerischer Blick gleichermaßen nach außen *und* nach innen gerichtet ist? Tatsächlich spielt die Erzählfreude Slevogts eine tragende Rolle

Max Slevogt: Bildnis Max Liebermann, 1902 (li.)

Max Liebermann: Bildnis Max Slevogt, 1899 (re.)

[20] Max Liebermann an Max Slevogt, 5. Dezember 1898, in: Braun 2012, Nr. 255, S. 258.

in seinem künstlerischen Schaffen – jene Fabulierlust, die ihn wesentlich von Liebermann unterscheidet. So habe Max Liebermann, wie Guthmann berichtet, auch das erste illustrierte Buch Max Slevogts, *Ali Baba und die vierzig Räuber*[21], das 1903 bei Bruno Cassirer erschien, »unbegreiflich«[22] gefunden.

Tatsächlich waren Slevogts Illustrationen »bei ihrem Erscheinen heftig umstritten«[23]. Sie stellten etwas völlig Neuartiges dar, befreite Slevogt hierin doch die Illustration aus ihrer bis dato dienenden Funktion dem Text gegenüber. Dies macht bereits die Gestaltung des Buchtitels *Ali Baba und die 40 Räuber* auf einen Blick deutlich, wenn der Zeichner zwischen den Buchstaben und durch die Buchstaben hindurch die Figuren des Märchens aus *Tausendundeine Nacht* klettern lässt. Nicht von ungefähr bezeichnet Slevogt seine Ilustrationen zu *Ali Baba* als »Improvisationen«. Auf prägnante Weise benennt er damit die Freiheit, mit der er sich den Text anverwandelt, um in einer fortlaufenden Bildfolge seine eigene Geschichte zu erzählen und damit den Inhalt des Buches selbständig zu deuten.[24]

Einen reichen Nährboden für seine unermüdliche Fabulierlust fand Slevogt auch in der Welt des Theaters, für das er eine besondere Vorliebe hegte, die Liebermann nicht teilte. Jene vier Entwürfe zu Bühnenbildern, die Max Liebermann für die Uraufführung von Gerhart Hauptmanns Drama *Gabriel Schillings Flucht* 1912 in Lauchstedt schuf[25], nehmen sich nahezu als Solitär in seinem Schaffen aus[26] und künden gleichzeitig auch von einer künstlerischen Auffassung, die der freien Aneignung des Textes, wie sie für Slevogt charakteristisch ist, diametral entgegensteht. Nahezu exakt übernimmt Liebermann szenische Anweisungen des auf Hiddensee spielenden Stückes und übersetzt sie in seinen originären impressionistischen Stil. Dass sich Liebermanns Dekorationsentwürfe verglichen mit Slevogts sprühender Phantasie etwas »blutarm« ausnähmen, zeigt: Die Welt des Theaters war Liebermanns Sache nicht. So finden auch Slevogts Rollenporträts kein künstlerisches Äquivalent bei Liebermann, über den der Slevogt-Biograph Hans-Jürgen Imiela schreibt: »für ihn entzieht sich die Darstellbarkeit, wenn er in den Bereich von Vorgängen gerät, die hinter dem Sichtbaren wirken.«[27] Demgegenüber wusste Slevogt in seinem auf der Secessionsausstellung 1902 präsentierten *Champagnerlied* – zu dem Johannes Guthmann eine Ölstudie[28] besaß – dem heiter-unbeschwerten Charakter der Musik der Mozart-Oper *Don Giovanni* in lichten Farben und einer

---

21 Max Slevogt: *Ali Baba und die vierzig Räuber. Improvisationen*, Berlin (Bruno Cassirer) 1903.
22 Guthmann 1955, S. 179.
23 Imiela 1968, S. 67.
24 Zu Slevogts Ali Baba-Illustrationen vgl. Imiela 1968, S. 63–68.
25 Vgl. die Entwürfe zu den Dekorationen in: Eberle 1996, WV-Nr. 1912/6–9.
26 Vgl. Franzjoseph Janssen: *Bühnenbild und bildende Künstler. Ein Beitrag zur Geschichte des modernen Bühnenbildes in Deutschland*, Diss. Phil., München 1957, S. 58–61. 1927 entwarf Liebermann darüber hinaus Dekorationen für das Schauspiel *Schinderhannes* von Carl Zuckmayer, das am 14. Oktober 1927 im Berliner *Lessing-Theater* uraufgeführt wurde. [Vgl. ebd., S. 62].
27 Imiela 1968, S. 80.
28 Max Slevogt: *Francisco d'Andrade als Don Giovanni* (1902), Öl/Lwd, 70 x 58 cm, bez. Slevogt 1902 (u. r.), Standort unbekannt (ehem. Slg. Johannes Guthmann). [Ausst. Kat. Mannheim 1948, Nr. 12; Imiela 1968, S. 371].

Berliner Secession 1908

sprühend gestischen Pinselschrift bildliche Gestalt zu verleihen. Es war dies ein Bild, für das sich Liebermann bei Hugo von Tschudi, dem Direktor der Berliner Nationalgalerie, vermittelnd einsetzte, wie aus seinem Brief vom 20. Mai 1902 an Max Slevogt hervorgeht.[29] So hatte Slevogt das Gemälde offenkundig an die Nationalgalerie verkaufen wollen – ein Plan, der durch das Veto der Landes-Kunst-Kommission vereitelt wurde.[30]

Bei allen künstlerischen Differenzen teilten die Künstlerkollegen doch kunstpolitisch ähnliche Ansichten, die sie über Jahrzehnte in zahlreichen Vereinigungen und Institutionen Seit an Seit stehen ließen.

Seit 1902 war Slevogt nicht nur ordentliches Mitglied der *Berliner Secession*, sondern auch Mitglied des Vorstandes der von Liebermann als Präsidenten geführten Vereinigung. 1911 bezog Max Slevogt zusammen mit Max Liebermann und Paul Cassirer in der Schrift *Der Kampf um die Kunst* gegen den Maler Carl Vinnen Stellung, der in seiner Kampfschrift *Ein Protest deutscher Künstler* gegen »den bedrohlichen Import französischer Kunstware« polemisiert hatte. Als es 1913 aufgrund der Ablehnung von Arbeiten langjähriger Mitglieder (wie beispielsweise Eugen Spiro) und damit zusammenhängenden Fragen nach der Integrität der Secessionsjury

[29] Max Liebermann an Max Slevogt, 20. Mai 1902, in Braun 2013, Nr. 37, S. 49 f.
[30] Vgl. Braun 2013, S. 50.

zu Streitigkeiten innerhalb der *Berliner Secession* kam, traten 44 Mitglieder – darunter neben Max Slevogt und Max Liebermann auch Paul Cassirer, August Gaul, Georg Kolbe, Max Beckmann, Ernst Barlach und Emil Orlik – aus der *Berliner Secession* aus.[31] Der im Februar 1914 mit Max Liebermann als ihrem Ehrenvorsitzenden gegründeten *Freien Secession* schloss sich auch Max Slevogt an und gehörte hier abermals zum Vorstand. Weitere Mitglieder der bis Ende Januar 1925 existierenden Vereinigung waren auch Johannes Guthmann und Walther Rathenau.[32]

In der Hochphase des Kampfes um die moderne Kunst hatte Liebermann »seinem Freund Slevogt« das Gemälde *Polospieler*[33] (1907) gewidmet und nahm sich mit dem Pferdesport eines Motivs an, für das beide Maler eine Vorliebe hatten und das in ähnlicher Form gleichzeitig auch von Max Slevogt gestaltet worden war. Im selben Jahr, in dem Liebermann die *Polospieler* schuf, entstanden von Slevogts Hand drei Bilder von der Berliner Trabrennbahn in Weißensee[34], in denen sich jene dynamische Auffassung zu erkennen gibt, die den hervorstechenden Charakterzug Slevogt'scher Arbeiten darstellt. Ein Vergleich der im selben Jahr entstandenen Werke und darüber hinaus insbesondere ein Vergleich mit Liebermanns 1909 entstandenen beiden Gemälden *Pferderennen in den Cascinen*[35] lässt jene Unterschiede in der künstlerischen Auffassung zutage treten, die gelegentlich zu Spannungen und Differenzen unter den Künstlerkollegen führten, wie Johannes Guthmann überliefert, der eine Episode um 1912 schildert:

>»An einem Winterabend – es mag wohl nach dem ersten Neu-Cladower Aufenthalte Slevogts gewesen sein – traf ich Liebermann, wie er seinen Männe am Rande des Tiergartens spazieren führte. Er ließ sich in lebhaftem Unwillen gegen mich aus, weil ich, wie er soeben gehört, der Berliner Akademie Gauls ›Eselreiter‹, der seit kurzem in der Nähe von Slevogts Pavillon bei mir aufgestellt war, für ihre Winterausstellung verweigert habe: das erste lebensgroße Werk Gauls – der Akademie verweigert! Ich antwortete ihm, daß meine abschlägige Antwort begründet und allerdings – nach meinen geringen Kräften – als eine Opposition gemeint sei: sei mir doch zu Ohren gekommen, daß die Akademie bei ihrer letzten Wahl Corinth und Slevogt als Mitglieder abgelehnt habe. ›Kunst kommt von Können, wissen Se‹, erwiderte er scharf. ›Die beeden können einfach nich jenug!‹ Er war damals noch nicht Präsident der Akademie, immerhin aber ihr heimlicher König.«[36]

---

31 Zur Spaltung der *Berliner Secession* vgl. Matelowski 2017, S. 75–85.
32 Vgl. Matelowski 2017, S. 96.
33 Max Liebermann: *Polospieler* (1907), Öl/Pappe, 27 × 48 cm, bez. unten re.: Seinem Freund Slevogt / M. Liebermann, Mainz, Landesmuseum. [Eberle 1996, WV-Nr. 1907/24; Ausst. Kat. Mainz 2014, Kat. 169, Abb. S. 200].
34 Vgl. z. Bsp.: Max Slevogt: *Trabrennen* (1907), Öl/Lwd., 36 × 60,5 cm, SMB, Nationalgalerie. [Ausst.-Kat. Wuppertal/Berlin 2005, Kat.-Nr. 19, S. 62].
35 Eberle 1996, WV-Nr. 1909/4 u. 1909/5.
36 Guthmann 1948, S. 29.

Stets jedoch – dies geht aus den Briefen Liebermanns an Slevogt hervor – war sich Liebermann der Wichtigkeit seines Künstlerkollegen für die Durchsetzung seiner eigenen kunstpolitischen Ziele bewusst. So bittet er ihn am 12. Oktober 1910 – in einer Zeit der Krise der *Berliner Secession* und nach einem Entlassungsgesuch Max Slevogts aus dem Secessionvorstand – zumindest temporär und wenigstens nominell weiterhin im Vorstand zu verbleiben:

> »Sie sagten mir im vorigen Winter, als Sie mich während meiner Krankheit besuchten, daß Sie mir Dank wüßten, Sie vor 10 Jahren nach Berlin zu kommen veranlaßt zu haben. Also helfen Sie mir jetzt mit dem Namen, den Sie sich in Berlin erworben haben, nicht mir, sondern der Sache, die ja auch die Ihrige ist.«[37]

Und auch künstlerisch blieb der heimliche König der Akademie nicht unbeeinflusst von Max Slevogt. Zurückgehend auf die Überlieferung Johannes Guthmanns gelten der Forschung bis heute die impressionistischen – der bürgerlichen Freizeitwelt entnommenen – Motive von fünf Lünettengemälden, die Liebermann 1911 in der oberen Wandzone der Loggia seiner Wannseevilla schuf, als von Slevogt inspiriert.[38] Johannes Guthmann schildert uns die Reaktion Liebermanns auf seinen Besuch in Neu-Cladow im Sommer 1911:

> »[...] einige Tage später stand er auf einem Gerüst in der Gartenhalle seiner neuen Villa und malte in die Wandlunetten unterhalb der gewölbten Decke in seinen feinen blaugraugeblichen Tönen die ›badenden Jungen‹ und das ›steigende Pferd‹ und so eine Reihe der bewährten und beliebten Motive seiner Ölbilder und Pastelle.«[39]

Das Miteinander von antiker Zeitlosigkeit und impressionistischer Weltzugewandtheit in Liebermanns Loggia hat sein künstlerisches Äquivalent in Slevogts Wandmalereien für den Neu-Cladower Gartenpavillon.

Die sinnliche Bewegtheit von Slevogts Wandmalereien steht jedoch ganz im Gegensatz zu der Ruhe und Stille der Liebermann'schen Landschaft in der unteren Wandzone der Wannsee-Loggia, die in dem unzugänglichen, menschenleeren Garten chiffrenhaft das zeitlose Wunschbild

[37] Max Liebermann an Max Slevogt, 12. Oktober 1910, in: Braun 2014, Nr. 422, S. 426.
[38] Vgl. Wesenberg 2010, S. 63 ff.
[39] Guthmann 1948, S. 23.

Gartenpavillon zu Neu-Cladow mit Wandmalereien von Max Slevogt, im II. Weltkrieg zerstört (li.)

Loggia der Wannseevilla mit Wandmalereien von Max Liebermann, heutiger Zustand (re.)

eines muße- und friedvollen Daseins aufruft. Während Slevogt sein Thema völlig frei wählt und ihm als hauptsächliche Impulsgeber der Garten von Neu-Cladow und die »anmutige Phantastik«[40] der Mozart-Oper *Die Zauberflöte* dienen, ist der paradiesische Garten in Liebermanns Wandbild von einem genau zu rekonstruierenden Vorbild inspiriert: dem Fresko *Garten der Livia* (30. v. Chr.), das der Künstler im Mai 1911 in Rom gesehen hatte. Dass Liebermann dabei die doppelte Vordergrundbegrenzung des römischen Wandbildes durch Zaun und Mauer unverändert übernahm, wirft ein Licht auf sein Verständnis vom Garten als einem eingehegten – privaten – Bereich. Liebermanns Auffassung seines Wannsee-Gartens als Hortus conclusus, die auch seine Gartenbilder kennzeichnet, unterscheidet sich signifikant von der panoramaartigen Auffassung Max Slevogts, durch die der Künstler nicht zuletzt auch der Gastfreiheit des Guthmann'schen Musenhofs Ausdruck verleiht.[41]

Wie bereits im Kapitel über Max Slevogt besprochen, hat der Künstler der elegant-entspannten Stimmung als dem zentralen Charakteristikum Neu-Cladows in seinem Gemälde *Diener auf der Terrasse in Neu-Cladow* (1912)[42] besonders sprechend Ausdruck verliehen. Dabei teilt sich uns die sorglos-heitere Atmosphäre in der sprühend lebendigen Handschrift des Malers ebenso mit wie durch die strahlend leuchtende Farbigkeit, die partiell durch schimmerndes Leinwand-Weiß intensiviert und durch vielzählige Glanzlichter akzentuiert wird:

40 Guthmann 1920, S. 175.
41 Vgl. Owesle 2014, S. 106 f.
42 Vgl. ebd., S. 89 ff., u. das Slevogt-Kapitel in diesem Band.

»Sieht man näher zu, wie er ein Problem, das ihn seit den Anfängen seiner
Freiluftstudien immer wieder beschäftigt hat, wie etwa das der Sonnenflecken
im Dunkeln einer Laube oder im Schatten des Gartens, anfaßt, so muß man
wohl annehmen, daß die Beschaffenheit seiner Augen und die Reizbarkeit seiner Netzhaut eine individuelle und von der Liebermanns, Trübners oder der
Franzosen unterschiedene ist. Liebermann sieht flächenhaft und baut dementsprechend den Bildraum mit höchster Weisheit und Verwertung aller seiner
Mittel sozusagen kulissenartig in die Tiefe dringend. Slevogt dagegen empfindet
solche Lichtflecke – man könnte sie Irisationspunkte nennen – als heraus-
springend und vor dem neutralen oder Schattengrunde stehend. Diese Punkte
konzentrieren für ihn die Summe des Lichtes, sie sind für ihn Diamanten, die
die Sonne ausstreut. Auf diese Hauptpunkte stellt er alle Kraft ein und es kann
vorkommen, daß mit den konzentrisch sich entfernenden Blickkreisen auch
sein Interesse schwindet und in den Bildecken gar völlig erlischt. Die Bildecken
auszumalen ist ihm oft genug ein Greuel.«[43]

Guthmann stellt die impulsiv-spontane Schaffensweise Slevogts der kon-
trolliert-disziplinierten Arbeitsweise Liebermanns gegenüber, wenn er
schreibt:

»er, der seine Bilder wie mit der Büchse Lederstrumpfs auf die Leinwand zu
feuern liebte und doch einmal zu uns in tiefem Ernste von dem Schmerz des
Produktiven gesprochen hatte, den ihn jede kleinste Arbeit koste – im Gegen-
satz zu den immer Fleißigen, immer Zeichnenden, immer geistreich Alerten,
Liebermann etwa oder Orlik. Bei ihm wollte jeder Pinsel- und Federstrich mit
Herzblut getränkt sein.«[44]

War Max Slevogt 1914 schließlich doch in die Akademie der Bildenden
Künste Berlin aufgenommen worden, so konnte Max Liebermann im
Alter auch Milde gegenüber dem einst nicht nur als frischer Wind und
neues Blut für die Berliner Kunstszene, sondern auch als ernsthafte Kon-
kurrenz betrachteten Slevogt walten lassen. Guthmann beschreibt den
Liebermann'schen Gesinnungswandel folgendermaßen:

»Da waren die Illustrationen Slevogts. Gewiß, er hatte die zu ›Ali Baba‹ seiner Zeit als er sie zuerst gesehen, als ihm wesensfremd beiseite geschoben.

43 Guthmann 1920, S. 85 f.
44 Guthmann 1955, S. 368.

Jetzt aber sprudelten solche Fabeleien Slevogts mit Pinsel, Feder und Griffel als Buchschmuck und Graphik in immer erstaunlicherem Reichtum hervor und eine ungeahnte Kraft an Phantasie und Arbeit strömte in ihnen breit aus, Grund genug für einen klugen Kunstpolitiker, sein früheres Urteil zu revidieren, umsomehr, als ihm selber solche Phantasiespiele und Romantica völlig ferne lagen. (»›Romantisch‹ heißt doch eigentlich ›dämlich‹, nicht wahr?« hat er einmal zu mir gesagt, es war in Rom und wir saßen ganz friedlich auf dem Sofa nebeneinander, ein Wort, das mich damals, im Begriff meinen Band ›Romantische Novellen‹[45] vorzubereiten, doch verblüffte, aber nicht gehindert hat, meinen Titel beizubehalten.) Dieser Slevogt, wohlverstanden der Zeichner, war doch ein Kerl, das mußte man schon sagen. Und er sagte es! Sein Wort fand offene Ohren, ja, ein damals viel gelesener und zitierter Kunstschriftsteller gab ihm den letzten Schliff: als Maler sei Slevogt ein Kitschier […], als Zeichner und Erzähler ein Genie, wie Deutschland es seit den Tagen Dürers nicht mehr gehabt, schlechterdings ein Genie!«[46]

Der »damals viel gelesene und zitierte Kunstschriftsteller« ist Julius Meier-Graefe (1867–1935), der in der 1915 erschienenen zweiten Auflage seiner 1904 erstmals publizierten *Entwicklungsgeschichte der modernen Kunst*[47] Slevogts malerisches Werk gegenüber seinem zeichnerischen bzw. graphischen Werk abwertet, wenn er schreibt: »Der Maler kann übersehen werden. Seine Illustrationen sichern ihm für alle Zeiten eine seltene Stellung.«[48] Damit prägt Meier-Graefe die Sichtweise seiner Zeitgenossen auf Slevogt in maßgeblicher Weise. In den 1920er Jahren, setzte sich Liebermann für eine differenzierende Betrachtung des Slevogt'schen Werkes und eine kunstwissenschaftliche »Rehabilitierung« seines malerischen Œuvres ein, wenn er in seiner Akademierede 1928 über Max Slevogt schreibt: »Für seine gezeichneten, geistreichen Improvisationen ist natürlich der Stift oder die Feder ein bequemeres Material als die schwerfällige Öltechnik. Aber das Dramatische in seinen Bildern, das Erzählende in ihnen nimmt ihnen nichts von der Frische der gezeichneten Skizze, […].«[49] Liebermann nennt seinen Künstlerkollegen hierin ein »geborenes Malgenie«[50] und er zollt Slevogts Eigenheit Anerkennung, wenn er von ihm als einem »unabhängige[n] Mann« spricht, »der sich niemandem unterordnet und der sich keinem Befehl beugt: der Kunst ist er untertan, und blindlings gehorcht er seinem Genius.«[51]

45 Johannes Guthmann: *Romantische Novellen*, Berlin (Cassirer) 1911.
46 Guthmann 1948, S. 27 f.
47 Julius Meier-Graefe: *Entwicklungsgeschichte der modernen Kunst: vergleichende Betrachtungen der bildenden Künste, als Beitrag zu einer neuen Aesthetik*, 3 Bände, Stuttgart (Jul. Hoffmann) 1904.
48 Julius Meier-Graefe: *Entwicklungsgeschichte der modernen Kunst*. Zweite umgearbeitete und ergänzte Auflage, 3 Bände, München (Piper & Co.) 1915, hier: 2. Band, S. 340.
49 Liebermann 1928, S. 230.
50 Ebd., S. 228.
51 Ebd., S. 230.

In Liebermanns Briefen der 1920er Jahre spiegelt sich die wichtige Bedeutung Slevogts als sein Gesinnungsgenosse zur Durchsetzung kulturpolitischer Ziele zunehmend. Als Liebermann 1920 zum Präsidenten der Akademie der Künste zu Berlin gewählt wird, verbindet er die Bitte um Slevogts Mitwirkung an deren Herbst-Ausstellung mit dem Ausdruck seiner Wertschätzung des Künstlerkollegen. So heißt es in einem Brief vom 20. September 1920:

> »Lieber Slevogt, obgleich Sie die officiellen Einladungen für Beschickung der Ausstellung in der Akademie erhalten haben werden, schreibe ich Ihnen um Sie persönlich um Ihre Mitwirkung zu bitten, da es die erste Veranstaltung ist, die über meinen Namen geht. Ich habe die Präsidentschaft in der Akademie angenommen in der Hoffnung, wieder wie vor langen Jahren in diesen schönen Räumen anständige Ausstellungen machen zu können: was aber nur möglich ist unter thätiger Mitarbeiten der Besten. Also müssen Sie so reich wie möglich vertreten sein [...].«[52]

Der ältere Maler sah in dem jüngeren auch einen wichtigen Berater in kunstpolitischen Fragen. Wenn Liebermann Slevogt am 14. Oktober 1924 um Unterstützung in einem Protest gegen die Willkür des Ministeriums im Hinblick auf wichtige Kunstfragen bittet[53], so liest sich Slevogts Antworttelegramm programmatisch: »selbstverständlich auf ihrer seite herzlichen gruss = slevogt«[54] Und in einem Brief vom 7. Februar 1925 schreibt Liebermann im Kontext von Vorbereitungen zur Frühjahrsausstellung der Preußischen Akademie der Künste 1925: »aus tiefster Noth ruf' ich zu dir: helfen Sie mir, wie Sie mir schon so oft geholfen haben. Sie müssen mich in [der] nächsten Sitzung der Ausstellungskommission vertreten, weil Sie's allein können, weil Alle vor Ihnen Respekt haben.«[55]

Wenn Liebermann seinen Künstlerkollegen darüber hinaus am Ende der 1920er Jahre explizit als »geborene[n] Virtuose[n]«[56] rühmt, dessen Kunst etwas vom Rokoko des Tiepolo besitze, eine Anmut und Zierlichkeit nämlich, die angesichts der grassierenden Brutalität und Rohheit in der Malerei hoch zu schätzen sei, so ist dies insbesondere dem Wandel der Zeiten geschuldet. 1928 galt es den Impressionismus zu verteidigen, wollte man weiter an ihm festhalten. Noch um 1910 war das, was Max Liebermann 1928 an Slevogt rühmte, von Liebermann als seinem künstlerischen

52 Max Liebermann an Max Slevogt, 20. September 1920, in: Braun 2016, Nr. 440, S. 375.
53 Max Liebermann an Max Slevogt, 14. Oktober 1924, in: Braun 2017, Nr. 272, S. 258 f.
54 Braun 2017, S. 259.
55 Max Liebermann an Max Slevogt, 7. Februar 1925, in: Braun 2017, S. 299.
56 Liebermann 1928, S. 229.

Charakter wesensfremd empfunden worden – folgt man Guthmann, dessen Beschreibung von Liebermanns Besuch in Neu-Cladow das Verhältnis der beiden Künstler als »befreundete Konkurrenten« auslotet:

»Dann gings zum Pavillon hinüber. Armseliges Gedächtnis, das mir keine einzige der witzigen Glossen des Berliner Altmeisters bewahrt hat! Vielleicht hat er aber da überhaupt nicht viel geredet, sich die Sache vielmehr aus der Ferne angesehen, dann in der Nähe, ganz genau in der Nähe, und offenbar war sie ihm so unsympathisch wie vor zehn Jahren die Ali-Baba-Zeichnungen Slevogts, deren Veröffentlichung er unbegreiflich gefunden hatte. [...]. Sein Gefühl Slevogt gegenüber war von Anfang an zwiegestimmt und blieb es. Des Jüngeren Ruhm ist ihm nie genehm gewesen. Die Begabung ließ sich nicht bestreiten. Er wollte auch gar nicht ungerecht sein und das Gute etwa verkennen. Ja, er gefiel sich darin, die Widersprüche seiner eigenen Meinung in dem Wort zusammenzufassen: ›Wenn wir beede eener wären, wären wir der jrößte Kerl der janzen deutschen Malerei.‹ Gut gesagt. Doch irgend etwas paßte ihm an Slevogt nicht. Da hatte er ihm zum Beispiel auf einer holländischen Reise seine Palette geliehen, um sie, in aller Geschwindigkeit, ›versaut‹ zurückzuerhalten. Liebermann mochte in dem Farbenchaos solch einer Palette eine Art von Selbstporträt ihres Benutzers sehen. Das lockere, amüsante Gefüge der Slevogtschen Farbenpatzen, verglichen mit der von ihm selbst gepflegten handwerklichen Disziplin, mußte ihm mißfallen.«[57]

Zweifellos ist Guthmanns Bericht vom Liebermann'schen Besuch in Neu-Cladow auch als Charakterskizze des Berliner Malerfürsten zu interpretieren. Nicht nur beschreibt Johannes Guthmann dabei den nüchtern-sachlichen Jargon des Berliners authentisch, er porträtiert Max Liebermann indirekt auch als sich seiner künstlerischen und kunstpolitischen Macht- und Vorrangstellung überaus bewusste und sich dementsprechend in Szene setzende Persönlichkeit.[58] Dies führt uns insbesondere jene Episode vor Augen, in der der Maler den Hausherrn von Neu-Cladow nach dem Urheber eines an der Wand hängenden impressionistischen Gartenbildes fragt (»Von wem is'n det?«) und die Antwort Johannes Guthmanns, es sei ein Werk des Münchener Malers Fritz von Uhde (1848–1911) mit den Worten kommentiert:

[57] Guthmann 1955, S. 179 f.; vgl. Guthmann 1948, S. 20 f. u. 27.
[58] Vgl. Owesle 2015, S. 90.

»›Ick dachte schon, von mir‹, womit er den einstigen Weggenossen als einen Nachahmer, zugleich aber auch das Fehlen eines Liebermanns in diesem Hause feststellen wollte.«[59]

Realiter befanden sich zum Zeitpunkt von Liebermanns Besuch in Neu-Cladow, wie wir im Cassirer-Kapitel sehen konnten, mehrere Arbeiten des Künstlers in Guthmanns Besitz. Es scheint, als habe Guthmann demnach mit der Anekdote mehr sagen wollen, als dem Leser auf den ersten Blick erfassbar ist. Denn so selbstbewusst sich Liebermann hier zeigt, so steht dahinter jedoch sein langer Kampf um Anerkennung, den er insbesondere auch gegenüber seinem eigenen Vater auszufechten hatte, der seinen Sohn an den Erfolgen anderer maß. So habe er – wie uns Liebermanns Biograph Erich Hancke überliefert – noch am Vortag seines Todes am 29. April 1894 seinen Sohn danach befragt, ob er »jetzt überall die goldene Medaille« verliehen bekommen habe und sei dessen Antwort – »In Berlin noch nicht« – mit der Frage begegnet: »Hat Uhde sie schon in Berlin?«[60]

Ungeachtet dessen, dass Max Liebermann bereits 1888 die Kleine Goldene Medaille durch den Kaiser überreicht bekommen hatte und auch Fritz von Uhde bis dato lediglich die Kleine Goldene Medaille verliehen worden war, zählte in den Augen Louis Liebermanns wohl nur die Große Berliner Goldmedaille – eine Auszeichnung, die Max Liebermann erst 1897 und damit drei Jahre nach dem Tod seines Vater erhielt. 1897, das Jahr, in dem Max Liebermann auch zum Professor der Königlichen Akademie der Künste ernannt wurde, bedeutete dessen allgemeine Akzeptanz als führender Künstler in der Reichshauptstadt. Die Ausstellung anlässlich seines 50. Geburtstages im Rahmen der Großen Berliner Kunstausstellung markiert somit eine Wende in der öffentlichen Anerkennung seines künstlerischen Werks. 1898 wurde Liebermann auch Mitglied der Königlichen Akademie der Künste und 1899 Präsident der *Berliner Secession*. Max Liebermann stand nun an der Spitze der Berliner Kunst. Diese mühsam errungene Position wollte entsprechend verteidigt werden.

Folgt man Guthmanns Überlieferung, so scheint es einer wohlwollenden oder gar begeisterten Haltung Liebermanns gegenüber dem Neu-Cladower Anwesen nicht zuträglich gewesen zu sein, dass der Künstler seine eigenen Werke im Gutshaus vermisste … Und dass darüber hinaus auch noch der Familienhund im weitläufigen Park verloren ging, scheint einem

59 Guthmann 1955, S. 179.
60 Zit. nach Regina Scheer: *Wir sind die Liebermanns. Die Geschichte einer Familie*, Berlin ⁵2011, S. 259.

Max Liebermann im Tiergarten, 1929

unverstellten Blick auf Neu-Cladow zunächst ebenfalls im Wege gestanden zu haben:

»Männe fehlte! Keiner wollte sichs eingestehen – und es war doch auf die Länge des Lockens und Rufens und Pfeifens nicht zu verhehlen: das Mistvieh, nein, der Liebling, der Infant des Hauses, war fort! Ein davongelaufener Hund ist immer etwas Fürchterliches. [...]. Und Liebermanns Hund war natürlich etwas ganz Besonderes. Die Freude an dem hübschen, klugen Tier, die sorgende Liebe zu ihm gaben diesem Manne, der nur Scharfsinn, Geist und Witz zu sein vorgab, einen menschlichen, liebenswerten Zug. Er war außer sich und verlor sich in immer verzweiflungsvolleren Vorstellungen. Aber auch die Gattin und Käthchen, sonst gesellschaftlich so kühl und sorglos obenhin standen plötzlich vis-à-vis de rien. – Aber wozu die ganze Aufregung? Männe zeigte sich wieder einmal noch klüger als sein Ruf. Ein Maurer hatte ihn am Gartentor gesehen. Die Promenade wurde zum Galopp. Und richtig: da saß er mitten unter den Arbeitern, die dort noch an der Parkmauer bauten, und ließ sich, der verwöhnte Prinz des Pariser Platzes, das schwarze Brot, das ihm von rauhen Händen allseits zärtlich zugesteckt wurde, schmecken [...].«[61]

Und in typisch berlinischer Nüchternheit zog Liebermann anderntags das Fazit seines Neu-Cladower-Besuchs. Im Kupferstichkabinett, »der dazumal florierendsten Wechselstube für Neuigkeiten und Witze in Berlin«[62] habe er, so überliefert es uns Guthmann, am Tag nach seinem Besuch, sein Urteil über Neu-Cladow gefällt: »Da find't sich ja keen Mensch zurecht, jeschweige denn'n Tier.«[63] Lange jedoch hielt Liebermanns Unmut anlässlich des im weitläufigen Gutspark zu Neu-Cladow kurzfristig verlustig gegangenen Familienhundes nicht an. Als Gerhart Hauptmann im November 1912 seinen 50. Geburtstag im Hotel Adlon feierte, durfte Johannes Guthmann die Tochter des großen Künstlers zu Tisch führen ...

---

61 Guthmann 1955, S. 181.
62 Guthmann 1948, S. 22; Guthmann 1955, S. 181.
63 Ebd.

Ein Olympier im Gutshaus

Gerhart Hauptmann und Johannes Guthmann

Am 20. Oktober 1889 fand am Berliner *Lessing-Theater* die Uraufführung eines Stückes statt, das einen Theaterskandal sondergleichen entfachte. Aufgeführt wurde das soziale Drama *Vor Sonnenaufgang* des bis dato nahezu unbekannten sechsundzwanzigjährigen Autors Gerhart Hauptmann (1862–1946).

Verantwortlich für die Aufführung zeichnete der Theaterverein *Freie Bühne*, der sich der Präsentation sozialkritischer Dramen der Naturalisten verpflichtet hatte, die von der preußischen Zensurbehörde offiziell verboten wurden. Seit 1889 stand dem Verein der Theaterleiter und Regisseur Otto Brahm (1856–1912) vor, der 1894 die Leitung des *Deutschen Theaters* übernehmen und im selben Jahr Max Reinhardt nach Berlin rufen sollte.

Es waren keine Geringeren als Johannes Guthmanns Eltern, die dieser legendär gewordenen Uraufführung beiwohnten. Als »theaterfreudige Leute«[1] besaßen Robert Guthmann (1839–1924) und seine Frau Anna Marie Luise (1847–1889) Abonnements für das Königliche Schauspielhaus und die Berliner Oper. Das Spektakel, das ihnen durch den Regisseur Otto Brahm am *Lessing-Theater* geboten wurde, war jedoch von gänzlich anderer Couleur als auf den kaiserlich protegierten Bühnen. Zu sehen war kein pompös ausgestattetes Stück. Zu hören war kein pathetischer Deklamationsstil, dessen Theatralik den Inhalt des gesprochenen Worts übertünchte. Gespielt wurde auch keine klassische Dichtung, für die insbesondere der Vater Johannes Guthmanns eine Vorliebe hatte.

Zur Aufführung gebracht wurde vielmehr ein Stück, das im schlesischen Bauernmilieu angesiedelt war und in dem Dialekt gesprochen wurde. Knapp skizziert handelte es von einer Bauernfamilie, die ihren durch den Verkauf kohlereicher Ländereien erlangten Wohlstand nicht erträgt und ihn

[1] Guthmann 1955, S. 377.

nahezu kollektiv in Alkohol ertränkt. Der Vater bedrängt die eigene Tochter. Seine Ehefrau hat ein Verhältnis mit ihrem Neffen. Eine ihrer Töchter ist hochschwanger und auch dem Alkohol verfallen. Der einzig integre und bezeichnender Weise hochdeutsch sprechende Charakter, die Tochter Helene, verliebt sich in einen dem Sozialismus zugeneigten Volkswirt, der auf den Hof gekommen ist, um Milieustudien zu betreiben. Obwohl auch er in sie verliebt ist, beendet er die Beziehung, da er von der gesetzmäßigen Vererbbarkeit des Alkoholismus überzeugt ist. Helene nimmt sich vor Sonnenaufgang das Leben.

Wenn Johannes Guthmann schreibt, dass für seine Eltern »Kunst, zumal die Poesie, im Grunde ›schön‹ zu sein«[2] hatte, so kann man sich ausmalen, wie ihre Reaktion auf Otto Brahms Inszenierung von Hauptmanns *Vor Sonnenaufgang* ausfiel. Man braucht die Phantasie jedoch gar nicht allzu sehr anzustrengen. Johannes Guthmann berichtet es uns:

Emil Orlik: *Gerhart Hauptmann*, 1912

»1889 wurde in Berlin die ›Freie Bühne‹ gegründet, ein Verein, der in geschlossenen mittäglichen Vorstellungen über die Zensur hinweg literarische Erstlinge aus der Taufe heben sollte. Mit dem Drama eines unbekannten jungen Autors, dessen Name aber schon im ersten Augenblick mit der Aureole ungewöhnlicher Bedeutsamkeit präjudiziert wurde, mit Gerhart Hauptmanns ›Vor Sonnenaufgang‹, sollte die Reihe eingeleitet werden. Welch ein Titel, voller Geheimnis und Verheißung! Wie von einem Zauber angetan, war meine Mutter im Nu entschlossen, dieser ersten Matinee beizuwohnen, obwohl sie um diese Zeit zu einer solchen Eskapade eigentlich schon zu krank war. In aller Sonntagsfrühe des 20. Oktober brachen die Eltern auf, um rechtzeitig im Theater zu sein, von uns allen zur Bahn begleitet. Um drei Uhr wurden sie zurückerwartet. Viel zu früh machten wir uns, um die Zahl der sonntäglichen Mittagsgäste vermehrt, auf den Weg, sie abzuholen. Aber schon kamen sie uns vom Bahnhof entgegen. Hatten sie einen früheren Zug genommen? – Aber wie denn? – die Mama mühsam auf ihre beiden Stöcke gestützt, müde, gereizt, nervös? Der Papa mäuschenstill? Unsere stürmischen Fragen, wie es gewesen, erfuhren keine rechte Antwort. Offenbar war die Anstrengung für die Mutter doch zu groß gewesen, und der Vater mochte froh sein, sie wieder in der frischen Luft Wannsees zu haben. – Allmählich aber kam mehr und anderes heraus. Die Mama, nicht vorbereitet auf die Manifestation einer neuen Zeit, hatte den Naturalismus des Stückes mit wachsender Beunruhigung über sich ergehen lassen. Wie der Große

2 Ebd., S. 377.

Kurfürst, dem sein Alchimist Gold herstellen sollte und der am Ende zufrieden war, als Kunkel[3] ihm das geheimnisvoll glühende Rubinglas fand, hätte meine Mutter sich wohl auch mit etwas Geringerem als einer neuen Faust-Dichtung begnügt. Was sich aber da Erotisches im zweiten Akt auf der Bühne zwischen Vater und Tochter begab, hatte wohl schon ihren Willen, jenem neuen Zeitgeist entgegenzukommen, paralysiert. Als dann im vierten Akt bei dem Stichwort ›Es geiht luus!‹ der viel beschriebene Schrei nach der Hebamme erscholl und ein humoristischer Arzt[4], ein Enthusiast auf seine Façon, im Publikum aufsprang und eine Geburtszange emporhob, sie auf die Bühne zu werfen, da fuhr unsere gute Mutter mit dem lauten Ausruf: ›Das ist empörend!‹ auf und bahnte sich, mühselig auf ihre beiden Stöcke gestützt, den Weg aus dem Parkett. Wohl oder übel mußte unser Vater folgen, er sah gerade noch, wie das Beispiel seiner todkranken, aber immer noch ungeschwächt temperamentvollen Frau das Signal für einen allgemeinen Krawall gab, einen Theaterskandal von historischer Bedeutung. Ich habe Gerhart Hauptmann nie erzählt, wer diesen ersten Theateraufstand entfesselt hat.«[5]

Aus der Sicht ihres Sohnes erscheint Marie Guthmann nicht nur als Augenzeugin des ersten Hauptmann'schen Theaterskandals – sondern sogar als dessen treibende Kraft! Ob es tatsächlich die Mutter von Johannes Guthmann war, die jenen »Theaterskandal von historischer Bedeutung« entfesselte, den die Uraufführung von Gerhart Hauptmanns naturalistischem Drama *Vor Sonnenaufgang* hevorrief, oder ob es nur ein augenzwinkernder Kunstgriff ist, mit dem Guthmann dem Leser die Zäsur in der Geschichte des deutschsprachigen Theaters lebendig vor Augen führen will, sei dahin gestellt. Gleich seinem großen Vorbild, dem norwegischen Dichter und »visionären Realisten« Henrik Ibsen, spürt auch Guthmann »in allem und jedem den Pulsschlag der Zeit«[6]. Im Kleinen, Alltäglichen verdichtet sich für ihn Zeitgeschichte.[7]

So erregte die ungewohnte Drastik der naturalistischen Darstellungsweise tatsächlich die empfindlichen Nerven des bürgerlichen Publikums, machte jedoch Gerhart Hauptmann auch auf einen Schlag berühmt: 1893 wurden die Dramen *Die Weber*, *Der Biberpelz* und *Hanneles Himmelfahrt* innerhalb von zehn Monaten an drei Berliner Bühnen uraufgeführt. Bald schon wurde Hauptmann als Volksdichter gefeiert. Johannes Guthmann schreibt:

3 Johannes Kunckel (um 1630–1703), Glasmacher, Alchimist.
4 Dr. Isidor Kastan (1840–1931), Arzt, Schriftsteller, Journalist.
5 Guthmann 1955, S. 378 f.
6 Ebd., S. 27.
7 Vgl. Owesle 2015, S. 91.

»So schmerzvoll er diesen stürmischen Widerspruch empfunden haben mag, sein Leben und Wirken hat von Anfang an sichtbar unter einem besonderen Sterne gestanden. Ja, ein dicker goldener Stern, wie er den Weisen aus dem Morgenlande aufgegangen war, hat seinem Lebensweg vorangeleuchtet. Jeder Mißerfolg wie jeder Erfolg sollte diesem Liebling der Götter zum Ruhme gedeihen. Das eine wie das andere machte ihn populär, in jungen Jahren schon wirklich populär.«[8]

Gerhart Hauptmann avancierte binnen kurzer Zeit zum »Dichterfürsten« und galt gerade in den Jahren kurz vor dem Ersten Weltkrieg als einer der renommiertesten kulturellen Repräsentanten des spätwilhelminischen Deutschland – als kulturelles Aushängeschild der deutschen Nation sowohl im In- als auch im Ausland.[9] Max Liebermann, der um die Monatswende Oktober/November 1912 im Auftrag der Hamburger Kunsthalle ein Ölporträt von Gerhart Hauptmann schuf[10], schrieb an den Kunsthallen-Direktor Alfred Lichtwark: Hauptmann sei »der deutsche Dichter, auch weil er so aussieht.«[11]

Hauptmann also als Repräsentationsfigur, ja gewissermaßen als Werbeträger der deutschen Kultur … Es nimmt nicht wunder, dass sich große Teile der bürgerlichen Intelligenz gerade in den Jahren vor dem Ersten Weltkrieg Gerhart Hauptmann eng verbunden fühlten. Mit Walther Rathenau beispielsweise, auf den wir später noch zurückkommen werden, verband Hauptmann seit 1905 eine enge Freundschaft.[12] Und bis an sein Lebensende blieben auch Johannes Guthmann und Joachim Zimmermann mit dem Schriftsteller aufs Engste verbunden.

Kennengelernt hatten Johannes Guthmann und sein Lebensgefährte Joachim Zimmermann Gerhart Hauptmann im Haus von Felix Deutsch (1858–1928), dem Mitbegründer und späteren Generaldirektor der AEG, und seiner Frau Elisabeth Franziska, genannt »Lili« (1869–1940). 1907 hatte das Ehepaar im schlesischen Schreiberhau eine Villa bezogen, in der sich zahlreiche Künstler und Intellektuelle – ebenso wie in ihrem Berliner Haus in der Rauchstraße – im Rahmen einer von Lili Deutsch gepflegten Salonkultur ein Stelldichein gaben.[13] So beispielsweise auch Walther Rathenau und Gerhart Hauptmann, die in beiden Häusern verkehrten.[14] Guthmann und Zimmermann trafen zum ersten Mal im Riesengebirge mit dem Dichter zusammen. Es war dies eine Begegnung, die den Auftakt darstellte

8 Guthmann 1955, S. 379 f.
9 Vgl. Scharfen 2005, S. 10.
10 Max Liebermann: *Bildnis des Dichters Gerhart Hauptmann* – 2. Fassung (1912), Öl/Lwd., 118,5 × 92 cm, Hamburg, Kunsthalle, Inv.-Nr. HK-1594. [Eberle 1996, WV-Nr. 1912/43]. Zur ersten Fassung (verschollen) vgl. Eberle 1996, WV-Nr. 1912/42. Zu den Studien vgl. Eberle 1996, WV-Nr. 1912/40-41.
11 Max Liebermann an Alfred Lichtwark, 6. November 1912, in: Braun 2015, Nr. 228, S. 261.
12 Vgl. Hildebrandt 2006, S. 112; Gall 2009, S. 140.
13 Bździach 1999, S. 117.
14 Gerhart Hauptmann verkehrte erstmalig am 28. Oktober 1903 in Berlin im Hause Deutsch. [Vgl. Sprengel 2012, S. 362].

für eine enge Freundschaft, die insbesondere auch von einer hohen Wertschätzung des künstlerischen Werks des »Zauberer[s] von Agnetendorf«[15] geprägt war:

> »Jochen und ich nannten ihn, seit wir ihm bei Felix und Lilli Deutsch in Schreiberhau vorgestellt worden waren, in harmlos spöttelnder Übertreibung nach altem romanischem Sprachgebrauch unter uns: ›il Divino‹, den Göttlichen. Er war es uns auf den theatergeschichtlichen Höhepunkten seines Erdenwandels ebenso wie im Alltag.«[16]

Vor diesem Hintergrund erstaunt es nicht, dass Guthmann Hauptmanns Antlitz mit antiken Feldherrenbildnissen vergleicht:

Walther Rathenau mit Gerhart und Margarete Hauptmann, 1922 (li.)

Max Liebermann: *Der Dichter Gerhart Hauptmann*, 1912 (re.)

15 Guthmann 1955, S. 333.
16 Ebd., S. 380.

»Stets hat er sich uns gegeben, wie er war, wie er in einem langen Leben sich erzogen hatte, voll Anmut und Würde. Nie, daß er sich gehen ließ, in der Arbeit so wenig wie im täglichen Umgang. [...]. Großartig in seiner Einheitlichkeit wirkte auch, aus intimer Nähe gesehen, unter der gewaltigen Stirn- und Schädelwölbung vom Silbernimbus des Haares verklärt, das liebenswerte Antlitz, die lebensklugen Augen, der Mund, dieser formvollendete, sinnlich üppige, reif und weise gewordene Schauspielermund, wie der Goethes, wenn er sich nach so manchem Becher Nektars im engsten Kreise verstanden wußte. Das zum Begehren und Genießen wie zu pathetisch gesteigertem Leiden halb geöffnete Lippenpaar erinnerte an das hellenistische Bronzehaupt eines Diadochen im Museum von Neapel, das man als Bildnis, zumindest Gleichnis des großen Alexander deuten möchte, nur, daß die dort zum Ausdruck des Machtwillens stilisierte Sinnlichkeit der Formensprache bei Hauptmann ins Geistige und Sensitive veredelt erschien. [...]. Aber die bedeutungsvollen Furchen, die Runzeln und die auf ihre Weise so beredten Fältchen, die alle nach dem Brennpunkt seines tiefen Blicks zusammenströmten, sie machten jenes unendlich reiche, zarte, zärtliche Verständnis für die Schmerzen und Leiden anderer offenbar, jene vollkommene Liebe und Güte, die seiner Dichterphantasie die mächtigen Schwingen lösten.«[17]

Für die Bewunderung, die Johannes Guthmann dem Dichter entgegenbringt, sind eine Vielzahl an Faktoren konstitutiv, von denen hier nur einige wenige schlaglichtartig beleuchtet werden können. Sicherlich ist es einmal die künstlerische Affinität des Schriftstellers Johannes Guthmann zum Dichter Gerhart Hauptmann, die für die frühe Verehrung verantwortlich zeichnet. Als Verfasser neuromantischer Novellen und märchenhafter Erzählungen, auf die wir noch einmal im Kapitel über Conrad Ansorge zurückkommen werden, mussten Guthmann insbesondere jene Werke Hauptmanns vorbildlich erscheinen, in denen der Dichter die Abkehr von seinem naturalistischen Frühwerk vollzogen und sich der Neuromantik zugewandt hatte. So beispielsweise in seinem – im Untertitel als »deutsches Märchendrama« bezeichneten – Stück *Die versunkene Glocke*, das am 2. Dezember 1896 im *Deutschen Theater* in Berlin uraufgeführt worden war.

Darüber hinaus zeugt Guthmanns 1909 erschienenes Prosagedicht *Eurydikes Wiederkehr*, auf das wir bereits im Paul Cassirer gewidmeten Kapitel zu sprechen gekommen sind, von einer Auseinandersetzung mit der antiken

17 Ebd., S. 380f.

Mythologie griechischer Provenienz, wie sie auch für Hauptmanns Werk zur etwa selben Zeit signifikant wurde. Auf der Rückkehr von seiner Griechenlandreise 1907 hatte Hauptmann den Entwurf eines Odysseus-Dramas im Gepäck.[18] Als wegweisend für den intensiven Dialog über Kunstfragen und eigene künstlerische Arbeiten, der einen wesentlichen Charakterzug der späteren engen Beziehung Guthmanns und Hauptmanns darstellt, kann bereits jener Austausch dichterischer Werke betrachtet werden, im Rahmen dessen Guthmann Hauptmann sein Prosagedicht *Eurydikes Wiederkehr* zusandte. Begleitend schrieb er am 26. November 1909:

> »Hochverehrter Herr Hauptmann! Wiederholte Begegnungen im Hause der Familie Deutsch geben mir den Mut, Ihnen persönlich meine letzterschienene literarische Arbeit ›Eurydikes Wiederkehr‹ zu überreichen. Es ist mir eine herzliche Genugthuung, wenigstens solcher Gestalt dem Meister unsrer Dichtkunst meine Dankbarkeit und Verehrung ausdrücken zu dürfen. Ihr Ihnen aufrichtig ergebener Johannes Guthmann«[19]

Und Hauptmann schickt Guthmann als Antwort ein mit einer persönlichen Widmung versehenes Exemplar seines 1908 erschienenen Reisetagebuches *Griechischer Frühling*[20], für das sich Guthmann am 20. Dezember 1909 mit folgenden Worten bedankt:

> »Hochverehrter Herr Hauptmann! Sie haben mir mit Ihrem Buch eine Überraschung gemacht, für die ich Ihnen von Herzen danke. War mir der ›Griechische Frühling‹ bisher ein Werk, in welchem ich eigene Reiseeindrücke gleichsam in reinerer, köstlicherer Spiegelung wieder lebendig werden sehen konnte; so werde ich zu diesem, von Ihrer Hand mit so freundlicher Widmung geziertem Exemplar mit umso mehr Lust und Innigkeit greifen.«[21]

Auch in späterer Zeit »tauschen« Guthmann und Hauptmann ihre Werke. Johannes Guthmann erhält 1920 auf die von ihm »in ehrfürchtiger Bescheidenheit« übermittelte Sendung seines im selben Jahr bei Paul Cassirer erschienenen Buches *Scherz und Laune. Max Slevogt und seine Gelegenheitsarbeiten* als »Gegengeschenk« von Gerhart Hauptmanns dessen – ebenfalls im selben Jahr – bei S. Fischer in Berlin erschienene dramatische Phantasie *Der weiße Heiland*. Die Widmung der für Guthmann »allerhöchsten Ins-

---

18 Vgl. Sprengel 2012, S. 402.
19 Johannes Guthmann an Gerhart Hauptmann, 26. November 1909. [Staatsbibliothek zu Berlin - Preußischer Kulturbesitz, Nachlass Gerhart Hauptmann, Sign. GH Br NL A: Guthmann, Johannes, 1, 1-2].
20 Gerhart Hauptmann: *Griechischer Frühling* (Reisebericht), Berlin (S. Fischer) 1908.
21 Johannes Guthmann an Gerhart Hauptmann, 20. Dezember 1909. [Staatsbibliothek zu Berlin - Preußischer Kulturbesitz, Nachlass Gerhart Hauptmann, Sign. GH Br NL A: Guthmann, Johannes, 1, 3-4].

tanz« Hauptmann stärken das Selbstverständnis Guthmanns als Schriftsteller und stimmen ihn – wie er am 25. November 1920 an Hauptmann schreibt – »wahrhaft stolz und glücklich«[22]:

> »›ausgezeichnet geschrieben‹ und ›erfrischend‹ – das sind zwei Prädikate, die, wenn sie von der allerhöchsten Instanz ausgesprochen werden, mich wohl für manche ausbleibende Anerkennung (werden doch meine letzten literarischen Arbeiten immer nur im Schatten Slevogts erwähnt) entschädigen können und mir Mut zu weiterem Schaffen machen.«[23]

Die »letzten literarischen Arbeiten« – das waren Guthmanns 1917 erschienene *Bilder aus Ägypten*[24] über die gemeinsame Ägyptenreise mit Max Slevogt 1914 sowie *Scherz und Laune*. Selbstredend waren dies Werke, die die Aufmerksamkeit der Öffentlichkeit mehr auf den Kunsthistoriker denn auf den Schriftsteller Johannes Guthmann lenkten, die sich aber durch einen elegant-poetischen Sprachstil dezidiert von dem für gewöhnlich eher nüchternen Ton kunstwissenschaftlicher Abhandlungen unterscheiden.

Guthmann selbst schätzte die Schlichtheit und Tiefe der Hauptmann'schen Sprache, deren Klassizität er betont, wenn er sie als in einer Linie mit Luther und Goethe stehend betrachtet. Seine Resonanz auf eine Lesung Gerhart Hauptmanns aus seinem 1914 bei S. Fischer veröffentlichten ersten Antikendrama *Der Bogen des Odysseus* im schlesischen Agnetendorf gibt dies zu erkennen: »[...] welch Wohlthat ist mir jedes neue Mal die Würde und strenge Schönheit Ihrer Sprache«[25], schreibt er am 30. August 1912 aus dem Riesengebirgs-Nachbarort Schreiberhau an Gerhart Hauptmann. Ähnlich klang auch ein Brief des Malers, Zeichners und Grafikers Ludwig von Hofmann (1861–1945) an Gerhart Hauptmann vom 27. Dezember 1913, in dem er seiner Bewunderung für »so viel Kraft, Schönheit, Größe und unheimliche Poesie«[26] Ausdruck verlieh. Es nimmt daher nicht wunder, dass auch Ludwig von Hofmann zum Gästekreis um Johannes Guthmann in Neu-Cladow zählte.[27] Mehrere Arbeiten des Künstlers befanden sich in Guthmanns Kunstsammlung. So verzeichnen die Geschäftsbücher von Paul Cassirer für den 11. September 1907 den Verkauf des Pastells *Unterm Apfelbaum* an Johannes Guthmann – ein gutes halbes Jahr zuvor hatte sich Ludwig von Hofmann mit Gerhart Hauptmann auf Griechenlandfahrt begeben ...

---

22 Johannes Guthmann an Gerhart Hauptmann, 25. November 1920. [Staatsbibliothek zu Berlin - Preußischer Kulturbesitz, Nachlass Gerhart Hauptmann, Sign. GH Br NL A: Guthmann, Johannes, 1,10-1].
23 Ebd.
24 Johannes Guthmann: *Bilder aus Ägypten*. Aquarelle und Zeichnungen von Max Slevogt, Berlin (Cassirer) 1917 (2. Auflage 1925).
25 Johannes Guthmann an Gerhart Hauptmann, 30. August 1912. [Staatsbibliothek zu Berlin - Preußischer Kulturbesitz, Nachlass Gerhart Hauptmann, Sign. GH Br NL A: Guthmann, Johannes, 1, 5-6].
26 Zit. nach Sprengel 2012, S. 465.
27 In einem Brief vom 31. Oktober 1913 an Conrad Ansorge, bedauert Ludwig von Hofmann, Ansorge nicht in Neu-Cladow getroffen zu haben. [Vgl. Ludwig von Hofmann an Conrad Ansorge, 31. Oktober 1913, Nachlass Conrad Ansorge, Staatsbibliothek Berlin, Musik-Abteilung, N. Mus. Depos. 63; vgl. Schwartz 2017, S. 54].

Gar häufig und insbesondere nachdem Johannes Guthmann und Joachim Zimmermann seit 1921 in Schlesien zu Nachbarn Gerhart Hauptmanns geworden waren, waren die Freunde zugegen, wenn der Dichter aus seinen Werken las. Dies war nicht selten der Fall, gehörte es für Hauptmann doch zum schöpferischen Prozess dazu, einem intimen oder bisweilen auch größeren Publikum aus seinen im Entstehen begriffenen Arbeiten vorzutragen. Johannes Guthmann präsentiert uns die schlichte Vortragsart Gerhart Hauptmanns gleichsam ex negativo, wenn er von der Lesung eines jungen Dichterkollegen im privaten Kreis mit ironischem Augenzwinkern berichtet:

»Hauptmann war kein Freund von theatralischen Gebärden oder Exklamationen. Aber es kam vor, daß er dergleichen über sich ergehen lassen mußte. Es war in Rapallo, wo wir 1925 unsere Reise von Rom nach Wien unterbrochen hatten, um einige Tage bei ihm in der Villa Carlevaro[28] zu verbringen. [...]. Zum Abend war ein jüngerer deutscher Autor[29] geladen, ein Mann von Begabung, aber für manchen Geschmack von seinen Anhängern etwas demonstrativ emporgelobt. Wir kannten einander von den kleinen Festlichkeiten bei Borchardt nach den Reinhardtschen Premieren, wo er in der kleidsamen Uniform seines Berliner Garderegiments eine bella figura machte. Auch war er mit Hauptmanns zusammen mein Gast in Neu-Cladow gewesen. [...]. [...] jetzt in Rapallo [kannte uns, Anm. d. Verf.] der erwähnte neuere Autor nicht mehr. Durch einige Bühnenerfolge verwöhnt, hatte er wohl bei unserer ungezwungenen Begrüßung die ihm auch im Hause Gerhart Hauptmanns gebührenden rühmenden Worte vermißt. Jedenfalls sperrte er sich und schmollte gar. Als er bei Tisch mein Nachbar wurde, ließ ich ihn – wie du mir, so ich dir – zur Linken liegen. Hauptmann, der Vielversonnene, dem jedoch als dem großen Realisten kein Tippelchen zu entgehen pflegte, hob bedeutend sein Glas und trank dem stummen Gaste zu: ›Auf das neue Stück!‹ Indigniert zuckte dieser zusammen. ›Auf das neue Stück‹, fuhr der Alte fort, ›das Sie uns heut abend vorlesen wollen.‹ [...]. Der Poet, der in der Schamhaftigkeit seines verschwiegenen Busens gerade noch den ›Göttlichen‹ als würdigen Zuhörer seines neuen Werkes gelten lassen mochte, wand sich unter der Vorstellung, es durch Jochens und meine gottlose Gegenwart am Ende profaniert zu sehen. Es verschlug ihm die Rede. Hauptmann blieb unerbittlich. Er mochte, als der junge Kollege sich in seinem Selbstgefühl so illoyal von uns abgesetzt, sich und uns eine kleine Schaden-

28 Gerhart Hauptmann bezog die Villa Carlevaro in Rapallo zum ersten Mal am 2. November 1925. [Vgl. Sprengel 2012, S. 596].
29 Es handelt sich vermutlich um den expressionistischen Dramatiker und späteren Germanisten Bernhard Blume (1901–1978), der in den 1920er Jahren einen gewissen Bekanntheitsgrad als Verfasser moderat innovativer Dramen erlangte.

freude zugedacht haben [...]. Endlich ging es los: ›Bonaparte!‹[30] Das klang nach Tragödie. Ja, aber wie ging es weiter? Ich weiß es nicht mehr. Aber ich weiß immerhin, daß viele historische Personnagen viele gewichtige Worte wechselten, daß notorisch weltgeschichtliche Momente in allen Ecken sprungbereit lauerten und daß ins volle theatralische Menschenleben hineingegriffen wurde. Der Mann gab sich Mühe, alle etwa nur angedeuteten Stimmungen handgreiflich eklatieren zu lassen, er sparte nicht an eigener Ergriffenheit, er sparte nicht einmal Tränen, ja, was mir ganz neu und verblüffend kam, er kniete plötzlich in Zimmersmitten mit seinem Manuskript, das er hoch emporhielt, unter dem Kronleuchter nieder – und trieb es so weiter. [...]. Aus Ergriffenheit wagte sich niemand mit Applaus hervor. Hauptmanns Lippen schienen verstaubt, ihn verlangte nach einem Schlucke Landweins. Das theatralische Schlachtfeld mit seinem Strategenblick überfliegend, neigte er sich im Hinausgehen uns zu: ›Ich weiß nicht, ich suche mir meine Helden lieber unter Fuhrleuten und dergleichen.‹«[31]

Dem exaltierten Vortragsgestus des ambitionierten jungen Schriftstellers stand die unprätentiöse Vortragsweise Gerhart Hauptmanns diametral entgegen. Gleich ob der Dichter Johannes Guthmann und Joachim Zimmermann 1913 aus seinem gerade vollendeten *Bogen des Odysseus* vorlas oder ob er vor zweitausend Menschen in der Berliner Philharmonie stand – stets sei er sich gleich geblieben, schreibt Guthmann und charakterisiert die »einfach[e] und seelenvolle«[32] Vortragsweise Hauptmanns, indem er schreibt: »Er las mit seiner niederschlesischen, [...] weichen Stimme, scheinbar vollkommen schlicht, ohne zu unterstreichen, ohne Ausrufungszeichen und gab die dramatischen Höhepunkte nur andeutend, wie nebenbei.«[33]

Vielfach hatte Johannes Guthmann die Möglichkeit, Hauptmann aus nächster Nähe zu erleben. Die Intensivierung der Verbindung zwischen Guthmann und Hauptmann datiert auf das Jahr 1909 – jenes Jahr, in dem Guthmann Neu-Cladow als seinen Lebensmittelpunkt erkor und in umfangreichen Umgestaltungsmaßnahmen in einen modernen Musenhof verwandeln ließ. Während Guthmann 1909 noch von seiner Berliner Stadtwohnung in der Matthäikirchstraße 15 im Tiergartenviertel an Hauptmann schreibt, richtet er am 30. Oktober 1912 seine Zeilen aus Neu-Cladow an den Schriftsteller:

---

30 Vermutl. Bernhard Blume: *Bonaparte*. Ein Stück in fünf Akten, München (Georg Müller) 1926. Erstaufführung 1926 u. a. am Staatstheater München.
31 Guthmann 1955, S. 383–386.
32 Ebd., S. 386 f.
33 Ebd., S. 387.

»Hochverehrter Herr Hauptmann! Da es mir gestern Abend nach der Vorstellung[34] nicht möglich war Sie zu begrüssen und zu beglückwünschen [...], und ich auch nicht die festliche Stimmung nach der Aufführung stören wollte; so möchte ich mir heut [sic] erlauben, Ihnen und der verehrten Gattin Neu Cladow in Erinnerung zu bringen. In der Zeit der Proben mochte ich Sie nicht angehen; nun ich aber höre, dass Sie noch etwas in Berlin bleiben wollen, denke ich, Cladow muss von sich hören lassen. Haben Sie Zeit und Lust, so sagen Sie sich bitte einfach an, sagen mir dann auch bitte, ob Sie Freunde oder gemeinschaftliche Bekannte mitbringen oder hier treffen möchten. Sie wissen ja, über das Haus eines Junggesellen kann man schon etwas leichtsinniger verfügen, als wenn eine ängstliche Hausfrau die Häupter ihrer Lieben zählt [...]. Mit aufrichtiger Empfehlung auch von Joachim Zimmermann an Ihre Gattin begrüsst Sie in aufrichtiger Verehrung ganz Ihr ergebener Johannes Guthmann.«[35]

Bereits zuvor war Hauptmann in Neu-Cladow gewesen, wie er am 19. September 1912 in seinem Tagebuch vermerkt: »Vorgestern in Neu Kladow, bei Gutmann [sic], Zusammensein mit Lucie Höflich«[36]. Guthmann schildert uns die gemeinsamen Stunden:

»Man hatte Tee getrunken, die Antiken im Musiksälchen, die Bilder neuerer deutscher Meister betrachtet, man war durch den Park gewandelt, der sich schönräumig und wohltuend für Gespräche darbot, zu dem von Slevogts Hand geschmückten Pavillon und weiter zum Naturtheater mit seinen die Phantasie anregenden unausgeschöpften Möglichkeiten und war früh zu Tisch gegangen. [...]. Glücklichste Stimmung allerseits und Sekts genug. Gerhart Hauptmann hat uns diesen wohlgelungenen Nachmittag und Abend nie vergessen [...].«[37]

An diesem Tag begegnete Gerhart Hauptmann auch jener Mimin, die viele seiner weiblichen Hauptrollen auf der Bühne mit Verve zum Leben erweckte: »Gerhart hatte zum ersten Male persönlich unsere Lucie Höflich kennengelernt, die Lux den ›Divino‹«[38], berichtet Johannes Guthmann und beschreibt den speziellen Stil der Höflich ebenso wie die erste Begegnung des Dichters mit der Schauspielerin in Neu-Cladow:

»Das, was die verfeinerten Nerven dieser Epoche überwunden zu haben glaubten, die menschliche und künstlerische grandiose Leidenschaft, mußte sie noch

34 Gemeint ist die Aufführung von *Gabriel Schillings Flucht* in der Inszenierung von Otto Brahm am 29. Oktober 1912 am Berliner *Lessing-Theater*.
35 Johannes Guthmann an Gerhart Hauptmann, 30. Oktober 1912. [Staatsbibliothek zu Berlin - Preußischer Kulturbesitz, Nachlass Gerhart Hauptmann, Sign. GH Br NL A: Guthmann, Johannes, 1, 7-8].
36 Gerhart Hauptmann: *Tagebücher 1906 bis 1913*, nach Vorarb. von Martin Machatzke hrsg. von Peter Sprengel, Frankfurt a. M., 1994, S. 314.
37 Guthmann 1955, S. 384.
38 Ebd.

einmal erleben und gestalten. Ich sehe noch den tiefen Blick und die wie vor einer Kostbarkeit beinahe ehrfürchtige Verneigung Gerhart Hauptmanns, der doch wahrlich um die Temperamente des Dramatischen wußte, als er sie im Herbst 1912 bei mir in Neu-Cladow kennenlernte: ›Meine Rose Bernd – meine Hanne.‹«[39]

Mag man die literarischen Vorlieben des feinsinnigen Ästheten und Neuromantikers Johannes Guthmann »auf den ersten Blick« eher beim frühen Hugo von Hofmannsthal als bei Gerhart Hauptmanns naturalistischen Milieudramen *Fuhrmann Henschel* oder *Rose Bernd* verorten und äußert sich Guthmann nicht explizit zu seiner Einstellung gegenüber dem Frühwerk Gerhart Hauptmanns, so bekennt er sich unmissverständlich zu seiner Verehrung für den norwegischen Dichter und Dramatiker Henrik Ibsen (1828–1906), dem er sechzehnjährig während einer Norwegen-Reise begegnet war:

»Es war am Vormittag, als wir in Kristiania eintrafen, wo, wie ich wußte, Ibsen lebte. Mein ganzes Wünschen und Wähnen ging darauf, ihn zu sehen. Heimlich fragte ich den Portier des Hotels, ob und wann und wo und wie man des großen Dichters – der ehrwürdige Name wollte mir kaum von den Lippen – ansichtig werden könne. Dem Manne schien nichts berechtigter als mein befangener Wunsch. Er hieß mich mittags um zwölf vor die Hoteltür auf die Carl Johans Gata gehen, die Hauptstraße der Stadt: ich würde dann schon sehen …
Rechtzeitig stand ich auf meinem Posten. Es schlug Mittag. Die sonst leicht übersehbare, gerade Straße füllte sich mit Angestellten und Arbeitern, die ihre Büros und Fabriken verließen. Wie sollte ich da, falls er überhaupt käme, Ibsen herausfinden? Eine Kette von Arbeitern ging vor mir her. Die Hände in den Hosentaschen, Ellbogen an Ellbogen, sperrten sie den ganzen Bürgersteig. Da – plötzlich ein Rucken in der Reihe, ein halblautes ›Ibsen‹ –, die Männer wichen nach beiden Seiten ein wenig aus, die Hände weiter leger in den blauen Arbeiterhosen, aber doch nicht viel anders als zum Spalier – und hindurch schritt ein untersetzter alter Herr im festzugeknöpften schwarzen Gehrock, den Zylinder auf dem eisgrauen Haupte, den Bart eigenwillig-ornamenthaft in zwei scharfen Spitzen ausfahrend, die schmalen Lippen fest geschlossen, den Blick hinter Brillengläsern in die Ferne gerichtet. Erschreckend im ersten Augenblick, dabei gebietend in seiner konzentrierten Gegenwart – Ibsen!«[40]

39 Ebd., S. 193. Das naturalistische Drama *Rose Bernd* war am 31. Oktober 1903 am *Deutschen Theater* in Berlin uraufgeführt worden. »Hanne« ist eine Frauenfigur aus dem naturalistischen Drama *Fuhrmann Henschel*, das im November 1898 am *Deutschen Theater* in Berlin uraufgeführt worden war.
40 Guthmann 1955, S. 26 f.

Gerhart Hauptmann selbst hatte an der Berliner Erstaufführung von Ibsens *Gespenstern* unter der Regie von Otto Brahm am 7. Januar 1887 teilgenommen – einem Schlüsselerlebnis der Berliner Theatermoderne, das aus Gründen der Zensur als einmalige »Separatvorstellung« organisiert worden war und in Anwesenheit des Autors im Berliner *Residenz-Theater* stattfand. Henrik Ibsen war für Gerhart Hauptmann wegweisend. *Vor Sonnenaufgang* stand ganz in der Nachfolge von Ibsens *Gespenstern*. So pries Theodor Fontane Hauptmanns Drama als »völlig entphrasten Ibsen«[41]. Der Sonnenaufgangsdichter war für Fontane »die Erfüllung Ibsens«[42].

Während sein naturalistisches Frühwerk seitens der offiziellen Kulturpolitik auf heftigsten Widerspruch gestoßen war, avancierte Gerhart Hauptmann im großbürgerlichen Milieu rasch zu einem der anerkanntesten deutschen Dichter, dessen Werke bereits 1906 in einer ersten Gesamtausgabe erschienen. Auch, dass es 1909 bereits sieben Hauptmann-Biographien gab, spricht eine deutliche Sprache im Hinblick auf die öffentliche Anerkennung des Schriftstellers. Die Feiern zu Hauptmanns 50. Geburtstag im November 1912 und die Verleihung des Nobelpreises im Dezember desselben Jahres künden von der hohen öffentlichen Wertschätzung des Dichters zu dieser Zeit. Zwei Jahre vor dem ersten Weltkrieg galt er als einer der angesehensten kulturellen Repräsentanten des spätwilhelminischen Deutschland.[43] Johannes Guthmann, der den Werdegang des Künstlers über fast sämtliche Jahrzehnte mitverfolgte, erscheint die glanzvolle Feier, die anlässlich des fünfzigsten Geburtstages von Gerhart Hauptmann am 15. November 1912 im Berliner Hotel *Adlon* veranstaltet wurde und von einem Festausschuss vorbereitet worden war, dem unter anderem Max Liebermann und Walther Rathenau angehörten, im Rückblick geradezu intim:

> »Seinem fünften Zehnjahrestag, dem ersten Jubiläum, haftete noch etwas Privates an. Der Kaiser, der die ›Weber‹[44] als eine Herausforderung empfunden hatte, stand grollend abseits. Es war eine sehr berlinische, sehr elegante, geistige, leidenschaftlich beteiligte Gesellschaft, eine überwiegend jüdische, die in den Prachträumen des damals noch neuen Hotel Adlon ihrem modernen Klassiker zujubelte. Ich persönlich wußte es zu schätzen, Käthchen Liebermann, dies charmanteste, aber auch gefürchtetste Frauenzimmerchen von Berlin W, zu Tisch führen zu können. Wir unterhielten uns immer ausgezeichnet und zerfielen uns nie.«[45]

41 Theodor Fontane an Martha Fontane, 14. September 1889, in: *Theodor Fontane und Martha Fontane. Ein Familienbriefnetz*, hrsg. von Regina Dieterle, Berlin, New York 2002, Nr. 215, S. 372.
42 Theodor Fontane: Hauptmann. *Vor Sonnenaufgang* (1889), zit. nach Gotthart Wunberg: Jahrhundertwende. Studien zur Literatur der Moderne, Tübingen 2001, S. 161.
43 Vgl. Scharfen 2005, S. 9f.
44 Gerhart Hauptmanns soziales Drama *Die Weber* (schlesisch: *De Waber*) behandelte den schlesischen Weberaufstand von 1844. Aufgrund eines 1892 erlassenen Aufführungsverbots erfolgte die Uraufführung im Februar 1893 im *Neuen Theater* Berlin privat für die Mitglieder der *Freien Bühne*. Nach der Aufhebung des Verbots im Oktober 1893 durch das Berliner Oberverwaltungsgericht, erfolgte die erste öffentliche Aufführung am 25. September 1894 im *Deutschen Theater* Berlin.
45 Guthmann 1955, S. 392f.

Fünfzigster Geburtstag von Gerhart Hauptmann, Hotel Adlon, Berlin 1912

Ebenso ausgezeichnet verlief die Kommunikation über Jahrzehnte mit Gerhart Hauptmann. Als Johannes Guthmann und Joachim Zimmermann 1921 ins Riesengebirge übersiedelten, wurde der freundschaftliche Verkehr umso intensiver, da Hauptmanns wie bereits erwähnt in fast unmittelbarer Nachbarschaft wohnten: Im Sommer 1921 bezogen Guthmann und Zimmermann die 1904 von dem Berliner Architektenbüro Hart & Lesser erbaute Villa am Oberweg (heute ul. Górna) 4 in Mittel-Schreiberhau.[46] Im rund zehn Kilometer entfernten Agnetendorf hatte sich Gerhart Hauptmann von dem Berliner Architekten Hans Grisebach mit seinem *Haus Wiesenstein* eine repräsentative Villa entwerfen lassen, die der Dichter im August 1901 bezog.[47] Noch vor dem Umzug nach Schreiberhau schreibt Johannes Guthmann von seiner Berliner Adresse im Tiergartenviertel, Blumeshof 13, am 5. Mai 1921 an Hauptmann:

»Zimmermann und ich kommen demnächst in Ihre nahe Nachbarschaft und zwar zu dauerndem Aufenthalt. Nach dem Tode von Zimmermanns Mutter ist deren schöne Besitzung in Mittel-Schreiberhau in seine Hände gelangt, und wir lassen sie nun gemeinsam nach unsern Bedürfnissen herrichten, nachdem die Tücke des Schicksals mich ja aus Neu Cladow vertrieben und sozusagen obdachlos gemacht hatte. (Meine jung verheiratete Stiefschwester treibt jetzt in Cladow an der Stätte, wo ich alt-griechische Musik und die Verse unserer Dichter erklingen zu lassen bemüht war, Landwirtschaft […]!) Nach Pfingsten

46 Vgl. Bździach 1999, S. 117 f., Abb. S. 117. Zu Gustav Hart und Alfred Lesser als Architekten der Villa Zimmermann vgl. Myra Warhaftig: *Deutsche jüdische Architekten vor und nach 1933 – Das Lexikon*, Berlin 2005, S. 218.
47 Vgl. Bździach 1999, S. 118 f., Abb. S. 118.

soll der fürchterliche Umzug mit seinen vielen, vielen Kisten von Cladow, resp. Berlin nach Schreiberhau vor sich gehen. Sind wir dann erst richtig installirt, werden wir den Wanderstab ergreifen und uns erlauben, damit an der Thür von Haus Wiesenstein anzupochen.«[48]

Gar häufig pochten Guthmann und Zimmermann an die Tür von Hauptmanns Haus in Agnetendorf – und ebenso zahlreich waren die Besuche Hauptmanns in Schreiberhau. Ebenso wie jene Slevogts, der oft und gern in Schreiberhau weilte und hier bald nach dem Umzug in guter Neu-Cladower Manier die Wände des Gartenpavillons – eines Teepavillons auf ovalem Grundriss – mit Wandmalereien ausgestaltete.[49] Auch er wurde von Gerhart Hauptmann eingeladen:

»Es war klar, daß der künstlerische Hochbetrieb jener Maientage im nachbarlichen Agnetendorf nicht verborgen bleiben konnte, bestand doch zwischen uns vielfach der Brauch, unsere Freunde in gastlicher Konkurrenz auszutauschen. Gerhart Hauptmann lud uns telephonisch zum Mittagessen ein.«[50]

Hauptmann hatte als »vorträgliches Geschenk zu seinem sechzigsten Geburtstag«[51] die Ausmalung des großen Treppenhauses seiner Villa durch den Maler und Grafiker Hans (=Johannes Maximilian) Avenarius (1887–1954) von einem Verehrer geschenkt bekommen. Slevogt wurde um seine Meinung zu der 1922 erfolgten Ausmalung der Wiesenstein-Halle mit Szenen aus Hauptmanns Werken gefragt, sobald die Arbeit fertig geworden war: »Slevogt möge kommen und entscheiden. Fände er das Werk gut, dann gut. Andernfalls würde er [Hauptmann, Anm. d. Verf.] es sofort beseitigen lassen.«[52] Noch heute empfangen den Besucher gleich nach Betreten von Hauptmanns Haus Wiesenstein Avenarius' opulente Wandgemälde in der Paradieshalle, »die wichtigsten Momente aus dem Reichtum der Hauptmannschen Werke«[53] darstellend.

Im Gegensatz zu Max Slevogt, der sich – wie uns Guthmann überliefert – »von des Dichters vorgeblicher Feierlichkeit immer angefröstelt zu fühlen«[54] vermeinte, fühlten sich Johannes Guthmann und Joachim Zimmermann in der Gegenwart von Gerhart Hauptmann überaus wohl. Im Umkreis des »Olympiers« begegneten sie weiteren Größen aus dem deutschen Kultur- und Geistesleben. So auch Thomas und Katia Mann im Herbst 1923 in

48 Johannes Guthmann an Gerhart Hauptmann, 5. Mai 1921. [Staatsbibliothek zu Berlin – Preußischer Kulturbesitz, Nachlass Gerhart Hauptmann, Sign. GH Br NL A: Guthmann, Johannes, 1,12-13].
49 Vgl. Owesle 2014, S. 108 f.
50 Guthmann 1955, S. 330.
51 Ebd.
52 Ebd.
53 Ebd., S. 331.
54 Ebd., S. 330.

Bozen. Über das »Stolz- und Glücksgefühl, neben dem […] hochverehrten Manne sitzen zu dürfen«[55] hinaus, das das Treffen bei Guthmann auslöste, hinterließ es im Werk Thomas Manns Spuren, die Literaturgeschichte geschrieben haben. Der gemeinsame Chianti-Abend der Ehepaare Mann und Hauptmann sowie des Freundespaares Guthmann/Zimmermann, bei dem am 2. November 1923 nacheinander zwei Bozener Gaststätten aufgesucht wurden, kann – so legt es die Schilderung Guthmanns nahe – durchaus als die eigentliche Geburtsstunde einer der markantesten Figuren des 1924 erschienenen Romans *Der Zauberberg* betrachtet werden[56]: Gerhart Hauptmann diente der Gestalt des Mynheer Peeperkorn als Matrix. Johannes Guthmann beschreibt uns den geschichtsträchtigen Abend anschaulich:

> »Hauptmanns waren ihrer vier. Sie brachten Thomas Mann und seine Frau mit, der bei der Vorstellung all dieser Haupt-, Guth-, Zimmer- und Thomas-Männer konstatierte: ›Also eine ganz männliche Gesellschaft.‹ Vielleicht, daß er damit ein kleines Vorhängeschloß vor die redefreudigen Lippen Frau Katjas, seiner Gattin, legen wollte, denn dieser Bozener Abend war doch, wie Thomas Mann meinen mochte, der ersten Aussprache Goethes und Schillers gleich […]. Seinem Gefühl nach war dieses Treffen dazu bestimmt, einen unverrückbaren Meilenstein in der Entwicklung der deutschen Geistesgeschichte zu setzen. Nicht ganz so Hauptmann. Er hatte einen ansprechenden, rundbauchigen Zweiliterfiasco roten Chianti-Weins bestellt, betrachtet und geliebkost. […]. Unversehens wurde es spät, sehr spät. Thomas Manns Augen suchten des öfteren und immer öfteren das klar geprägte, unbekümmerte Antlitz des großen Kollegen. Die Zeit verging, und es ergab sich wieder und wieder keine Gelegenheit, seinen so unvergleichlich reich facettierten Geist nach Gebühr glänzen, überraschen, herrschen zu lassen. Hauptmann wurde nur aufgeräumter, üppiger. Sein Behagen war nicht zu stören. Thomas Mann, übermüdet, verfiel sichtlich. […]. Das aber mochte das Diktatorische in dem Alten reizen. Nun erst recht! Das ›Hiergeblieben!‹, mit dem er mich einst bei einer nächtlichen Diskussion mit Stehr[57] über mystisches Sein und Nichtsein in gutmütigem Zorne beim Arm gepackt und zum Bleiben genötigt hatte, er zwang es mit der überlegenen Kraft seines Willens auch diesem ihm doch eigentlich fremden Manne auf und dekretierte über alle vernünftigen Einwendungen weg das ihm genehme Gesetz der Stunde. Ein plastischer Vorwurf für ein neues Dichterfürsten-Doppelstandbild wie das wohlausgewogene in Weimar[58] war damit kaum gewonnen.

[55] Ebd., S. 413.
[56] Vgl. Sprengel 2012, S. 588.
[57] Hermann Stehr (1864–1940), deutscher Schriftsteller, zum Schreiberhauer Kreis um Gerhart Hauptmann gehörend und seit 1926 in Schreiberhau ansässig.
[58] Ernst Rietschel: Goethe-Schiller-Denkmal, eingeweiht 1857, Standort: Weimar, Theaterplatz.

> Am Ende aber wurde doch das Lokal geschlossen und der lange geräuschvolle Abschied vor die Tür verlegt. Man trennte sich zur Rechten und zur Linken: [...] ›Auf Wiedersehen!‹ – Da, aus nächtiger Stille laut rückwärts rufend, die Stimme des Göttlichen: ›Herr Doktor Zimmermann! Herr Doktor Zimmermann!‹ Er hatte ein Café entdeckt, das noch geöffnet war. Über Manns sanften Einspruch hinweg also wir alle hinein! – Der Raum, übernächtigt wie die Bedienung, war ungemütlich, ernüchternd; der rasch zusammengegossene Wein nicht minder. Das Abschiednehmen, kürzer als zuvor, diesmal bedeutete es die Trennung [...].«[59]

Thomas Manns zunehmende Übermüdung und offenkundig schwindende Anteilnahme am Gespräch ging mit einer nahezu hypnotischen Kraft einher, mit der Gerhart Hauptmann »als Leitfigur der Runde den anderen seinen (Trink-)Willen aufzwang.«[60] Und Guthmann analysiert den Abend mit Blick auf die Genese der Romangestalt Peeperkorns:

> »Ob sie gestern Abend auf dem Heimweg wohl noch gewichtige Worte miteinander getauscht hatten, [...]? Wie sah das Bild des Alten wohl aus, das sich gestern dem Jüngeren in die Seele geprägt hatte? Zweifellos war Thomas Mann nicht recht zur Geltung gekommen. Er schrieb an seinem ›Zauberberg‹, aber der eigentliche Zauberer an diesem Abend war doch Hauptmann gewesen. Er hatte uns alle, um ein Wort des Romans anzuwenden, ›in die Tasche gesteckt‹. [...]. Dieser Gerhart Hauptmann war schon ein ganzer Kerl, und es konnte einen, [...] ein – um im modernen Jargon zu reden – ›Minderwertigkeitsgefühl‹ ankommen. Aber der Meister seines Romans war dem großen Manne, wenn auch nicht in der Naivität seines Fühlens und Da-Seins, auf seine eigene intellektuelle Weise ebenbürtig. Unbefriedigt – höchst befriedigt lachte er sich eins in sein Schriftsteller-Fäustchen und anthropomorphisierte den Zwiespalt seiner Gefühle zum Mynheer Peeperkorn des ›Zauberbergs‹, der originellsten, faszinierendsten Persönlichkeit des ganzen Buches, ja einer [sic] der kostbarsten Gestalten, die ihm je gelungen ist.«[61]

Mynheer Peeperkorn wird im siebten und letzten Kapitel von Thomas Manns Roman *Der Zauberberg* als schwerreicher »Kaffeekönig im Ruhestand«[62] eingeführt – als »Kolonial-Holländer«[63] mit »einer gehörigen alkoholischen Verschleimung«[64] und Tropenfieber. Hans Castorp, die

59 Guthmann 1955, S. 412–415.
60 Sprengel 2012, S. 588.
61 Guthmann 1955, S. 415f.
62 Thomas Mann: *Der Zauberberg*, Frankfurt a. M. (S. Fischer) 1999, S. 753.
63 Ebd., S. 751.
64 Ebd., S. 753.

Hauptfigur des *Zauberbergs*, stellt uns Peeperkorn als älteren Mann von hohem Wuchs und breiter Gestalt mit mächtiger, in breite Falten gelegter Stirn, wehendem weißen Haar und blassen kleinen Augen vor: »Und seine Schlußweste verleiht ihm was Geistliches, trotzdem der Gehrock kariert ist«[65]. Thomas Mann karikiert das majestätische Auftreten und die alle in Bann ziehende und von »königliche[r] Wucht und Bedeutung«[66] zeugende Gestalt und Persönlichkeit Peeperkorns, wenn er den mit großen Gesten eingeleiteten Reden jene abgebrochenen Sätze folgen lässt, für die Hauptmann bekannt war. Guthmann schreibt: »Die skurrile Sprechweise des Holländers, zu der der Erzähler die seinem Urbilde damals eigene, sich sozusagen in Spiralen emporschraubende Rede höchst wirkungsvoll für Auge und Ohr stilisiert hatte, war von frappanter Komik.«[67]

Wenn Peeperkorn große Mengen Wein und Genever konsumiert und bei einem opulenten nächtlichen Mahl die Tischrunde beschwört, bei ihm auszuharren, fühlen wir uns unwillkürlich an jene oben zitierte Textpassage in Guthmanns *Goldener Frucht* erinnert, die uns den gemeinsamen Bozener Abend mit Gerhart Hauptmann und Thomas Mann vor Augen führt, der im *Zauberberg* schließlich literarische Gestalt gewonnen hat:

> »Dennoch war es nicht nur und nicht einmal hauptsächlich das Spiel und der Wein, die die seelische Hochspannung des Kreises, diese Erhitzung der Mienen, diese Erweiterung der glänzenden Augen oder das zeitigten, was man die Angestrengtheit der kleinen Gesellschaft, ihr In-Atem-gehalten-Sein, ihre fast schmerzhafte Konzentration auf den Augenblick hätte nennen können. Vielmehr war all dies auf die Einwirkung einer Herrschernatur unter den Anwesenden, auf die der ›Persönlichkeit‹ unter ihnen, auf diejenige Mynheer Peeperkorns zurückzuführen, der die Führung in seiner gebärdenreichen Hand hielt und alle durch das Schauspiel seiner großen Miene, seinen blassen Blick unter dem monumentalen Faltenwerk seiner Stirne, durch sein Wort und die Eindringlichkeit seiner Pantomimik in den Bann der Stunde zwang. Was sagte er? Höchst Undeutliches, und desto Undeutlicheres, je mehr er trank. Aber man hing an seinen Lippen, starrte lächelnd und mit emporgerissenen Brauen nickend auf das Rund, das sein Zeigefinger mit seinem Daumen bildete und neben welchem die anderen Finger lanzenspitz auftrugten, während es in seinem königlichen Antlitz sprechend arbeitete, und ließ sich ohne Widerstand zu einem Gefühlsdienst anhalten, der weit das Maß von hingebender Leidenschaft überstieg, das diese

---

[65] Ebd.
[66] Ebd., S. 763.
[67] Guthmann 1955, S. 418.

Leute sich sonst zuzumuten gewöhnt waren. Er ging über die Kräfte einzelner, dieser Dienst.«[68]

Die detaillierte und anschauliche Charakterisierung der Romangestalt führte dazu, dass die Zeitgenossen in Peeperkorn Gerhart Hauptmann wiedererkannten. So äußerte Max Liebermann nach einer öffentlichen Lesung Thomas Mann gegenüber, er habe bei Mynheer Peeperkorn einige Male an Hauptmann denken müssen. Und auch Gerhart Hauptmann hatte sich selbst erkannt. Und war verstimmt. Am 4. Januar 1925 richtete er einen Beschwerdebrief an den gemeinsamen Verleger S. Fischer:

»[...] einem Holländer, einem Säufer, einem Giftmischer, einem Selbstmörder, einer intellektuellen Ruine, von einem Luderleben zerstört, behaftet mit Goldsäcken und Quartanfieber [Malaria], zieht Thomas Mann meine Kleider an. Der Golem lässt Sätze unvollendet, wie es zuweilen meine Unart ist. Wie ich, wiederholt er oft die Worte ›erledigt‹ und ›absolut‹. Ich bin sechzig Jahre alt, er auch. Ich trage, wie Peeperkorn, Wollhemden, Gehrock, eine Weste, die bis zum Halse geschlossen ist. In dem herrlichen Hiddensoe‹er [sic] Klima hatten sich meine Fingernägel beinahe zu Teufelskrallen entwickelt, wie die Peeperkorns. Meine Augen sind klein und blass und werden nicht größer, wenn ich auch, wie Peeperkorn, nach Kräften versuche, die Augenbrauen heraufzuziehen. [...] Thomas Mann hat mich einmal auf seine Verantwortung den ›ungekrönten König der Republik‹ genannt, daraus ist ein Kaffeekönig geworden. Und wenn Peeperkorn eine ›sommersprossige Kapitänshand‹ zeigt, so ist zu erwägen, dass Kapitän eben auf deutsch Hauptmann heisst.«[69]

Bereits am 11. April 1925 bat Thomas Mann seinen Dichterkollegen mit folgenden Worten um Verzeihung:

»Lieber, großer, verehrter Gerhart Hauptmann,
[...]. Ich habe mich an Ihnen versündigt. Ich war in Not, wurde in Versuchung geführt und gab ihr nach. Die Not war künstlerisch: Ich trachtete nach einer Figur, die notwendig und kompositionell längst vorgesehen war, die ich aber nicht sah, nicht hörte, nicht besaß. Unruhig, besorgt und ratlos auf der Suche kam ich nach Bozen – und dort, beim Weine, bot sich mir an, unwissentlich, was ich, menschlich-persönlich gesehen, nie und nimmer hätte annehmen dürfen,

68 Thomas Mann: *Der Zauberberg*, Frankfurt a. M. (S. Fischer) 1999, S. 771 f.
69 Gerhart Hauptmann an Samuel Fischer, 4. Januar 1925, in: Wysling/Bernini 1995, S. 268 f.

was ich aber, in einem Zustande herabgesetzter menschlicher Zurechnungsfähigkeit, annahm, annehmen zu dürfen glaubte, [...]. [...]. Ich sage nicht, daß der Erfolg die Mittel heiligt. Aber waren diese Mittel, war der *Geist*, in dem ich mich jener menschlichen Aeußerlichkeiten bediente, infam, boshaft, lieblos, ehrfurchtslos? Lieber, verehrter Gerhart Hauptmann, das war er nicht!«[70]

Auch wenn die Korrespondenzen der Folgezeit schon bald von einem »Waffenstillstand« und einer Wiederaufnahme der alten freundschaftlichen Beziehungen künden, so hinterließ die Peeperkorn-Affäre doch nachhaltige Spuren im Leben wie im Werk beider Autoren. Zwar hieß es in einem undatierten, vermutlich Ende April 1925 verfassten Antworttelegramm von Hauptmann an Mann: »Fern allem Groll begrüße ich sie in alter Herzlichkeit«[71]. Und Thomas Mann berichtete seiner Tochter Erika am 7. Mai 1925 über die erste Wiederbegegnung mit Hauptmann in München am Tag zuvor: »Wir haben uns viel die Hände gedrückt, und alles ist wieder in der Reihe. Er ist ein so gutes Format, ich liebe ihn sehr.«[72] Und doch wirkte die Affäre Peeperkorn noch lange nach. Folgt man Johannes Guthmann, so habe Gerhart Hauptmann in Reaktion auf die Mann'sche Parodie gar »die Verunglimpfung seiner Art, sich mitzuteilen« zu ändern gesucht: »Es mag für den Sechziger keine Kleinigkeit gewesen sein, eine jahrzehntealte Gewohntheit umzuschulen und äußerlich einen anderen Menschen anzuziehen, wie er es damals in der Tat vollbracht hat.«[73] Und auch seinen Schriftstellerkollegen ließ die »Affäre Peeperkorn« nicht los. Noch »fünfundzwanzig Jahre später«, so Guthmann, habe Thomas Mann »im Appendix zum ›Doktor Faustus‹[74] das Bedürfnis empfunden, sich vor dem toten Gerhart Hauptmann zu rechtfertigen wegen all jener ›Ironisierungen‹, [...]. Ein Beweis, daß der Zwiespalt der Gefühle aus den Tagen des ›Zauberbergs‹ in ihm selber auch nicht völlig zur Ruhe gekommen ist.«[75]

Eng war die Bindung Gerhart Hauptmanns an Johannes Guthmann und Joachim Zimmermann. Der große Dichter und die »Gu-Zis«[76] – wie die von Hauptmann geprägte »Freundeschiffre« lautete – pflegten bis zu dessen Tod eine intensive freundschaftliche Beziehung.[77] Über die letzten Begegnungen im Haus Wiesenstein, dem von dem Dichter als »Schutzhülle meiner Seele«[78] bezeichneten Agnetendorfer Domizil, schrieb Joachim Zimmermann am 3. November 1947 in seinem Artikel *Letzte Gespräche mit Gerhart Hauptmann* für die Münchener *Neue Zeitung*:

---

70 Thomas Mann an Gerhart Hauptmann, 11. April 1925, in: Wysling/Bernini 1995, S. 207.
71 Zit. nach Wysling/Bernini 1995, S. 211.
72 Thomas Mann an Erika Mann, 7. Mai 1925, in: Wysling/Bernini 1995, S. 277.
73 Guthmann 1955, S. 418.
74 Guthmann meint hier Thomas Manns 1949 erschienene Schrift *Die Entstehung des Doktor Faustus*, ein von Mann als »Roman eines Romans« bezeichnetes Werk, das Autobiographisches und Selbstkommentare zu Manns 1947 erschienenem Roman *Doktor Faustus. Das Leben des deutschen Tonsetzers Adrian Leverkühn erzählt von einem Freunde* enthält.
75 Guthmann 1955, S. 418.
76 Ebd., S. 403.
77 Nach 1946 lebten Johannes Guthmann und Joachim Zimmermann zunächst temporär und ab Ende 1951 dauerhaft in einem Sanatorium im oberbayrischen Ebenhausen-Schäftlarn, in dem auch die zweite Ehefrau Gerhart Hauptmanns Margarete Hauptmann, geb. Marschalk (1875–1957) ihren Lebensabend verbrachte. [Vgl. Owesle 2014, S. 71].
78 Gerhart Hauptmann's letzter Lebensabschnitt bis zur Beisetzung auf Hiddensee, 11 Seiten, maschinenschriftliches Dokument, S. 2. [Staatsbibliothek zu Berlin – Preußischer Kulturbesitz, Nachlass Maxa Mück].

»Wie oft in diesen vielen Jahrzehnten waren wir unten am Gebirge entlang den ›Leiterweg‹ durch den einsamen, hier und da durch Lichtungen unterbrochenen Fichtenwald nach Agnetendorf gewandert. Immer erregtesten Gemütes, besonders auf dem Rückweg geradezu souveränen Geistes, der Alltäglichkeit enthoben. Immer war es eine freiere Atmosphäre, in die man auf dem ›Wiesenstein‹, dem Hause Hauptmanns, entrückt wurde. Worüber man dort auch sprach, der Wert, der Reiz des Gesprächs lag, wie beim Kunstwerk, mehr im Wie als im Was. […]. Im offenen Sonnenfenster funkelte eine Karaffe in rotem Burgunder. […]. […] die Gläser kamen. ›Auf unsere – was heißt Freundschaft? Auf unsere Welt- und Lebensgemeinschaft!‹«[79]

Und anlässlich seines letzten Besuches bei dem Dichter im Mai 1946 erinnert sich Johannes Guthmann früherer Begegnungen:

»Er hielt ein Glas Cognac mit Mineralwasser in seinen Händen, das Glas ›Pjolter‹, das ich einst als halbwüchsiger Junge in den Händen des alten Ibsen gesehen und von dem ich Hauptmann wiederholt erzählt hatte. Er wies auf sein Glas, um mir zu bedeuten, daß er dies Bild meiner Erinnerung nicht vergessen habe. Und er kam noch einmal auf das große Vorbild meiner Jugend zu sprechen, dessen Werke er sich gerade in diesen letzten Lebenstagen immer wieder vergegenwärtigt habe. Henrik Ibsen – das war nun vierundfünfzig meiner eigenen Jahre her. Und noch drei Jahre zurück die Enttäuschung meiner armen Mutter über den erhofften Vorfrühling deutscher Poesie und ihr mit letzter Lebenskraft dem Erstlingswerk Gerhart Hauptmanns entgegengeschleudertes ›Nein‹! Und kurz darauf in noch so jungen Jahren ihr unaufhaltsam vorbestimmter Tod. Und nun Gerhart Hauptmann! Ich fühlte, daß ich ihn niemals wiedersehen würde.«[80]

Am 6. Juni 1946 starb Gerhart Hauptmann. Er blieb noch bis zum 19. Juli 1946 auf dem Wiesenstein. Sein Sarg wurde im unteren Arbeitszimmer seines Hauses aufgestellt, bis das Einverständnis der polnischen Miliz erwirkt war und Hauptmanns Leichnam nach Hiddensee überführt werden konnte.[81] Guthmann und Zimmermann sollten »als die ältesten Freunde im Lande […] den Toten geleiten«[82], was durch den schlechten Gesundheitszustand Zimmermanns schließlich vereitelt wurde. Am 14. Juni 1946 war Johannes Guthmann das letzte Mal in Hauptmanns Haus. Der letzte Besuch auf dem Wiesenstein nimmt sich in Guthmanns Schilderung wie die

79 Joachim Zimmermann: *Letzte Gespräche mit Gerhart Hauptmann*, in: *Die Neue Zeitung*, München, 3. November 1947.
80 Guthmann 1955, S. 454.
81 Gerhart Hauptmann's letzter Lebensabschnitt bis zur Beisetzung auf Hiddensee, 11 Seiten, maschinenschriftliches Dokument, S. 6 [Staatsbibliothek zu Berlin – Preußischer Kulturbesitz, Nachlass Maxa Mück].
82 Guthmann 1955, S. 456.

Schlusssequenz einer antiken Theateraufführung aus – Zeit und Raum heben sich für Johannes Guthmann im Abschied von Gerhart Hauptmann auf:

»Wir begaben uns zu Tisch, nicht dem gewohnten behäbigen, alten Eßtisch, der seinen Herrn verloren und ausgedient hatte, sondern zum kleinen Teetisch im Saal vor dem breitmächtigen Kamin. Man setzte sich. Wir schwiegen. Da erhob sich Frau Margarete, erhoben wir andern uns, und mit uns, wie zum Schluß einer antiken Tragödie, lautlos ein aus allen Wänden und Winkeln des erinnerungsreichen Totenhauses schattenhaft hervortretender Chor. Und wortlos hob die Blinde das breite Kristallglas edlen Weines, suchte unsere Blicke und trank es [...] in seinem Sinne langsam und gedankenvoll aus. [...]. Mir war, als sähe nun auch ich unsern Toten, dessen geisterhafte Nähe ihre Imagination längst gespürt haben mochte, leise hinter Frau Margarete treten, ihr die goldene Neige so ungewohnter Weinspende lächelnd aus der Hand nehmen und sie dankbar empor zu den Göttern droben im Licht erheben.«[83]

Guthmann spielt hier auf *Hyperions Schicksalslied* an, ein Gedicht von Friedrich Hölderlin, das Teil des zweiten, 1799 publizierten Bandes seines Briefromans *Hyperion oder Der Eremit in Griechenland* ist und in dem es in der ersten Strophe heißt: »Ihr wandelt droben im Licht / Auf weichem Boden, selige Genien!«[84] Ob Guthmann mit dieser Anspielung auch sein eigenes Schicksal im Sinn gehabt haben mag? In der letzten Strophe jedenfalls heißt es:

»Doch uns ist gegeben,
Auf keiner Stätte zu ruhn,
Es schwinden, es fallen
Die leidenden Menschen
Blindlings von einer
Stunde zur andern,
Wie Wasser von Klippe
Zu Klippe geworfen,
Jahr lang ins Ungewisse hinab.«[85]

Bald, nachdem der Hauptmann-Transport am 20. Juli 1946 gen Westen rollte, mussten auch Guthmann und Zimmermann Schlesien verlassen.

[83] Ebd., S. 460.
[84] Friedrich Hölderlin: *Hyperion oder der Eremit in Griechenland*, Stuttgart (Reclam), 1993, S. 160. Vgl. auch die Liedvertonung für Singstimme mit Klavier von Conrad Ansorge: *Hyperions Schicksalslied (Hölderlin)*, op. 30 Lieder (1924/29), Nr. 5. [Rathgeber/Heitler/Schwartz 2017, S. 672].
[85] Friedrich Hölderlin: *Hyperion oder der Eremit in Griechenland*, Stuttgart (Reclam), 1993, S. 160.

»Wenn ich rauche, gibt es keinen Waldbrand!«

Walther Rathenau in Neu-Cladow

Wenn wir uns in den vorangegangenen Kapiteln bereits einer stattlichen Reihe illustrer Gäste gewidmet haben, die sich in Haus und Park, sommers auf der Terrasse, winters im Musiksaal um den Spiritus Rector von Neu-Cladow, den Kunsthistoriker und Schriftsteller Johannes Guthmann, scharten und das kulturelle und geistige Leben Neu-Cladows prägten, so wollen wir uns nun der zweifellos facettenreichsten Persönlichkeit unter ihnen zuwenden: dem Industriellen und Politiker, dem Publizisten und Philosophen Walther Rathenau (1867–1922). Ihn und seine Leistung würdigte sein Freund Gerhart Hauptmann anlässlich von Rathenaus fünfzigstem Geburtstag mit den Worten: »[…] es gibt Männer, die einmalig sind und für das Wohl eines Volkes mehr bedeuten können als tausend andere. Zu diesen zähle ich Walther Rathenau.«[1]

Diese Einmaligkeit war ihm nicht in die Wiege gelegt worden. Sich seine Besonderheit zu erarbeiten, war vielmehr eine Aufgabe, der sich Walther Rathenau ein Leben lang widmete. Sie forderte ihren Tribut. Sie hatte ihren Preis.

Der norwegische Maler Edvard Munch (1863–1944) hat Walther Rathenau 1907 gleich zwei Mal porträtiert.[2]

In selbstbewusster Pose lässt ihn Munch in beiden Fassungen direkten Blickkontakt mit dem Betrachter aufnehmen, der sofort gewahr wird, dass ihm hier ein bedeutender Mann gegenübersteht. Mit nonchalanter Geste steckt die linke Hand des Porträtierten in der Tasche seiner Anzughose, während seine Rechte das obligatorische Rauchwerk hält. Dabei ist auf der Berliner Fassung des Gemäldes im Hintergrund Rathenaus ein Schatten zu sehen, über dessen Bedeutung sich diskutieren lässt, der jedoch wohl in

Walther Rathenau, 1921

1 Gerhart Hauptmann: *Walther Rathenau. Zum fünfzigsten Geburtstag*, in: *Neue Freie Presse*, Nr. 19075, Morgenblatt, 29. September 1917.
2 Edvard Munch: Porträt Walther Rathenau (1907), Öl/Lwd., 200 x 110 cm, Berlin, Stiftung Stadtmuseum, Inv.-Nr. VII 93/53 x; Edvard Munch: Porträt Walther Rathenau (1907), Öl/Lwd., 220 x 110 cm, Bergen, Rasmus Meyer Collection.

erster Linie darauf verweist, dass die undurchdringliche Fassade des Porträtierten Abgründe verbirgt. Diese Doppelbödigkeit von Rathenaus Natur beleuchtet Johannes Guthmann in einer mit Ironie gesättigten Charakterstudie, der ein eigenes Kapitel seiner Lebenserinnerungen gewidmet ist und die von Guthmanns ebenso scharfsichtiger wie feinsinniger Beobachtungsgabe kündet, wenn er Rathenaus Persönlichkeit durch die Beschreibung seines Verhaltens dekuvriert und damit hinter die Kulissen jenes makellosen Bildes blickt, das Walther Rathenau zeitlebens nicht müde wurde, von sich zu entwerfen:

> »[...] auf den glänzenden Abendgesellschaften in Berlin war stets klar, wer der prominenteste Gast war, denn Rathenau, hochgewachsen, sicheren Auftretens, in tadellos sitzendem Frack, hatte die jeweilige Zelebrität bei der Begrüßung sofort um die Schulter gefaßt und unter den Kronleuchter gezogen, um mit ihr inmitten der misera plebs die ernstesten Fragen sichtbarlich zu behandeln und zu lösen. Kein Lächeln – das Lächeln stand ihm nicht, geschweige denn das Lachen – glitt da über seine ernsten Züge.«[3]

In den pulsierenden ersten beiden Dekaden nach der Jahrhundertwende war Walther Rathenau eine der einflussreichsten Persönlichkeiten des Berliner Kultur- und Geisteslebens. Und er war sich dessen auch vollauf bewusst. Selbstsicher bewegte sich Rathenau auf dem gesellschaftlichen Parkett, auf dem er in jeder Situation sein Gesicht zu wahren verstand. So ist wohl keine Fotografie bekannt, auf dem Rathenau uns mit gelöstem Gesichtsausdruck entgegen lächelt. Stets scheint jegliche seiner Nervenfasern aufs Äußerste gespannt zu sein und es entspricht dies dem Bild des ehrgeizigen, fleißigen und pflichtbewussten Menschen, der er zu sein strebte. Schon früh entwarf Rathenau ein Bild von sich, das er zeitlebens zu vervollkommen suchte.

Es war dies das Resultat der Notwendigkeit, sich in Zeiten eines epochalen Umbruchs aller Lebensverhältnisse zu behaupten – sich gegenüber der Generation der Väter abzugrenzen und ein eigenes Leben zu entwerfen. Dies war für Walther Rathenau weniger leicht als für andere. Zu vielfältig waren seine Interessen und Begabungen. So stellte er der schwedischen Ausgabe seiner 1917 erschienenen Schrift *Von kommenden Dingen* einen biographischen Abriss voran, in dem er zum Thema seiner »Berufswahl« schreibt: »Schwanken zwischen Malerei, Literatur und Naturwissenschaft.

[3] Guthmann 1955, S. 223.

Entscheidung für Physik, Mathematik und Chemie als Grundlagen neuzeitlicher Wissenschaft und Technik.«[4]

Am 29. September 1867 in Berlin geboren, wuchs Walther Rathenau in turbulenten Zeiten auf. Politik, Wirtschaft, Kultur und Gesellschaft unterlagen nach der Reichseinigung 1871 einer völligen Umwälzung. Dabei jagte auch eine Erfindung, die das Leben angenehmer und schöner machte, die nächste. Einen erheblichen Anteil an dieser Entwicklung hatte der Vater Walther Rathenaus. Nachdem er das deutsche Patent für die Kohlefadenglühlampe erworben hatte, begründete der Maschinenbauingenieur und Unternehmer Emil Rathenau (1838–1915) 1883 die »Deutsche Edison Gesellschaft für angewandte Elektricität AG« in Berlin. Aus ihr ging vier Jahre später – 1887 – die »Allgemeine Electricitäts-Gesellschaft« (AEG) hervor, die 1910 eines der weltweit größten Unternehmen der Branche mit rund 70.000 Beschäftigten war und über annähernd 150 Millionen Mark Aktienkapital verfügte.[5]

Ganz im Sinne der Familientradition studierte Walther Rathenau nach seinem Abitur 1885 Physik und Chemie in Berlin und Straßburg, darüber hinaus jedoch auch Philosophie.[6] Ob die Lichtreflexe im Hintergrund des zweiten, heute in Norwegen befindlichen Rathenau-Porträts auf das Thema seiner Doktorarbeit *Die Absorption des Lichts in Metallen* verweist, mit der er 1889 in Berlin bei dem Physiker August Kundt promoviert wurde[7], mag zur Diskussion gestellt werden – metallisch schimmern die Lichter jedenfalls, die sich auf der Tür im Bildhintergrund widerspiegeln. Oder ist es Rathenaus schillernde Erscheinung auf dem gesellschaftlichen Parkett und dessen glänzende Karriere, die Munch hier symbolisch einfängt … ?

Früh schon versuchte Rathenau sich der Omnipräsenz seines Vaters zu entziehen. Eine Laufbahn als Offizier, die er nach Ableistung seines Militärdienstes als Einjährig-Freiwilliger Garde-Kürassier 1890/91 anstrebte, blieb ihm jedoch aufgrund seiner jüdischen Abstammung verwehrt.[8] Zeitlebens setzte sich Rathenau mit seinem Judentum auseinander. 1897 erschien sein Aufsatz »Höre Israel!« in der Zeitschrift *Die Zukunft*. Hierin forderte er die Assimilation: Die Juden sollten, wie er schrieb »durch formale und inhaltliche Selbsterziehung all das ablegen, was sie als Juden identifizierbar mache und was ihre Umwelt veranlasse, sie als Fremdkörper zu empfinden.«[9] – Damit sprach Walther Rathenau das aus, was ihn im Innersten bewegte. 1911 schrieb er in seiner Schrift *Staat und Judentum*:

Edvard Munch: *Bildnis Walther Rathenau*, 1907

4 Zit. nach Gall 2009, S. 50.
5 Vgl. ebd., S. 48 ff.
6 Vgl. ebd., S. 48.
7 Vgl. ebd., S. 51.
8 Vgl. ebd., S. 52 f.
9 Zit. nach ebd., S. 62.

»In den Jugendjahren eines jeden deutschen Juden gibt es einen schmerzlichen Augenblick, an den er sich zeitlebens erinnert: Wenn ihm zum ersten Male voll bewußt wird, daß er als Bürger zweiter Klasse in die Welt getreten ist und keine Tüchtigkeit und kein Verdienst ihn aus dieser Lage befreien kann.«[10]

Ein Medium der Selbstvergewisserung und eine weitere Option, sich vom Schatten seines Vaters zu befreien, schien Rathenau die künstlerische Laufbahn. Schon während seines Studiums suchte er sich als Schriftsteller zu profilieren und verfasste während seiner Straßburger Studienzeit das naturalistische Theaterstück *Blanche Trocard*, das er drucken ließ und dem Stadttheater in Frankfurt am Main anbot, von diesem jedoch abgelehnt wurde. Und auch wenn seine Mutter – ähnlich übrigens wie die Mutter Johannes Guthmanns – die Liebe ihres Sohnes zu Theater und Literatur unterstützte, so schlug er schließlich doch die ihm eigentlich zugedachte Karriere ein.[11] Im Gegensatz zu einer Laufbahn als Künstler bedeutete selbige finanzielle Unabhängigkeit. Zwischen 1893 und 1898 war Walther Rathenau Geschäftsführer der von der AEG gegründeten Elektrochemischen Werke in Bitterfeld und bekleidete seit 1899 leitende Positionen in der AEG – zunächst als Mitglied des Vorstandes und seit 1904 als Mitglied des Aufsichtsrates. 1912 wurde Rathenau dessen Vorsitzender.[12] Nach und nach vereinigte er rund achtzig Aufsichtsratsposten auf sich und wurde entsprechend auch der »Aufsichtsrathenau« genannt.[13]

Johannes Guthmann lernte Walther Rathenau 1895 auf einem Sommerfest bei dem jüdischen Unternehmer und Kunstsammler Oscar Huldschinsky (1846–1931) kennen[14] und es kann dabei als Ort des Geschehens wohl Huldschinskys Anwesen in der heutigen Straße Am Sandwerder 33–35 in Wannsee angenommen werden. Hier hatte sich der jüdische Unternehmer 1890/1891 eine prächtige Villa im Stil der Hochrenaissance nach Plänen der Berliner Architektensozietät Kayser und von Groszheim inmitten eines ausgedehnten Parks errichten lassen.[15] Die Ausführung lag in den Händen der Baufirma von Robert Guthmann, dessen eigene Villa sich nur ein paar Häuser weit entfernt befand: Am Sandwerder 5 – der damaligen Friedrich-Karl-Straße 29. Es war jedoch keine Liebe auf den ersten Blick zwischen dem bereits arrivierten Rathenau und dem jungen Johannes Guthmann, wie dieser uns berichtet:

10 Zit. nach ebd., S. 53.
11 Vgl. ebd., S. 54.
12 Vgl. ebd., S. 59 f. u. 131.
13 Vgl. Wolfgang Michalka: Rathenaus blockierter Weg in die Politik, in: Sven Brömsel, Patrick Küppers, Clemens Reichhold (Hgg.): *Walther Rathenau. Im Netzwerk der Moderne*, Berlin [u.a.] 2014, S. 199–223, hier: S. 199; Gall 2009, S. 133.
14 Vgl. Guthmann 1955, S. 233.
15 Huldschinskys Stadtpalais befand sich ab 1894 in der Matthäikirchstraße 3 a und war ebenfalls von Kayser & von Groszheim errichtet worden.

»Als grasgrünes Jüngelchen hatte ich auf einem Sommerfest des oberschlesischen Großindustriellen Huldschinsky den Doktor Walther Rathenau, den Sohn des Begründers der Allgemeinen Elektrizitäts-Gesellschaft, kennengelernt, vielmehr *nicht* kennengelernt, denn obwohl an meinem Tischchen der Platz für ihn bestimmt war, sprach er kein Wort mit mir, ja, er war wohl indigniert über eine so glanzlose Nachbarschaft und behandelte mich demgemäß. Ich lernte also, wenn nicht ihn, so immerhin seine Eitelkeit kennen und damit einen Zug seines Wesens, dessen erzieherische Bedeutung für ihn selbst ich erst später einsehen sollte. Sind doch meistens die Schattenseiten außergewöhnlicher Persönlichkeiten so bezeichnend für sie wie ihre Aureolen.«[16]

Erst zur Jahreswende 1909/10 nahm Rathenau Guthmann angelegentlich eines Zusammentreffens im Berliner Restaurant *Borchardt*[17] bewusst wahr:

»Im Winter 1909/10, als es sich herumzusprechen begann, was der auf den großen Soireen oft so verlorene junge Guthmann in seinem bei aller Anspruchslosigkeit so anspruchsvollen Neu-Cladow plante, begann Rathenau auch meiner gewahr zu werden. Eines Abends bei Borchardt sahen Jochen und ich Felix Deutsch, unsern alten Freund, und Rathenau einige Tische entfernt Platz nehmen und sichtlich alsbald über uns reden. Dann erhoben sie sich, und Deutsch trat an uns heran, um uns bekannt zu machen. Unnötiger Aufwand: Leute wie Rathenau kannte man doch! Von diesem Augenblick an zeichnete er mich, respektive uns mit zunehmender Aufmerksamkeit aus, ja unsere Beziehungen bekamen etwas – das Wort nicht gar zu wörtlich genommen – Freundschaftliches. Er mochte uns zwei unvoreingenommenen, empfänglichen, enthusiastischen, leider nur jeglichen Ehrgeizes baren Burschen offenbar gern. Er, der verantwortungsbewußte Sohn eines bedeutenden Vaters, der Aufsichtsrat in, wie er selber hervorhob, fünfundsiebzig Aktiengesellschaften, einer der oberen Zehn oder Zwanzig, die, allnächtlich im Schlafwagen ihre Schriftenbündel studierend, am Tage auf europäischen Konferenzen die Geschicke des Wirtschaftslebens lenken. Und nicht nur dieses; am Ende einer, vielleicht der einzige, dem bei alledem sein Kulturgewissen schlug und der in seinem wohlgeordneten Kopfe um alles wußte, was da Philosophie, Kunst und ein höheres ideelles Dasein hieß. Vielleicht nicht ebenso in seinem Herzen, das er, um immer klar zu sein, ein für allemal ausgeschaltet haben mochte.«[18]

[16] Guthmann 1955, S. 222 f.
[17] 1853 von August F. W. Borchardt gegründetes Restaurant in der Französischen Straße.
[18] Guthmann 1955, S. 223 f.

Es mag die charakterbedingte Distanz zwischen dem sensiblen Schöngeist Guthmann und dem ehrgeizigen Verstandesmenschen Rathenau gewesen sein, die dafür verantwortlich zeichnet, dass es Johannes Guthmann gelang, das Wesen Walther Rathenaus ebenso einfühlsam wie auch mit ironischem Blick auf dessen Umtriebe besonders prägnant zu erfassen. Dass Guthmann und Rathenau zur selben Zeit frühklassizistische Häuser zu modernen Musenhöfen umgestalten ließen, mag dem Umstand zuträglich gewesen sein, dass Rathenau sich Johannes Guthmann ab etwa 1910 zuwandte. War im Herbst 1909 in Neu-Cladow mit Umgestaltungsmaßnahmen des weitläufigen Gutsparks begonnen worden, denen Modernisierungsmaßnahmen des mutmaßlich auf David Gilly (1748–1808) zurückgehenden Gutshauses folgten, so verfuhr Walther Rathenau im märkischen Bad Freienwalde ähnlich. Im September 1909 hatte er die 1798/99 von David Gilly für Friederike Luise, die Witwe Friedrich Wilhelms II., errichtete Sommerresidenz aus hohenzollernschem Besitz erworben und ließ das märkische Schlösschen mit seinem von Peter Joseph Lenné 1822 umgestalteten Garten nach fast einhundertjährigem praktischen Leerstand restaurieren und teilweise umbauen.[19] Wie Neu-Cladow erhielt Freienwalde im Zuge dieser Arbeiten auch eine vorgelagerte halbrunde Terrasse unter einem säulengestützten Altan, deren Gestalt von Johannes Guthmann als »etwas massig«[20] empfunden wurde. Tatsächlich bildet die Freienwalder Terrasse keine ebensolch elegante Einheit mit dem frühklassizistischen Baukörper wie die Schultze-Naumburg'sche Terrasse in Neu-Cladow, wenngleich die stilistischen Gemeinsamkeiten überwiegen.

Ähnlich wie Neu-Cladow für Johannes Guthmann war Bad Freienwalde für Walther Rathenau ein ideales Refugium, um seinen schriftstellerischen und künstlerischen Neigungen nachzugehen. Hier entstanden Ansichten von Park und Schloss, die Rathenau – inspiriert wohl auch durch das künstlerische Vorbild seines Onkels zweiten Grades, Max Liebermann, – selbst malte und zeichnete.[21] Und hier entstanden wichtige kulturkritische und gesellschaftspolitische Schriften, in denen Rathenau scharf- und hellsichtig die Erscheinungen seiner Zeit diagnostiziert und analysiert und sich mit den kulturellen und gesellschaftlichen Auswirkungen der Industrialisierung auseinandersetzt. Es sind insbesondere seine kulturkritischen Schriften, wie beispielsweise *Zur Kritik der Zeit* (1912) oder *Zur Mechanik des Geistes* (1913), in denen sich Walther Ra-

19 Vgl. Gall 2009, S. 146.
20 Guthmann 1955, S. 228.
21 Vgl. Pucks 1997, S. 83f. Max Liebermann war der Cousin des Vaters von Walther Rathenau, daher wird Max Liebermann bisweilen auch umgangssprachlich als »Großcousin« Walther Rathenaus bezeichnet. [vgl. bspw. Regina Scheer: *Wir sind die Liebermanns. Die Geschichte einer Familie*, Berlin ⁵2011, S. 276].

thenau als Vertreter jenes »neuen Bürgertums«[22] zu erkennen gibt, das sich dem Ideal einer Erneuerung der Kultur als Vehikel zum Transport einer grundlegenden Gesellschaftsreform verschrieb. Anknüpfend an den Bildungsidealismus der bürgerlichen Bewegung um 1800 war die Leitidee des »neuen Bürgertums« der »gebildete Mensch«[23], mit dessen geistiger Selbständigkeit und Unabhängigkeit man die Vision einer gesellschaftlichen Erneuerung verband. Weit über bloßes Wissen hinausgehend, meinte Bildung in diesem Kontext »eine bestimmte Geisteshaltung, einen bestimmten Lebensstil und eine bestimmte Lebensform, die Hinwendung zu und das Verwurzeltsein in den Sphären von Kultur, Geisteswelt und Kunst, aber auch allgemeine Formen des Umgangs, der sprachlichen Artikulationsfähigkeit«[24].

Bedeuteten Neu-Cladow und Freienwalde für Guthmann und Rathenau jeweils Orte der Rekreation und des kreativen Schaffens, so bestanden hinsichtlich des Lebensstils der Guts- und Schlossherren doch signifikante Unterschiede: Während Walther Rathenau sein Freienwalder Besitztum mit originalen Möbeln ausstatten ließ, die er von der Kaiserlichen Hofkammer übernahm[25] oder Fehlendes nach originalen Vorbildern anfertigen ließ, wählte Johannes Guthmann für die Einrichtung Neu-Cladows modernes Mobiliar und bevorzugte dabei die Arbeiten des schwedischen Architekten Alfred Grenander, die sich durch eine Synthese von Biedermeier, Rokoko und Jugendstil auszeichneten:

> »Rathenau verübelte mir [...], daß ich den schönen Gillyschen Bau in Neu-Cladow nicht mit echten alten Möbeln der Zeit um 1800 ausgestattet und nicht neben das originale Paretz der Königin Luise ein zweites gestellt hatte, wie er selber es in seinem ehemals königlichen Schloß in Freienwalde gehalten. In den historischen Stilgleisen jener Jahrzehnte geübt, hatte er in dem weitläufigen Theaterbau von Langhans in Charlottenburg, der allmählich zum Möbelspeicher der königlichen Schlösser geworden war, alle Stücke, die einst für Freienwalde angefertigt worden waren, wieder herausgefunden und als sein Eigentum in Anspruch genommen. Mit Argusaugen wachte er darüber, daß jedes Stück haarscharf an seinem Platze stand. Die Vorhänge, wie [Felix] Deutsch uns einmal halb im Respekt, halb voller Bosheit anvertraute, wurden von ihm selber täglich fächerförmig auf dem Fußboden ausgerichtet, in jedem Augenblick des dokumentatorischen Photographen gewärtig.«[26]

22 Zum »neuen Bürgertum« vgl. Gall 2009, S. 11–34.
23 Zum Begriff des »gebildeten Menschen«, vgl. Gall 2009, S. 20–23.
24 Gall 2009, S. 20.
25 Vgl. Reinhard Schmook: *Schloss Bad Freienwalde*, in: Sibylle Badstübner-Gröger/»Freundeskreis Schlösser und Gärten der Mark« in der Deutschen Gesellschaft e. V. (Hgg.): *Freienwalde*, Berlin 1996, S. 1–17, hier: S. 12.
26 Guthmann 1955, S. 228.

Im Gegensatz zu Rathenaus Freienwalde zeichnete sich das Neu-Cladow Johannes Guthmanns durch eine wesentlich ungezwungenere und somit für Gäste wie Gastgeber gemütlichere Atmosphäre aus, wie folgende Erzählung eindrücklich deutlich macht, in der uns Guthmann an seiner und Zimmermanns Einladung zu einem sonntäglichen Frühstück in die märkische Sommerresidenz des »Herrn von Freienwalde«[27] teilhaben lässt. Anlass war Rathenaus Auszeichnung mit dem »Großkreuz des Ordens ›Voor Verdeenst‹«[28] durch den Gesandten des niederländischen Königshauses:

> »Die Fahrt, die erste Reise im eigenen Auto, war lähmend heiß, der brave Dasch, unser Chauffeur, mit seinem niederbayerischen Stiernacken im Begriff schlapp zu machen. Es war keine Kleinigkeit, um Schlag zwölf in den ersehnten Schatten des Parks einzurollen. [...]. Leider nur versagte sich der Gastgeber von Freienwalde selber unserer so gut gemeinten Höflichkeit. Er wandelte, uns andere scheinbar nicht gewahr werdend, auf seine Art um die Hauptperson, den Niederländischen Gesandten, bemüht, so nah, so fern dahin, offenbar in tiefste Fragen verwickelt. Es sah sehr wichtig aus. Man wagte nicht zu stören. Dafür bot sich reichlich Gelegenheit, Blick und Ehrfurcht auf die alt-neue Pracht der Gemächer, die einst einer Königin geschmeichelt hatten, zu werfen. In der Tat, da standen sie, die Sachen, wie bei Bernheimer[29] in München. Jedes einzelne Stück à jour gefaßt und immer das Eleganteste von allem. Walther Rathenau, der Oberdekorateur, konnte sich sehen lassen. [...]. Das Mahl verlief, wenn auch mit der seit Wilhelm II. beliebten Geschwindigkeit, den Umständen entsprechend recht würdig. Eine allgemeine Unterhaltung am runden Tisch, um den wir etwas steif wie die Randblüten einer aufbrechenden Skabiose[30] saßen – nicht, daß ich wüßte!«[31]

Und auch in freier Natur löste sich die eher förmliche Atmosphäre der Freienwalder Tafelrunde nicht in Ungezwungenheit auf:

> »Man schritt hinaus in den Park. Man durchwandelte ihn des langen und immer längeren bei unerträglicher Sommerschwüle. Man deutete, um den unerbittlichen Meister seiner Schöpfung zu veranlassen, die Promenade abzukürzen, auf die Gewitterwolken, die drohend aufstiegen. [...] Ein Gewitter? Er nahm es als Stichwort zu einem interessanten Vortrag über die Eigentümlichkeiten des Geländes, das alle Gewitter zwang, um die Hügelgruppe hier einen Umweg zu

27 Ebd., S. 233.
28 Ebd.
29 1864 gegründete Kunst- und Antiquitätenhandlung in München.
30 Pflanzengattung in der Unterfamilie der Kardengewächse innerhalb der Familie der Geißblattgewächse.
31 Guthmann 1955, S. 231 ff.

nehmen. Respektvoll blickte man von stattlicher Höhe auf die imponierende Weite des Oderbruchs hinab, Theodor Fontanes Oderbruch. Aber traue einer dem Gewitter: ein plötzlicher Blitz – Donner – Kladderadatsch und Wolkenbruch – und eine tolle Flucht der Sommertoiletten! Im Nu alles aufgeweicht, die hübschen Kleider wie die Parkwege! Aber jeder Qual folgt ihr Ausgleich. Das war jedenfalls unser Gefühl, als wir hernach im abklingenden Unwetter die erholsame Rückfahrt im offenen Auto nach Berlin antraten, mitsamt unserem neuen Gaste, Seiner Exzellenz dem Gesandten, einem zurückhaltenden älteren Herrn, der, nach so viel offiziellem Sichgeradehalten wieder auflebend, sich als ein reizender Mensch erwies, ja eigentlich als ein ganz gewöhnliches Menschenkind – wie unsereiner.«[32]

Wenn Walther Rathenau in der »Zwanglosigkeit von Neu-Cladow« ein »ihm unbekanntes Glücksgefühl«[33] erfuhr, wie Guthmann schreibt, so ist dies nicht allein dem Ort geschuldet, sondern vielmehr auch seinem Spiritus Rector, Johannes Guthmann, der eine bewusst gastfreundliche, ungezwungene Atmosphäre zu schaffen bestrebt war, die seinen Gäste noch nach Jahrzehnten in Erinnerung geblieben ist.[34] Doch selbst die geselligen Neu-Cladower Tischrunden nutzte Rathenau, um sich zu seinen Gunsten in Szene zu setzen. So zum Beispiel, wenn er danach verlangte, die nächtliche Tafelrunde von der Terrasse zum Pavillon zu verlagern, der sich ihm als willkommene Bühne zur Selbstinszenierung darbot. So jedenfalls lesen sich jene Zeilen in Guthmanns Lebenserinnerungen, in denen er schreibt:

> »Die Abende nach Tisch auf der weiten Terrasse bis tief in die Nacht zu verlängern, war uns eine geliebte Gewohnheit geworden. Solch behagliches after dinner mochte nicht nach dem Geschmack unseres Gastes sein, und er wußte seinem Begehren nach der Slevogtei Geltung zu verschaffen. Aber die malerischen Capriccios der Wanddekorationen waren zu so später Stunde schlafen gegangen, die reizende, aber nachtblinde kleine Lokalität lud nicht zum Sitzen drinnen ein. Man postierte sich also davor in die Nacht, stellte ein paar trübe Windlichter auf und saß so gewissermaßen auf einer Bühne, deren Kulissenumbau nicht fertig geworden war, immerhin auf einer Bühne, für das nichtvorhandene Publikum vielleicht effektvoll, aber für uns steif und fremd. Conrad Ansorge hatte sein Fläschchen Saarwein bei sich – und schwieg. Walther Rathenau führte das große Wort. Sozusagen allein, auf einem schweren

32 Ebd., S. 234.
33 Ebd., S. 222.
34 Vgl. u. a. Goetz 1927; Goetz 1955; Goetz 1964; Sievers 1966.

Schultze-Naumburgschen Gartensessel thronend wie ein Pharaonenbild unter dem nächtlichen Himmelszelt, fand er sich an seinem Platze: ›tiefsinnig und erhaben‹ wie Goethe an jenem heißen Sonntag nach Tisch, als ihm die Gräfin Egloffstein [...] ungelegen kam. Rathenau natürlich nicht in Hemdsärmeln, wie sich der Olympische das wohl erlaubte, sondern à quatre épingles, wie er immer war.[35] Plötzlich unterbrach er sich und wies mit großer Gebärde zu einem der Millionen Himmelslichter empor: ›Was für ein Stern ist das? – Unter dem Arkturus rechts -? – Ich dachte, Sie wüßten das.‹ – Ich fühlte mich klein werden wie einst in der Schule. Dann belehrte er uns und heftete die goldenen Lineamente seiner Gedankenwelt ans strahlende Firmament, die Gesetze seiner eigenen Brust denen der Ewigkeit dort oben verbindend, bis ihn sein Auto durch die schönste aller Sommernächte entführte.«[36]

Das Porträt, das Guthmann hier von Walther Rathenau zeichnet, illustriert pointiert, was Stefan Zweig in einer Besprechung von Rathenaus Schrift *Kritik der Zeit*[37] als dessen »heroischer Lebensversuch« erschien, in einer »spezialisierten Zeit noch enzyklopädisch zu bleiben«[38]. Umfassend war jedoch nicht nur das Wissen Walther Rathenaus. »Enzyklopädisch« waren auch seine Interessen, wie Johannes Guthmann uns anschaulich zu schildern weiß:

»Mehrmals sagte Rathenau, der in seiner nie rastenden Arbeitswut nicht Tage zuvor gleich anderen Sterblichen eingeladen werden konnte, sich selber in Neu-Cladow zu Tische an. Haus und Park, alles besah er eindringlich und verständnisvoll. ›Man muß alles selber machen können‹, resümierte er in offenbar einschränkendem Sinne, ›bauen, malen, Gärten anlegen und halten.‹ Es waren, ohne daß er sich dessen bewußt zu sein schien, die coburgisch-englischen Lebensregeln der Kaiserin Friedrich, nach denen sie ihren hochbegabten Ältesten[39] zum Universal-Dilettanten erzogen hatte. So baute Rathenau, allerdings unter klüglicher Zuhilfenahme von Gabriel von Seidel[40], sich und seinem Vater die Häuser in Berlin und Grunewald, so die etwas massige Terrasse am Schloß in Freienwalde, auch die Villa Deutsch in Schreiberhau mit ihrem hübsch wie ein Blumenkorb geformten Eßzimmer und malte sich die gewünschten Wandfriese selbst dazu.«[41]

1910 hatte Rathenau auch sein Wohnhaus in der Königsallee 65 in Grunewald als zweigeschossige Villa im Stil der Goethezeit erbauen las-

---

35 Die Sentenz bezieht sich auf eine Unterhaltung des Kanzlers Friedrich von Müller mit Johann Wolfgang von Goethe 1824. Hier heißt es: »Am Pfingsttage, 6. Juni besuchte ich ihn Nachmittags nach Hoftafel. Er saß im Hemdeärmel und trank mit Riemer. ›Ersteres war Ursache, daß er Gräfin Line Egloffstein nicht annahm. Sie möge doch, sagte er zu Ottilien, des Abends zu mir kommen, nicht wenn Freunde da sind, mit denen ich tiefsinnig oder erhaben bin.‹« [C. A. H. Burkhardt: Goethes Unterhaltungen mit dem Kanzler Friedrich von Müller, Stuttgart 1870, S. 87].
36 Guthmann 1955, S. 229 f.
37 Walther Rathenau: *Zur Kritik der Zeit*, Berlin 1912, S. Fischer.
38 Stefan Zweig: *Walther Rathenaus »Kritik der Zeit«*, in: *Neue Freie Presse*, Wien, Nr. 17170, Morgenblatt, 12. Juni 1912; vgl. Gall 2009, S. 69.
39 Kaiser Wilhelm II. (1859–1941).
40 Gabriel Seidl, seit 1900 Ritter von Seidl (1848–1913), deutscher Architekt und Vertreter des Historismus.
41 Guthmann 1955, S. 227 f.

sen und schreibt über sie am 31. März 1911 stolz: »Grundriß und alle Zeichnungen der Anlage sowie der Details habe ich selbst entworfen, die Herstellung aller Ornamente selbst angegeben und überwacht, und die ganze innere Ausschmückung mit Hilfe von einigen Malermeistern und Stukkateuren selbst besorgt.«[42] Zusätzlich entwarf Rathenau 1910–12 in der Berliner Victoriastraße 3/4 ein neoklassizistisches Palais zusammen mit den ausführenden Architekten seiner Grunewald-Villa Johannes Kraaz und Gabriel von Seidl für seine Eltern Emil und Mathilde Rathenau. Welche Blüten Rathenaus unbedingter Wille darüber hinaus treiben konnte, sämtliche Fäden in der Hand zu behalten, zeigt sein Wunsch, die Ornamente für einen Saal in der Berliner Nationalgalerie entwerfen zu wollen, in dem die Fresken der Casa Bartholdy 1911/12 – bezahlt von Rathenau – neu aufgestellt werden sollten. Ein Plan, der in der Verwaltung für Verwirrung sorgte: So bestätigte man Rathenau zwar »ein selten feines Stilgefühl für die Epoche um 1800« betonte jedoch die bisherige Unüblichkeit »die Ausgestaltung einzelner Räume in öffentlichen Gebäuden Privatpersonen zu übertragen, ohne sie für die betreffende Leistung zu honorieren.«[43]

Im Gegensatz zu Rathenau, der sämtliche Fäden stets in einer, nämlich in *seiner* Hand zu halten bestrebt war, verteilte Guthmann wie ein Theaterregisseur die Rollen sehr bewusst an jene, die für die Umgestaltung Neu-Cladows zu einem modernen Musenhof verantwortlich zeichneten:

> »Für alle möglichen Spielarten der großen Kunst nicht völlig unbegabt, hatte ich persönlich dennoch den Männern vom Fach, den bildenden Künstlern, zu denen mich mein Vertrauen hingezogen hatte, die endgültige Gestaltung überlassen, um gegen jeden Dilettantismus, der meiner Art gefährlich werden konnte, gefeit zu sein.«[44]

Dass die selbstgefällige Haltung, mit der Rathenau in jedem Diskurs die Gesprächsführung übernehmen zu können meinte, nicht immer darüber hinwegtäuschen konnte, dass er bisweilen doch der Oberfläche verhaftet blieb, macht folgende Sentenz aus Guthmanns Lebenserinnerungen deutlich, in der der promovierte Historiker Joachim Zimmermann mit seinem profunden Fachwissen zur italienischen Renaissance der augenscheinlich universalen Gelehrtheit Walther Rathenaus die Stirn bietet:

[42] Zit. nach Pucks 1997, S. 84.
[43] Zit. nach ebd., S. 85.
[44] Guthmann 1955, S. 228.

»Jochen, durch Rathenaus vielfach verletzende Selbstsicherheit auch auf Gebieten, auf denen er gar nicht zu Hause zu sein brauchte, gereizt, geriet jedesmal mit ihm aneinander, worauf jener von immer höheren Stelzen herab dozierte. So ist mir ein Vormittag in Florenz in Erinnerung geblieben, wo wir uns zufällig beim Frühstück im ›Hôtel de la Ville‹ begegnet waren. [...]. Am gemeinsamen Tisch ergab sich bald die angeregteste Unterhaltung zu dritt über das Nächste und Fernste, wie er es liebte. Überall war er zu Haus, in allem, was die italienische Renaissance betraf, natürlich ganz besonders. Aber Jochen schüttelte den Kopf dazu und zieh den Prediger Salomo von Punkt zu Punkt der Ungenauigkeit. Nicht unbelehrt hatte er Jahr um Jahr im Staatsarchiv seine Studien über das 15. und besonders das 16. Jahrhundert gemacht. Täglich durch die Säulenhallen der Vasarischen Uffizien zu seiner Arbeitsstätte zu wandeln, hebt den ganzen Menschen. Er wußte, was er wußte und daß es das Rechte war. Und so widersprach er unverdrossen dem flüchtigen Besucher der Lilienstadt, was den anderen, [...] nicht beirren konnte. So sprachen sie angelegentlich und mit schönem Ethos aneinander vorbei.«[45]

Und doch weist Guthmann den Rathenau anhaftenden Vorwurf der Substanzlosigkeit zurück, wenn er dessen Geistreichtum explizit hervorhebt:

»Mochten wir hundert Mal mit dem gern überraschenden, brillanten Manne, den wir in der geistigen Atmosphäre unserer geliebten Stadt als einen besonders bedeutungsvollen Gast empfanden, an den Kopf geraten: er war kein Schwätzer, wie Jochen am Schluß derartiger Diskurse in seiner intellektuellen Ehrlichkeit wohl knurrte, er war wirklich ein am Geiste Reicher, in keinem Moment banal, außer in seiner Eitelkeit, – und diese wandelte sich ihm in der anregenden Gletscherluft seiner Montblanc-Erhabenheit aus dem Laster fast zu einer Tugend.«[46]

Als höchst unterhaltsames Potpourri mannigfacher Situationen, in denen sich das ungemeine Repräsentationsbedürfnis Rathenaus ausspricht, liest sich das Rathenau-Kapitel der *Goldenen Frucht*. Für Johannes Guthmann ist der Geltungsdrang Walther Rathenaus jener Charakterzug, der sich ihm am stärksten eingeprägt hat und den er – wohl gerade weil er seinem eigenen Charakter entgegenstand – auf ebenso subtile wie nicht selten humorvolle Weise zu porträtieren weiß. So auch anlässlich des bereits erwähnten Florentiner Zusammentreffens, zu dem Guthmann schreibt:

45 Ebd., S. 224 f.
46 Ebd., S. 225.

Vor dem Theater in Lauchstedt, Juni 1912

»Noch stand sein großes N. A. G.-Reiseauto, das letzte Modell der deutschen Industrie, auf der Straße und erregte selbst unter den durch die auf der Via Tornabuoni flanierenden kostbaren Wagen Old Englands und der USA-Magnifici verwöhnten Florentinern unverhohlene Bewunderung. Ebenso Rathenau selbst, als er erschien, dem landfremden Chauffeur seine sachlich klaren Weisungen zu erteilen, ein Bild, wie gemacht für ein illustriertes Blatt: Walther Rathenau in Florenz, um für vierundzwanzig Stunden Quattrocento-Luft zu atmen.«[47]

Und ähnlich wusste sich Walther Rathenau auch anlässlich der Uraufführung von Gerhart Hauptmanns Drama *Gabriel Schillings Flucht* am Goethe-Theater in Lauchstedt 1912 in Szene zu setzen, zu der Max Liebermann die Dekorationen geschaffen hatte und in der Tilla Durieux als verführerische Hanna Elias einmal mehr die Rolle der Femme fatale zukam.[48]

Wie der Einzug eines Fürsten nimmt sich Rathenaus Ankunft in Lauchstedt am 14. Juni 1912 in den Augen Guthmanns aus und wird dabei jenem Bild entsprochen haben, das Rathenau selbst von sich gemalt sehen wollte:

[47] Ebd., S. 224.
[48] Die Sonderaufführung fand an der einstigen Sommerbühne des Weimarer Hoftheaters in Lauchstedt (heute Bad Lauchstädt) südlich von Halle statt, die 1906 bis 1908 restauriert worden war und seitdem für Festspiele genutzt wurde. [Vgl. Sprengel 2012, S. 430].

»Wie ›herrlich‹, schlesisch gesprochen, rollte er nicht 1912 […] zur feiertäglich vorbereiteten Uraufführung von Gerhart Hauptmanns ›Gabriel Schillings Flucht‹ in Lauchstädt ein. Dieses Entrée Walther Rathenaus, modernes Theater vor dem altehrwürdigen Goethes, läßt sich nicht vergessen, sollte auch nicht vergessen werden. In Ermangelung des legitimen Landesfürsten gab er […] durch sein festliches Erscheinen der Weltwerdung des lange zurückgehaltenen[49] Werkes seines großen Freundes erst den rechten Fanfarenklang.«[50]

Ehrgeizig und »nach den Sternen greifend« wie er war, stilisierte sich Walther Rathenau selbst zu einer Ausnahmeerscheinung – ein Bild, das die Ehefrau des Pianisten Conrad Ansorge, auf die wir später noch zurückkommen werden, anlässlich eines abendlichen Zusammentreffens in Neu-Cladow zu dekonstruieren wusste:

»Außer Rathenau war ein Verwandter von Jochen da, der Admiralitätsrat Hans Beggerow[51], einer der unauffälligsten, aber klügsten und kultiviertesten Menschen Berlins, mit dem Max Planck gern wissenschaftlichen und freundschaftlichen Umgang hielt. Beggerows Aufgabe war, unter Tirpitz[52] die deutsche Marine mit Funkentelegraphie auszurüsten. Vielleicht, daß Beggerow davon mehr verstand als Rathenau. Unserm hohen Gaste, der die ihm gemäße Resonanz vermissen mochte, verging sichtlich die Laune, und er verlor sich in eigene Gedanken. Etwas zerstreut faßte er sich aber rasch wieder und sprach über mich hinweg unsere liebe Margarethe Ansorge an: ›Wenn man Ihre Hände betrachtet, verehrte Freundin, diese schweren Finger, glaubt man kaum, daß sie dem Flügel so süße Töne zu entlocken wissen.‹ Es war gewiß als ein Kompliment von ihm gedacht, der unter Frauen nicht immer recht zu funkeln verstand und sich dann Blößen gab. Frau Ansorge aber, stets in Not um ihr Äußeres, das dem Bilde, das sie selbst von sich in ihrem Inneren trug, nicht entsprechen wollte, kämpfte minutenlang mit sich in wortlosem Groll. Eine Situation, wie sie der Hausherr bei Tisch kaum schätzt. Den goldenen Regeln des alten Freiherrn von Rumohr in seinem Kochbuch folgend, der empfiehlt, derartigen Entgleisungen durch eine energische Wendung des Gesprächs aufs Neutrale, das heißt aufs Wetter, zu begegnen, wollte ich gerade meinen Mund auftun, als sie – man kann nur sagen, herausplatzte: ›Wenn man Sie ansieht, Herr Doktor Walther Rathenau, Ihren ganzen Typ und Habitus, möchte man Sie eher auf einen Sklavenhalter irgendwo im Orient einschätzen als auf den kultur- und

[49] Hauptmann hatte sein bereits 1906 entstandenes Drama erst 1912 zur Aufführung freigegeben. [Vgl. Sprengel 2012, S. 430].
[50] Guthmann 1955, S. 226.
[51] Dr. Hans Beggerow (1874–1942), Schriftsteller, Privatgelehrter, Admiralitätsrat; gilt als Schöpfer der Heeresfunktelegraphie.
[52] Alfred von Tirpitz (1849–1930), deutscher Großadmiral und Staatssekretär des Reichsmarineamtes.

geistesmächtigsten Mann Berlins.‹ [...]. Trotz dieser Aggression bei Tisch oder vielleicht gerade ihretwegen setzte sich die Tapfere, die sich freigeredet hatte, hernach an das Instrument und spielte uns einiges Schöne, selten Gehörte von Conrad. Ich fand, sie spielte besonders eindrucksvoll. Aber Rathenau, die ganze Zeit über ohne wiedergewonnenes inneres Gleichgewicht nach einem so beispiellosen Affront, als den er Margarethe Ansorges Worte im naiven Gefühl seiner Geltung bestimmt empfand, verabschiedete sich sehr bald: die Geschäfte riefen auch noch nachts dringend nach ihm.«[53]

Zur einen Hälfte des Respektes voll, zur anderen Hälfte voll Bosheit – dies war die Haltung vieler Zeitgenossen gegenüber Walther Rathenau.[54] Die Kühle und das Kalkül des Geschäftsmannes waren es, die die Zeitgenossen und auch seinen engsten Freundeskreis auf Distanz hielten. Guthmann blickt hinter die Fassade, wenn er in einer ausführlichen Charakterstudie schreibt:

»Er war kein Parvenu, vielmehr ein – ob durch Veranlagung oder Selbsterziehung bleibe dahingestellt – Grandseigneur. Das Königliche Schloß, der allwöchentlich geschorene Rasen, die kostbaren Autos, der kleidsame Frack, die Gastmähler mit distinguierten Persönlichkeiten, bei denen er selber so gut wie nichts aß noch trank, sie entsprachen nicht einem Bedürfnis nach Luxus. Im Grunde war er Sozialist – Philippe Egalité[55]! Es entsprach auch wohl kaum seinem Bedürfnis nach – populär gesprochen – ›Liebe‹, wenn er sich gern mit der ›schönen Frau Deutsch‹ zeigte, die sich auf ihre Weise mit Recht huldigen lassen durfte.[56] Rathenau, so unnahbar er sonst war, empfand doch jeden Blick, den man dem stattlichen Paar nachsandte, mit Genugtuung. Das alles hatte tieferen, ernsteren Zusammenhang, als es die manchmal schrulligen Eigenheiten eines im Grunde Einsamen vielleicht ahnen ließen.

Jochen Zimmermann hat einmal den Begriff der Kultur mit dem Sinn für die Nuance gleichgesetzt. Auch für Walther Rathenau wurzelte alle Kultur in einem außerordentlichen Qualitätsgefühl, das zu vervollkommen er sich selber unablässig gewissenhaft erzog. Ganz gewiß hat er sich nicht eine Minute am Tag mit Nichtigkeiten beschäftigt, und wenn er die Vorhangfalten in seinen Salons eigenhändig ordnete, so deshalb, weil sein scharfer Blick für das optimum maximum jeder Art von ›Schönheit‹ so überaus geschärft war, daß er die geringste Nachlässigkeit als eine Verletzung seines ästhetischen wie seines ethischen Gefühls empfand. In diesem ethischen Selbstgefühl wurzelten seine Eitelkeit, sein

53 Guthmann 1955, S. 230f.
54 Vgl. bspw. die scharfsinnig-hellsichtige Charakterstudie in den Lebenserinnerungen des Kunsthistorikers Werner Weisbach, in: ders. 1937, S. 385–387 und Martin Sabrow: *Die Macht der Mythen. Walther Rathenau im öffentlichen Gedächtnis*, Berlin 1998, insb. S. 54f.
55 Ludwig Philipp II. Joseph, Herzog von Orléans (1747–1793), gen. Philippe Égalité.
56 Zu Elisabeth Franziska, »Lili« Deutsch und ihrer Beziehung zu Walther Rathenau vgl. Ernst Schulin: *Walther Rathenaus Diotima. Lili Deutsch und der Kreis um Gerhart Hauptmann*, in: Ausst.-Kat. Berlin 1997, S. 55–66.

Geltungsbedürfnis, sein Ehrgeiz, aber auch sein ganzes Kulturgewissen. Er war sich bewußt, in jedem Augenblick auf der Kirchturmspitze zu stehen und vom ganzen Dorf gesehen zu werden, Vorbild und Ziel der allgemeinen Bewunderung. Ein Augenblick sich verlierender Spannung, ein Sichgehenlassen, und er mußte den Dämonen verfallen. Das wars, was aus seinem Menschentum einen glühenden Eisblock machte, ihn in den Verdacht des Posierens brachte und ihn manche Sympathien kostete. [...]. Man hätte ihn im Sinne Huizingas[57] vielleicht als die prononcierteste Erscheinung des kultivierten Menschen seiner ganzen Generation bezeichnen können, aber dazu fehlte ihm das letzte: die Naivität des Herzens und, wie Jochen einmal beim Vorlesen dieser Sätze hinzufügte, ›die Güte‹.«[58]

Dass Rathenau sich in jeglicher Beziehung Perfektion abverlangte, resultierte – dies geht aus Guthmanns Charakterskizze hervor – aus einer steten Suche nach Halt in einer Zeit der fundamentalen Erschütterung, die Rathenau in seinen Schriften analysierte und gegen die er anzuschreiben suchte. Dabei betont Johannes Guthmann explizit die wichtige politische Rolle[59] Walther Rathenaus in den frühen Jahren der Weimarer Republik, die nach Ende des Ersten Weltkriegs um eine Rehabilitierung in der Weltpolitik kämpfte. So war Rathenau Mitbegründer und Mitglied der linksliberalen Deutschen Demokratischen Partei (DDP) und arbeitete 1920 in der Sozialisierungskommission des Rats der Volksbeauftragten. Im Juli 1920 nahm er an der Konferenz in Spa teil, auf der Fragen der Reparationszahlungen Deutschlands an die Siegermächte verhandelt wurden. Wegen seines diplomatischen Geschicks und seines internationalen Ansehens wurde Rathenau im Mai 1921 zum Wiederaufbauminister und am 31. Januar 1922 zum Außenminister ernannt, als der er am 16. April 1922 auch den Rapallo-Vertrag am Rande der Weltwirtschaftskonferenz von Genua unterzeichnete, in dem die diplomatischen Beziehungen zu Sowjetrussland wieder aufgenommen wurden. Guthmann schreibt:

»Seine 1922 in italienischer Sprache gehaltene Rede auf der Konferenz von Genua, die mit dem fulminanten dreimaligen Rufe: ›Pace! Pace! Pace!‹ mächtig an das Gewissen der aus aller Welt versammelten Staatsmänner griff und das verstoßene Deutschland zum ersten Male wieder als eine moralische Kraft hinstellte, zeigte ihn – das sei in voller Verehrung ausgesprochen – auf der geforderten Höhe unserer Situation.«[60]

---

[57] Johan Huizinga (1872–1945), niederländischer Kulturhistoriker.
[58] Guthmann 1955, S. 236 f.
[59] Zu einer differenzierten Betrachtung von Rathenaus politischer Rolle nach dem Ersten Weltkrieg vgl. u. a. Gall 2009, S. 220–248.
[60] Guthmann 1955, S. 238.

Und doch versäumt es Guthmann nicht, auch auf die zwiespältige Haltung Walther Rathenaus im Ersten Weltkrieg hinzuweisen. Nach anfänglicher Kriegsskepsis hatte dieser dem Krieg affirmativ gegenübergestanden und in seinem Artikel *Ein dunkler Tag* am 7. Oktober 1918 in der *Vossischen Zeitung* gar zum Volkswiderstand gegen das deutsche Waffenstillstandsgesuch aufgerufen:

> »Tragisch [...], daß gerade er, der kluge Israelit, sich mehr und mehr chauvinistisch gebärdete. Als unsere Truppen Belgien und Nordfrankreich überrannt hatten und festhielten, trat er, sich populären Wünschen anpassend, für ein deutsches Cherbourg als Hafen am Atlantischen Ozean ein. Er mußte wissen, daß er damit nur dem Pöbel nach dem Munde redete und den Krieg verewigte. Ende Oktober 1918, als bereits alles verloren war, trat er an unseren Tisch in der ›Deutschen Gesellschaft‹ und propagierte mit Heftigkeit den Gedanken einer Levée en masse. Daß dergleichen noch helfen könne, glaubte er selber gewiß nicht, aber es sollte ihm den Nimbus des Patrioten geben, der keine Hekatomben von Opfern scheut.«[61]

Die Schlaglichter, die Guthmanns Charakterstudie auf Wesensmerkmale Rathenaus fallen lässt, beleuchten die zahlreichen Facetten seiner Persönlichkeit und geben dabei zu erkennen, dass Guthmann hinter die glänzend-tadellose Fassade zu blicken versteht, hinter der sich der wahre Charakter Walther Rathenaus verbirgt. Rathenaus Dünkel zeichnete Guthmann zufolge auch mitverantwortlich für die »furchtbare, für ganz Deutschland furchtbare Tragödie«[62] seiner Ermordung durch Mitglieder der rechtsextremen *Organisation Consul*. Dass Walther Rathenau trotz konkreter Attentatswarnungen auf polizeilichen Schutz verzichtete, als er am Morgen des 24. Juni 1922 sein offenes Cabriolet bestieg, um von seiner Villa in der Koenigsallee 65 in Berlin-Grunewald ins Auswärtige Amt in der Wilhelmstraße zu fahren, quittiert Guthmann mit den Worten: »Adel verpflichtet!«[63]

Mehr scheinen zu wollen, als zu sein, war nicht die Sache Johannes Guthmanns. Der zur Schau gestellten Selbstherrlichkeit Rathenaus begegnet er mit der Überzeugung, dass die Götter doch »jede Hybris zu rächen wissen«[64]. Und entsprechend nimmt er in für ihn ungewöhnlich kühler Weise zum Tod Rathenaus Stellung:

61 Ebd.
62 Ebd., S. 239.
63 Ebd., S. 235.
64 Ebd.

Walther Rathenau, 1922

»So erschütternd es ist, von einem Mann, dem man nähergestanden hat, zu hören, daß er ermordet worden ist, bei Walther Rathenaus Tod konnte das Gefühl eines Mitleids im gewöhnlichen Sinne nicht aufkommen.«[65]

Auch wenn durchaus Parallelen in den Biografien von Johannes Guthmann und Walther Rathenau bestehen und ihre jeweiligen Lebenswege nicht zu trennen sind von ihren Wurzeln im großbürgerlichen Unternehmermilieu, so haben sich beide ihren Weg durch die labyrinthische Komplexität der modernen Welt auf höchst unterschiedliche Weise gebahnt. Während Johannes Guthmann seinen lebens- wie schaffensmäßigen Fokus auf die Welt von Kunst und Kultur richtete und den Tumulten einer sich umfassend dynamisierenden Welt mit einem Rückzug ins Private begegnete, setzte sich Walther Rathenau gleichsam ungefiltert den vielfältigen Strömungen seiner Zeit aus und vereinigte dabei in sich deren Widersprüche. So schreibt Stefan Zweig in seinen zwischen 1939 und 1941 verfassten Erinnerungen *Die Welt von Gestern*:

> »Bei Rathenau spürte ich immer, daß er mit all seiner unermeßlichen Klugheit keinen Boden unter den Füßen hatte. Seine ganze Existenz war ein einziger Konflikt immer neuer Widersprüche. Er hatte alle denkbare Macht geerbt von seinem Vater und wollte doch nicht sein Erbe sein, er war Kaufmann und wollte sich als Künstler fühlen, er besaß Millionen und spielte mit sozialistischen Ideen, er empfand sich als Jude und kokettierte mit Christus. Er dachte international und vergötterte das Preußentum, er träumte von einer Volksdemokratie und war jedesmal hoch geehrt, von Kaiser Wilhelm empfangen und befragt zu werden.«[66]

»Nicht den Leerlauf einer einzigen Minute«[67] habe Rathenau geduldet, beschreibt Johannes Guthmann pointiert jene Rastlosigkeit, die Walther Rathenau zum »Phänotyp der Moderne«[68] machte. Als Typus des modernen Menschen porträtierte ihn auch der österreichische Schriftsteller Robert Musil in seinem Fragment gebliebenen und zwischen 1930 und 1943 in drei Bänden veröffentlichten Roman *Der Mann ohne Eigenschaften*. Musil setzte Rathenau hierin mit dem Wirtschaftsmagnaten und Schriftsteller Dr. Paul Arnheim ein literarisches Denkmal, wenn er ihn als einen Mann von unerschöpflicher Energie und charismatischer Ausstrahlung beschreibt, der

---

65 Ebd., S. 237.
66 Stefan Zweig: *Die Welt von Gestern. Erinnerungen eines Europäers*, Frankfurt a. M. 1960, S. 204 f., zit. nach Martin Sabrow: *Rathenau erzählen*, in: Sven Brömsel, Patrick Küppers, Clemens Reichhold (Hgg.): *Walther Rathenau. Im Netzwerk der Moderne*, Berlin [u.a.] 2014, S. 283–298, hier: S. 284.
67 Guthmann 1955, S. 222.
68 Walter Delabar, Dieter Heimböckel (Hgg.): *Walther Rathenau. Der Phänotyp der Moderne*, Bielefeld 2009.

nach außen selbstsicher als Mann mit klaren Ideen und Konzepten auftritt, innerlich jedoch keinen Halt und in der Gesellschaft keinen Platz findet und von den Wogen des Zeitgeists hin- und hergeworfen wird.

Johannes Guthmann ließ sich nicht blenden von der glänzenden Rolle, die Walther Rathenau auf dem gesellschaftlichen Parkett spielte, sondern dekuvrierte sein doppelpoliges Wesen, indem er hinter dessen demonstrativ zur Schau getragenem Selbstbewusstsein jene tiefe Lebensunsicherheit sichtbar macht, in der sich die Unsicherheit einer ganzen Epoche spiegelte. Dieser begegnet Johannes Guthmann selbst mit seiner Idee von Neu-Cladow als einem Ort der mußevollen Rekreation und des künstlerisch-geistigen Schaffens. Vor der Folie der Umtriebigkeit Rathenaus erscheint Neu-Cladow als *locus amoenus* – als paradiesisch zeitenthobener Ort, an dem auch Walther Rathenau in seiner steten Rastlosigkeit zur Ruhe kam. Auf seine Weise. Denn selbst am Guthmann'schen Musenhof war sich Rathenau stets seiner prominenten und bedeutenden Rolle bewusst, die ihm im Kultur- und Gesellschaftsleben seiner Zeit zukam:

> »Es war der kochheiße, trockene Spätsommer 1911, dem der glorreiche Herbst des Jahrhundertweins folgte. Alle Kiefernwälder rings um Berlin waren bei der ungeheuren Feuersgefahr unter Alarmbereitschaft. Der glühende Atem des Forstes schien bereits nach schwelender Brunst zu riechen, als Rathenau in seiner sich stets bewußten Gelassenheit eine Zigarette entzündete, was ich ihm doch ernstlich widerraten mußte. Worauf er in der vollen Würde seiner Ausnahme-Existenz sagte: ›Wenn ich rauche, gibt es keinen Waldbrand!‹«[69]

[69] Guthmann 1955, S. 229.

Ambrosische Nächte in Neu-Cladow
Der Pianist Conrad Ansorge und Johannes Guthmann

Wenn der Pianist, Komponist und Musikpädagoge Conrad Ansorge (1862–1930) am Ende dieses Bandes behandelt wird, so ist damit auch jene exponierte Position gekennzeichnet, die ihm im geistig-kulturellen Leben um 1910 in Neu-Cladow zukam. Nicht von ungefähr nennt Johannes Guthmann Ansorge in seinen Lebenserinnerungen den »›Meister von Neu-Cladow‹«[1].

Conrad Ansorge war federführend daran beteiligt, jene entspannt-kultivierte Atmosphäre zu schaffen, die die Neu-Cladower Zusammenkünfte auszeichnete und zu denen sich all jene Künstler einfanden, denen wir in den vorangegangenen Kapiteln begegnet sind: dem Neu-Cladower Haus- und Hofmaler Max Slevogt, dem Kunsthändler Paul Cassirer und der Schauspielerin Tilla Durieux, dem Kunsthistoriker Anton Mayer und der Schauspielerin Lucie Höflich, dem Maler Max Liebermann, dem Schriftsteller und Nobelpreisträger Gerhart Hauptmann sowie dem Industriellen und Politiker Walther Rathenau. Sie alle kennzeichnete vor allem eines: eine besondere, ja bedingungslose Hingabe an ihre jeweilige Profession und ein Reichtum an Visionen.

Von Kindesbeinen an war Johannes Guthmann durch seine schöngeistige Mutter die Liebe zur Musik vermittelt worden, die im Neu-Cladower Musiksaal einen architektonisch adäquaten Rahmen fand. Und es war Conrad Ansorge, der den Musiksaal als das Herzstück des Gutshauses beleben sollte. Dass der Musiksaal des Gutshauses in seiner ursprünglichen Form weitestgehend erhalten ist, lädt noch heute dazu ein, uns jener musikerfüllten Stunden zu erinnern, in denen der Pianist den Blüthner-Flügel zum Klingen brachte. Über diese berichtet uns Johannes Guthmann:

Conrad Ansorge

1 Guthmann 1955, S. 105.

Neu-Cladow, Musiksaal, um 1912

2 Ebd., S. 150.
3 Georg Kolbe: *Conrad Ansorge* (1912), Bronze, H. 40,5 cm, Berlin, Georg Kolbe Museum, Inv.-Nr. P177. Die Porträtbüste dürfte 1911 bereits in Arbeit gewesen sein. Gegossen wurde die Bronze 1912. Ausgestellt war sie Anfang 1912 in der Galerie Cassirer.
4 *Conrad Ansorge*, in: *Neue Deutsche Biographie*, Berlin 1952 ff., Bd. I, S. 313, zit. nach Rathgeber 2017, S. 12.
5 Vgl. *Allgemeine Musik-Zeitung* XIII/49, 3.12.1886, S. 507, zit. nach Rathgeber 2017, S. 11.
6 Harry Graf Kessler: *Walther Rathenau. Sein Leben und sein Werk*, Berlin 1928.
7 Vgl. Rathgeber 2017, S. 14 f.
8 Vgl. Schwartz 2010, S. 46.
9 Guthmann 1955, S. 150.
10 Rudolf Maria Breithaupt: *Conrad Ansorge zum Gedächtnis*, in: *Die Musik* XXII/7. April 1930, S. 519, zit. nach Rathgeber 2017, S. 25.
11 Vgl. Johannes Guthmann: *Das goldene Land*: Erzählungen und Märchen, Düsseldorf (Schmitz & Olbertz) 1907; Johannes Guthmann: *Romantische Novellen*, Berlin (Cassirer) 1911; Johannes Guthmann: *Das Lied des Faunen*, Berlin (Reiß) 1914; Johannes Guthmann: *Die Pfeile Amors und andere Novellen*, Berlin (Reiß) 1914. Einzelne Erzählungen erschienen auch in der Wochenschrift *Pan*: *Die grosse Liebe* (Erzählung), in: *Pan*, H. 3, 1912/13, S. 160–168; *Der Schöpfer und seine Kreaturen* (Legende), in: *Pan*, H. 2, 1911/12, S. 507–508.

»Der Ehrenplatz im Hause Neu-Cladow gebührte dem Flügel, der in der Mitte des Musiksaales stand. Es war Conrad Ansorge, der in dem Instrument, das ihn besonders ansprach, den prometheischen Funken erweckte und es wahrhaft in Wohllaut wandeln sollte. Wenn dieser Mann vom Flügel Besitz ergriff, dann wußte man, daß aus dieser Zweiheit von Tasten und Anschlag ein Drittes hervorgehen werde: das Kunstwerk.«[2]

Als Conrad Ansorge um 1912 in Neu-Cladow spielte – zu etwa jener Zeit, als auch Georg Kolbe den Künstler in einer Bronzebüste[3] porträtierte – hatte der am 15. Oktober 1862 in Buchwald bei Liebau geborene Schlesier als Pianist, Komponist und Musikpädagoge bereits international für Furore gesorgt.

Bekannt gemacht hatten ihn seine feinfühligen Interpretationen Ludwig van Beethovens, Franz Schuberts, Robert Schumanns und Franz Liszts. Nach einem von 1880 bis 1882 absolvierten Studium am Leipziger Konservatorium war Ansorge einer der letzten Schüler von Franz Liszt (1811–1886) in Weimar geworden. Nach dem Tod des Lehrers begab er sich im Herbst 1887 für fast vier Jahre nach Nordamerika. Bereits zu dieser Zeit war Ansorge international durch seine »einzigartige Anschlagskunst«[4] aufgefallen. So hatte es anlässlich seines Auftritts in der Berliner Singakademie im November 1886 in der *Allgemeinen Musik-Zeitung* geheißen, Ansorge »lasse seiner Empfindung vielleicht ein wenig zu sehr die Zügel schießen«, jedoch sei seine Vortragsart »mit einer nicht gewöhnlichen Feinheit und Schönheit des Anschlages ausgeführt.«[5]

Nach seiner Rückkehr aus den USA seit 1891 in Weimar ansässig, stand Ansorge in engem Kontakt zu dem Kunstsammler und Mäzen, dem Schriftsteller und späteren Rathenau-Biografen[6] Harry Graf Kessler (1868–1937). Im Frühjahr 1895 siedelte er mit seiner Familie nach Berlin über und gab hier ab Herbst 1895 zunächst Unterricht am Eichelberg'schen Konservatorium und später, mit Beginn des Studienjahres 1898/99 am Klindworth-Scharwenka-Konservatorium, wo er bis 1903 die Meisterklasse unterrichtete.[7] Von hier dehnten sich immer weitere und häufigere Konzertreisen über ganz Deutschland, Europa und 1906 sogar nach Südamerika aus. Kennengelernt hatten sich Ansorge und Guthmann durch die Vermittlung des Kunsthistorikers Georg Swarzenski (1876–1957), mit dem Johannes Guthmann seit seiner Studienzeit Ende der 1890er Jahre in Heidelberg befreundet war und der ab 1903 als Direktionsassistent am Berliner Kunstgewerbemuseum arbeitete, bevor er 1906 die Direktion des Städelschen Kunstinstituts in Frankfurt am Main übernahm. Es ist folglich wahrscheinlich, dass Guthmann Ansorge schon vor 1906 kennenlernte.[8]

Conrad Ansorge lieferte den Soundtrack zu Neu-Cladow. Und dies nicht nur deshalb, weil man, wie Guthmann 1955 schreibt, »dazumal der Welt der Töne inniger verbunden, ihrer bedürftiger, […] musikalischer [war] als heute im Zeitalter des Radio und seiner Unarten.«[9] Als feinsinniger Interpret insbesondere romantischer Komponisten war Ansorge wie prädestiniert dafür, der Hofmusiker von Neu-Cladow zu werden. So hebt Rudolf Maria Breithaupt 1930 in einem Nachruf auf Ansorge in der Zeitschrift *Die Musik* die »Transzendenz seines Tones« hervor: »Dieser transparente, übersinnliche Klang war Ansorges Magie«[10]. Dies entsprach ganz dem lyrischen Ton, den Guthmann selbst in seinen zwischen 1907 und 1914 veröffentlichten romantischen Novellen und märchenhaften Erzählungen[11] anschlägt und durch den es ihm in seinen Lebenserinnerungen *Goldene Frucht* gelingt, das Klavierspiel Conrad Ansorges gleichsam in Worte zu übersetzen. Durch seine poetische Sprache beschwört Johannes Guthmann jene zauberhafte Atmosphäre herauf, die durch die Musik Ansorges in Neu-Cladow entstand:

> »Niemand regte sich, das ganze Haus war erfüllt von magischer Resonanz, und wie auf Geisterfittigen [sic] schwang sich Musik empor, hinaus, sich fernhin zu verlieren in der ›ambrosischen Nacht‹[12]. Wer sich etwa zu dieser Stunde auf der nächtlichen Havel an dem Hause vorübergleiten ließ, der mochte glauben, am Strande der Sirenen vorüberzufahren.«[13]

Aus musikwissenschaftlicher Perspektive weist Walter Niemann in seinem Buch *Meister des Klaviers*[14] auf die Conrad Ansorge eigene Vergeistigung und Verinnerlichung hin, die ihr eigenstes Gesicht im »Versonnenen, Träumerischen, Selbstvergessenen«[15] zeige. Hier stünden Ansorge »Piano-Schattierungen von derart unbeschreiblichem ätherischen Duft und weltabgewandter Klangfarbe zu Gebote, wie unsere Zeit ihresgleichen nicht noch einmal ihr eigen nennen wird.«[16]

So will es scheinen, als hörten wir Conrad Ansorge noch einmal spielen, wenn Johannes Guthmann über den Pianisten schreibt:

Georg Kolbe: Porträt *Conrad Ansorge*, 1911/12

12 Bedeutet das Adjektiv »ambrosisch« im Allgemeinen himmlisch, göttlich, köstlich, so erinnert der von Guthmann zur Charakterisierung der Neu-Cladower Nacht verwandte Begriff an die vielfache Verwendung des Begriffs »ambrosische Nacht« in den Epen Homers. So beispielsweise im zehnten Gesang der *Ilias* oder im fünfzehnten Gesang der *Odyssee*. Die Stimmung, die Guthmann heraufbeschwört, weckt auch Assoziationen an Georg Büchners Lustspiel *Leonce und Lena* (1836), in dem Büchner den traumverlorenen und melancholischen Prinzen Leonce in der dritten Szene des ersten Aktes sagen lässt: »Sind alle Läden geschlossen? Zündet die Kerzen an! Weg mit dem Tag! Ich will Nacht, tiefe ambrosische Nacht!«
13 Guthmann 1955, S. 153.
14 Walter Niemann: *Meister des Klaviers. Die Pianisten der Gegenwart und der letzten Vergangenheit*, Berlin (Schuster & Löffler) o. J. [1919].
15 Zit. nach Rathgeber 2017, S. 24.
16 Ebd.

»Hatte er mit einem Fortissimo begonnen, daß man eine Steigerung für unmöglich hielt, wie bei der h-moll-Sonate von Liszt, wo er dröhnend an die ehernen Pforten der Ewigkeit zu schlagen schien, so wuchs, aus immer tieferen Quellen seines Wesens gespeist, seine Kraft und gebot am Ende über eine Fülle, eine Macht, die man einem Instrument, von Menschenhand gespielt, nicht zugetraut hätte, ohne je wie manche Virtuosen, die bei mangelnder physischer Kraft Gewaltsamkeit mit Gewalt verwechseln, brutal zu werden. Aber was heißt beim Vortrag eines Künstlers ›forte‹, was ›piano‹? Es sind relative Begriffe wie für den Graphiker ›schwarz‹ und ›weiß‹. [...]. Gleich einem Baumeister alter Zeiten, ehrfürchtig und unbeirrbar, trug er seine Bausteine, seine Themen aus breitem Grunde immer konzentrierter, immer höher, mächtiger empor, bis er das Ganze kathedralenhaft in überweltliche Sphären gehoben wußte, von keinem Wahn, von keiner Eitelkeit einer Klangwirkung verführt, nur Diener des Werkes. Er ließ es sich gefallen, wenn seine Frau, seine Schüler ihn gelegentlich Meister nannten. Er fühlte sich als der Meister seines Handwerks. Wenn er Beethoven anpackte, den gewaltig gegen die unabänderlich waltenden Schönheitsgesetze der Klassik Anstürmenden, dann wuchs er selber am Ende über den Titanen in der eigenen Brust empor zum Wahrer der vom Gotte gesetzten Grenzen: der Romantiker der klassischen Kunst zum Klassiker der Romantik.«[17]

Es war jedoch – dies führt uns Guthmanns Beschreibung vor Augen – kein Kult um seine Persönlichkeit, den Ansorge betrieb. Vielmehr trat er mit seiner Persönlichkeit hinter sein Werk zurück. Conrad Ansorge begriff sich, wie Guthmann es ausdrückt, als »Diener seines Werkes«[18]. Schon 1901 hatte es in der Zeitschrift *Die Rheinlande* geheißen:

»Ansorge giebt [sic] sich der fremden Persönlichkeit ganz hin, daß nur der heiligste Geist dieser Künstler zu uns gelangt. Er befreit alle Töne vom Staub einer Tradition und verleiht ihnen einen neuen, ureigenen Glanz und den Glanz seines Geistes, der diese Werke schuf, und läßt die Gefühle, die darin schlummern, wie plötzliche Offenbarungen auferstehen. Er weiht uns in alle Geheimnisse dieser Schöpfungen ein, als wären wir nur mit ihm allein; er breitet das musikalische Gewebe mit einer Sorgsamkeit, Ehrfurcht und Liebe vor uns aus, daß uns das Dunkelste lauter und heilig erscheint.«[19]

Und über den Komponisten Conrad Ansorge bemerkt Johannes Guthmann:

17 Guthmann 1955, S. 150 f.
18 Die Schriftstellerin Hedda Eulenberg bemerkt in ihren Lebenserinnerungen, Ansorge habe den Beruf des Pianisten stets als »Priesterschaft« aufgefasst. [Hedda Eulenberg: *Im Doppelglück von Kunst und Leben*, Düsseldorf 1952, zit. nach Schwartz 2017, S. 55].
19 Zit. nach Rathgeber 2017, S. 17.

»Er pflegte nicht viel von seinen Kompositionen zu sprechen, nicht nur aus der ihm eigenen Bescheidenheit, sondern aus Stolz. Seiner musikgeschichtlichen Bedeutung als Beethoven-Spieler und Interpret der großen Werke der Klavierliteratur war er sich bewußt. Sollte er als Komponist gar nichts wert sein? Eitelkeit lag ihm fern. Auch der Zuspruch der besten Freunde konnte irren. Er verließ sich nur auf sein eigenes Urteil. Seine Vortragskunst auf ihrer Höhe zu erhalten, ja immerfort zu vervollkommen, kostete ihn nahezu sein ganzes Leben, [...].«[20]

Dem Werk zu dienen, diese lebens- und schaffensmäßige Überzeugung war eine Geisteshaltung, die Ansorge mit mehreren Protagonisten des engsten Neu-Cladower Gästekreises gemein hatte – mit dem Maler Max Slevogt und dem Bildhauer August Gaul seien an dieser Stelle zwei Künstler genannt, die ebenfalls ihre eigene Person hinter ihr jeweiliges Werk stellten. So war Max Slevogt sein Leben weniger wert, als die Vollendung seiner letzten großen Arbeit: das Ludwigshafener Golgatha-Fresko, für das er bereit war, die letzten physischen Opfer seines Lebens zu bringen. Und August Gaul schuf trotz bitterster Not der Inflationszeit den Gedenkstein[21] für Guthmanns Schwester Else im Neu-Cladower Gutspark als Freundschaftsdienst und verzichtete dabei auf jegliches Honorar.[22] Über Conrad Ansorge schreibt Guthmann:

»Selbst wenn er in Neu-Cladow den Flügel zu später Abendstunde aufrauschen ließ, gab er mit jedem Ton sein Bestes. Er schüttelte die Sachen nicht aus dem Ärmel. So wie er Tag und Stunde dieser Hauskonzerte voraus ankündete, hielt er sich auch an sein Programm, das er, mit einer Zigarette im Park einsam wandelnd, sich vorher im Geiste vergegenwärtigte. Den Applaus nahm er wie von Fremden gespendet als etwas dem Werke, nicht ihm Gebührendes hin und wollte selbst im Scherz nichts von Geschwollenem und Eitlem wissen. Dem zu später Nachtstunde in bacchantischem Hochgefühl daherfahrenden Hermann Stehr: ›Ich, der Lebende, bin mehr als Goethe, und Sie, lieber Ansorge, sind mehr als Beethoven‹, erwiderte er mit verblüffender Nüchternheit: ›Sie sind ja wohl ganz verrückt!‹ und ließ die Gläser aneinanderklingen.«[23]

Die künstlerische Auffassung, »Diener seines Werkes« zu sein, rührt bei Ansorge sicherlich auch von seinem Lehrer Franz Liszt her, den er 1885 nach Rom begleitete. Dabei war es der Charakter des alten, abgeklärten

[20] Guthmann 1955, S. 164.
[21] August Gaul: *Gedenkstein* (1919), Stein, H.: ca. 150 cm. [Gabler 2007, Nr. 282].
[22] Vgl. Owesle 2014, S. 68.
[23] Guthmann 1955, S. 153.

Liszt, der für Conrad Ansorge wegweisend war. Der feurig sprühende, charismatische und auch erfolgssüchtige jüngere Liszt dürfte dem sich maßvoll zurückhaltenden Ansorge wesensfremd gewesen sein. Ein anschauliches Bild der dämonischen Wirkung des jüngeren Liszt überliefert uns der dänische Märchendichter Hans Christian Andersen, der Franz Liszt anlässlich eines Hamburger Konzerts treffend beschrieb:

»Gleich einem elektrischen Schlage durchzuckte es den Saal, als Liszt hereintrat. Die meisten Damen erhoben sich, es war als verbreite sich ein Sonnenglanz über jedes Gesicht, als empfingen alle Augen einen theuern, geliebten Freund! – [...]. Liszts ganzes Aeußere und seine Beweglichkeit bezeichnen sogleich eine jener Persönlichkeiten, auf welche man einzig und allein durch ihre Eigenthümlichkeit aufmerksam wird; Gottes Hand hat ihnen einen eigenen Stempel aufgedrückt, welcher sie unter Tausenden kenntlich macht. Als Liszt am Fortepiano saß, ließ der erste Eindruck seiner Persönlichkeit und das Gepräge der starken Leidenschaften auf seinem bleichen Antlitz ihn mir wie einen Dämon erscheinen, der an das Instrument, dem die Töne entströmten, gebannt war; sie kamen aus seinem Blut, aus seinen Gedanken, er war ein Dämon, der seine Seele freispielen sollte; [...].«[24]

Im Gegensatz zu Andersen, der Liszt als Musiker charakterisiert, porträtiert Johannes Guthmann Liszt in seinen Lebenserinnerungen als Menschen. Er geht nicht auf die musikalische Inspiration ein, die Ansorge von seinem Lehrer empfing, vielmehr bringt uns Guthmann das Wesen Liszts durch eine Anekdote nahe, die auch ein bezeichnendes Licht auf das Wesen Conrad Ansorges wirft:

»In jenem letzten Winter in Rom 1885/86 durfte der Schüler, dem der Meister sein Vertrauen geschenkt, gelegentlich den ritterlichen Alten, für den Aphrodite immer noch ein gewährendes Lächeln hatte, auf seinem pflichtigen Pilgergange zur Wohnung der Fürstin in die Via del Babbuino begleiten.«[25]

Gemeint ist hier Liszts große Lebensliebe Carolyne zu Sayn-Wittgenstein (1819–1887), die Liszt 1847 kennengelernt hatte und in der er eine willensstarke, temperamentvolle und gebildete Frau fand, die ihm zur geistvollen Diskussionspartnerin über Kunst, Religion und Philosophie wurde.

24 Hans Christian Andersen: *Eines Dichters Bazar*. Erster Theil, in: *H. C. Andersen's Gesammelte Werke*. Vom Verfasser selbst besorgte Ausgabe, 18. Band, Leipzig 1847, S. 22.
25 Guthmann 1955, S. 158f.

Wenngleich die geplante Ehe durch das Veto des Papstes vereitelt wurde, blieb Liszt der Fürstin bis an sein Lebensende verbunden. Und im Winter 1885/86 begleitete auch Ansorge Liszt des Öfteren zu seiner Geliebten. Guthmann berichtet:

»Man war dabei nicht immer rosenroter Laune. Die Treppen waren steil und es waren ihrer drei. Man wurde erwartet, aber der Empfang war am Ende anders, als man sich ihn wünschen mochte. Auf den Stühlen lagen Folianten aus der Vaticana, die Werke der alten Kirchenväter, zur täglichen wie nächtlichen Lektüre. Ohne jemals zu ermüden, sprach die fürstliche Frau von ihren Studien, die schlanken, meerschaumbraunen Finger mit der schwarzen Zigarre zu geistvoll gestikulierender Dialektik erhoben. Ringsum Asche, ›hier‹, wo der Dichter wähnen mochte, ›daß Rosen stehen sollten‹, ringsum Asche und Staub. Ob der Besucher von der respektablen Belesenheit dieser weltflüchtig gewordenen Intelligenz sich sonderlich angesprochen fühlte, hat Ansorge nie erzählt. Man blieb nicht bei den Kirchenvätern. Franz, in den Augen der Fürstin noch der Springinsfeld, hatte von der gealterten Freundin mancherlei Monierungen anzuhören. Da hatte er die Stufen wieder zu rasch genommen! Verschlug es ihm doch jetzt noch den Atem, so daß er ihr nicht Rede und Antwort zu stehen vermochte. Das Halstuch – wo hatte er es her? – war viel zu jugendlich. Und überhaupt! Er, der von der ganzen Welt immer noch Vergötterte, ging ihr zu viel unter die Leute, anstatt sich nachgerade von ihnen zu distanzieren und traulich bei ihr und den Kirchenvätern zu sitzen und auf sein Seelenheil zu denken. Sie war eine verflixt gelehrte Frau, und es war ihr nicht leicht in die Rede zu fallen. Liszt machte auch gar nicht den Versuch. Er begnügte sich, ihre freie Hand gelegentlich zu tätscheln, ihr zuzunicken, zuzulächeln – und das alles mit einer Anmut, einer Geduld, einer Artigkeit, daß der Famulus, dem die sibyllinische Alte anfing zuwider zu werden, sich doch am Ende sehr nachdenklich gestimmt fand. Sollte der einst so stürmische Anbeter jetzt dem Idole seiner Liebe um den Hals fallen und verlogene Küsse auf die runzeligen Wangen drücken? Sollte er die in der Gletscherwelt ihrer theologischen Exegesen Verstiegene durch ein unbeherrschtes leichtes Gähnen in den nüchternen Alltag herabreißen? Sollte er einfach aufstehen: ›Au revoir, Chérie –‹ auf Nimmerwiedersehen? Er küßte sie nicht. Er gähnte nicht. Er beschwor nicht ›Wotans Abschied‹[26] herauf. Er saß nur da und streichelte ihre alte Hand, nickte ihr zu und lächelte. Und wie er so dasaß, ›artig‹ mit jeder Faser seiner chevaleresken Wesens, wuchs dem

[26] Stimmgewaltige Szene aus Richard Wagner: *Die Walküre* (aus: *Der Ring des Nibelungen*), uraufgeführt 1870.

Conrad Ansorge

Jungen die Erscheinung des Meisters zur Offenbarung einer unbeschreiblichen Menschengüte, Menschenweisheit, Menschenliebe, wahrhaftig ein Jünger des heiligen Franziskus! Seit jener Stunde hatten der Begriff und das Wort ›artig‹ für Ansorge eine tiefe Bedeutung gewonnen. Er wandte es in bedeutsamen Augenblicken gern an, er liebte es, es hatte in seinem Herzen Wurzel geschlagen. Diese Artigkeit Ansorges war etwas sehr anderes als die Höflichkeit, die Politesse der großen Gesellschaft. Sie hatte etwas Zartes, Allerpersönlichstes.«[27]

Es war eben diese Zartheit, diese Feinfühligkeit Ansorges, die seine Interpretationen berühmt machte. In seinen Orchester- und Kammermusikwerken, seinen Sonaten, Klavierstücken und Liedern ebenso wie in seinen Bearbeitungen bemühte er sich um eine neuartige Intimität des Ausdrucks und zeichnete sich vor den Klavierkünstlern seiner Zeit durch eine vergeistigte und werktreue Durchdringung der klassischen und modernen Werke aus. Auf eindrucksvolle Weise übersetzt Johannes Guthmann die Besonderheit von Ansorges Auffassung in seine poetische Prosa, wenn er schreibt:

»Aber wie, wenn er den Liebling seines Herzens spielte, Schubert? Seine Impromptus, seine Moments musicaux, all die Kleinigkeiten, die jeder Neuling am Klavier, wie er glaubt, ›weg hat‹? Dann schuf er ihn mit einer Unschuld, ja ›Keuschheit‹ der Empfindung nach, das Instrument begann zu singen, es war die lautere Stimme der Musik selbst. So auch Chopin, den in dem Reichtum seiner musikalischen Einfälle Unerschöpflichen. Unter Conrad Ansorges Fingern war es, als ob die Sterne des nächtigen Himmels [sic] sich am hellen Tage in ein unübersehbares Gestöber von Schmetterlingen verwandelt hätten.«[28]

Guthmann profiliert die Künstlerpersönlichkeit Conrad Ansorges auch im Vergleich mit und in Abgrenzung zu zeitgenössischen Klaviervirtuosen wie Eugène d'Albert (1864–1932) und Ferrucio Busoni (1866–1924):

»Es ist mir in meinem Leben vergönnt gewesen, die Größten des Klavierspiels meiner Zeit zu hören. Mit etwa sechzehn Jahren erlebte ich den jugendlichen d'Albert zum ersten Male. Es war in einem der Berliner Philharmoniker-Konzerte unter Hans von Bülow. Ungeheuer der Beifall des verwöhnten Berliner Publikums! Kaum daß das alerte Jüngelchen die steilen Stufen des Podiums rasch genug zu bewältigen vermochte. Da trat der große Kapellmeister und Spötter,

---

[27] Guthmann 1955, S. 159 f.
[28] Ebd., S. 151 f.

Hans von Bülow, dem es genug des Guten für den unbejahrten Nachwuchs dünken mochte, vor: ›Klatschen Sie nicht, er kommt doch nicht mehr!‹ Und man gehorchte dem Gestrengen! Ich habe d'Albert in allen Epochen gehört und mir die Hände rot geklatscht. Er war der Phantasievollste, der Genialischste, doch in seiner Musikalität auch Launenhafteste von allen, ein Gaukler von Gottes Gnaden. – Neben ihm später Ferruccio Busoni, der wahldeutsche geistvolle Italiener! Mit seiner durchsichtig gewordenen phänomenalen Technik, mit allen Elixieren des Teufels, aber auch des Himmels gesalbt! Kristallinisch hart und klar, hatte sein Spiel etwas von dem unbeschreiblichen, eisigen Sternenglanz einer Winternacht in der afrikanischen Wüste. Ansorge dagegen, der kindlich Innigste, der instinktiv in sich Vollendete, er war auch der heroisch Monumentalste.«[29]

Das Bildnis, das Dorothea Ansorge zwei Jahre nach dem Tod Conrad Ansorges von ihrem Vater schuf[30], betont dessen Genialität, wenn sein Kopf hier umgeben wird von einem hellen Licht – einer Aura oder Gloriole, die vom großen Geist des Künstlers kündet, wie ihn auch Rudolf Maria Breithaupt 1930 in seinem Nachruf auf Conrad Ansorge in der Zeitschrift *Die Musik* beschreibt:

»Es war ein Besonderes in ihm und um ihn. Es ging ein Licht von ihm aus wie von den ersten Propheten und religiösen Mystikern. Er war Diener und Priester seiner Kunst. Diese Kunst war nicht von dieser Welt, sondern führte zu den Quellen alles Lebens – zur letzten Erkenntnis und Weisheit, zum Ewigen, Heiligen. Nicht das Klavieristische war das Große an Ansorge, sondern das, was dahinter oder darüber lag. Sein Spiel war innerstes Erlebnis, Dichtung, Traum. Er war Deuter heiliger Zeichen und wirkte ›der Gottheit lebendiges Kleid‹«[31].

Im Mittelpunkt von Ansorges Gestaltung stand der »Geist der Schöpfung«[32]. Die Freiheit, die sich Ansorge dabei im Umgang mit der im Notentext vorgegebenen Rhythmik und Dynamik eines Musikstückes nahm, war ausschlaggebend dafür, dass die Zeitgenossen Ansorge als einen »›Philosophen des Klaviers‹«[33] begriffen. Entsprechend hieß es am 4. Dezember 1901 in den *Hamburger Nachrichten*, der Künstler bringe

»für die Musik Beethoven's Etwas [sic] mit, das im Zeitalter der Klavier-Maschinen nicht allzu häufig gefunden wird: Eine Seele, ein reines, tiefes Empfinden.

---

29 Ebd., S. 152.
30 Dorothea Ansorge: *Prof. Conrad Ansorge*, Pastell, 56,5 x 43 cm (Innenmaß Rahmen), Berlin, Museum Charlottenburg-Wilmersdorf.
31 Rudolf Maria Breithaupt: *Conrad Ansorge zum Gedächtnis*, in: *Die Musik* XXII/7, April 1930, S. 519, zit. nach: Rathgeber 2017, S. 17. Breithaupt zitiert hier aus Goethes *Faust I* eine Sentenz des Erdgeistes in der ersten Szene (*Nacht*): »So schaff ich am sausenden Webstuhl der Zeit, / Und wirke der Gottheit lebendiges Kleid« [Johann Wolfgang Goethe: Faust. Der Tragödie erster Teil, Stuttgart (Reclam) 1993, S. 17, V. 508-509]. Hierin artikuliert sich ein »signifikantes Vorstellungsmuster« des Pantheismus. [Vgl. Jochen Schmidt: *Goethes Faust, 1. und 2. Teil, Grundlagen – Werk – Wirkung*, München ³2011, S. 85].
32 *Wochenschrift für Kunst und Musik* II/46, 1.12.1904, S. 404, zit. nach: Rathgeber 2017, S. 16.
33 Rathgeber 2017, S. 16.

Er spielt Beethoven mit reifem Geist und jenem vernunftklaren Verständniss [sic], das dort, wo es von der Tradition abweicht, sich auf die höheren Rechte des Künstlers berufen kann, der nicht den Buchstaben lehrt, sondern den Geist verkündet.«[34]

Dabei sei Conrad Ansorge »allem Äußerlichen und Virtuosenhaften«[35] gegenüber abgeneigt gewesen. Vielmehr wird er von den Zeitgenossen als ein »ernster, strengste Selbstzucht übender Pianist«[36] beschrieben, »der sich jeder darstellerischen Pose gänzlich entzog«[37]. So bestätigt uns auch Johannes Guthmann, dass Conrad Ansorge jegliche Effekthascherei fernlag:

»Nein, der Applaus galt ihm nicht viel – es sei denn, daß er unter seinen Zuhörern einen Gast wußte, wie etwa Slevogt, dem er sich dann mit aller Innigkeit ins Stammbuch seines Herzens einzuschreiben schien und dessen Beifallklatschen ihm sichtlich wohltat. Slevogt da! In solcher Nacht konnte es wohl geschehen, dass Meister Conrad sich von dem großen runden Esstisch auf der Terrasse, der die Gesellschaft noch beisammenhielt, unauffällig erhob, an den Flügel ging und improvisierend von seinen Kostbarkeiten herzuschenken begann.«[38]

Dass die Nuanciertheit der künstlerischen Gestaltungsweise Ansorges von Guthmann mit jener von Slevogt verglichen wird, unterstreicht die Geistesverwandtschaft der beiden Künstler: »Wie Slevogt das Licht in einer Lithographie heller als das Weiß des Papiergrundes, den schattenden Pinselstrich schwärzer als die tiefste Druckerschwärze vorzutäuschen vermochte, so Ansorge sein Fortissimo mächtiger als alle Donner, sein Piano zarter als den blassen Vorfrühling einer Krokuswiese.«[39] Ansorge und Slevogt waren eines Sinnes – künstlerisch wie persönlich. Auch wenn sie sich am Piano bisweilen buchstäblich den Rang abzulaufen suchten:

»In solcher Nacht konnte es aber auch geschehen, daß Slevogt, nachdem der eine oder andere sich ins Haus geschlichen und am Ende der ganze Kreis andachtsvoll um den Flügel versammelt war, im Gelüsten seines eigenen Temperaments den konzertierenden Freund vorsichtig wie einen Nachtwandler anrief und an die irdischen Schönheiten der ›Wiener Walzer‹ Schuberts oder der Mozartischen ›Deutschen Tänze‹ erinnerte und der andere, ihm verständnisvoll zunickend, aus dem Maestoso ins Scherzando überleitend, die unvergleichlichen

34 *Hamburger Nachrichten*, 4.12.1901, zit. nach: Rathgeber 2017, S. 22.
35 *Neue musikalische Presse* XIII/21-22, 03.12.1904, S. 351, zit. nach Rathgeber 2017, S. 16.
36 *Wochenschrift für Kunst und Musik* II/46, 1.12.1904, S. 404, zit. nach: Rathgeber 2017, S. 16.
37 Rathgeber 2017, S. 16.
38 Guthmann 1955, S. 153.
39 Ebd., S. 151.

Takte der alten Volksweisen erklingen ließ, ja am Ende seine Zuhörer aufmunterte, mitzutun und die Schwungkraft dieser Rhythmen mit den eigenen Sohlen zu erproben. Zögernd erst einige, mutwillig mehrere, ausgelassen zuletzt alle, kreisten sie um ihn, den Ausgelassensten. [...]. Bis Slevogt gar, sonst so dicklich-schwerfällig, sich treiben lassend, mit der liebenswürdigsten Schelmerei eines Jongleurs sich unvermutet dem Meister an der Klaviatur untergeschoben hatte, den Entrückten mit einem genialen Salto seiner Hände gewissermaßen der Huld der Götter empfahl und selber zum Tanze aufzuspielen anhob, auch er einer, der sich hören lassen durfte! Und der Entthronte? Im Nu die ernsten Frackbeinkleider umgeschlagen und die Schöße mit den gerundeten Armen wie eine Ballerina ihr Gazeröckchen gelüpft, einem Waldschrat ähnlicher denn sich selber, erwiderte er knicksend seinem Partner die gewagtesten Reverenzen, bis – ja bis der Hausherr sich wohl oder übel entschließen mußte, das Festchen, das man einander selbst gegeben, mit einigen Gläsern Sekt zu feiern. Im Laufe der Zeit hatte sich der Brauch herausgebildet, daß Ansorge sein Sonderfläschchen erhielt, das er heimlich hinter seinem Sessel verbarg, aber dann doch sehr rasch aufsprang, einem Bevorzugten davon abzugeben [...].«[40]

1927 erinnert sich der Schriftsteller Wolfgang Goetz in einem Artikel für die *Vossische Zeitung* an die heiter-gesellige und inspirierende Atmosphäre der Neu-Cladower *rencontres*:

»Am schönsten aber war der kleine Kreis, waren jene Abende, da von der üppigen Tafel auf der Terrasse Slevogt aufstand, Pinsel und Palette hervorholte und jenes Bild nächtlichen Schmauses malte, das für mich am stärksten den Sinn jenes Neu-Cladow festhält. Oder er ging hin und spielte Schnadahüpfle, nach welchem Getön Conrad Ansorge die Glieder zu elfischem Reigen rührte. Die Abende waren es, da eben dieser Ansorge sich hinsetzte, um vor fünf, sechs Menschen im grün-schwarz-goldenen Musiksaale seines Meisters Liszt »Erlkönig« und die »Appassionata« zu spielen, worauf der Hausherr beseligt in den Keller lief und ›eine ganz gute‹ holte, worauf Ansorge sich mit Schubert revanchierte, worauf noch eine bessere geholt werden mußte, und das so fort ging, bis die Nebel über der Havel im lichten Goldton wogten.«[41]

Und noch 1966 schreibt der Kunsthistoriker Johannes Sievers in sehr ähnlicher Weise:

40 Ebd., S. 154 f.
41 Goetz 1927, S. 2; vgl. Goetz 1955, S. 1060; Goetz 1964, S. 115 f.; Sievers 1966, S. 220 f.

»Unvergeßlich für mich so mancher der sommerlichen Abende, an denen Slevogt und Conrad Ansorge, der große Pianist, Lucie Höflich, die berühmte Schauspielerin, und ihr Freund und späterer Ehemann Dr. Anton Mayer, mein Studienfreund aus Berliner und Halleschen Tagen, Emil Orlik, der Maler und hochbegabte Zeichner, und mancher andere, mehr oder weniger bekannte Gast zugegen waren. Slevogt und Ansorge, die beide ein edles Getränk zu schätzen wußten, an dem es nicht mangelte, kamen einmal in solch‹ göttliche Laune, daß sich schließlich Slevogt an den Flügel setzte und einen Schuhplattler spielte, während Ansorge, die noblen Smokinghosen hoch aufgekrempelt, dazu den Tanz mit allen Finessen den staunenden Mitgästen vorführte.«[42]

Auf dem Gemälde von Max Slevogt, das den Musiker am schwarzen Flügel vor der grünen Wandbespannung des Musiksaals zeigt, konzertiert Conrad Ansorge noch immer.[43]

Dabei ist es bezeichnend, dass Slevogts künstlerisches Augenmerk dem Gesichtsausdruck des Musikers gilt, dessen Konzentration ganz auf die Töne gerichtet scheint, die der Pianist dem schwarzen Blüthner-Flügel entlockt – ganz dem Werk hingegeben. Ganz »Diener seines Werkes«.

Als »Diener seines Werkes« verstand sich, wie bereits erwähnt, auch Max Slevogt und es ist eben diese Wesensverwandtschaft, die Ansorge und Slevogt in und durch Neu-Cladow eng aneinanderband. Dies geht auch aus folgender Erinnerung von Wolfgang Goetz hervor:

»Slevogt war unendlich bescheiden bei allem Selbstvertrauen, und war am liebenswürdigsten, wenn er behaglich in sich hineinlachte. Dabei konnte er sehr ausgelassen sein. Ich erinnere mich eines Abends im Kladower Schloß. Conrad Ansorge hatte gespielt, und nach jeder Offenbarung war eine immer bessere Flasche Wein von den Zuhörern ausgeschlürft worden. Gegen Morgen, als die Havel schon opalen zu glänzen begann, war man füglich lustig. Plötzlich setzte sich Slevogt ans Klavier und spielte einen heimatlichen Dreher, worauf der sonst feierliche Ansorge im Smoking zu schuhplatteln anfing, als hätte er Krachlederne an.«[44]

Die entspannte, gelöste Atmosphäre in Neu-Cladow unterschied sich von den geregelten Konzertgesetzmäßigkeiten der Großstadt.[45] Diametral stand das Musizieren in Neu-Cladow beispielsweise den Philharmonischen

---

42 Sievers 1966, S. 220 f.
43 Max Slevogt: *Conrad Ansorge am Klavier* (1912), Öl/Lwd., 60,5 x 81 cm, bez. Ansorge 1. Juli 1912 M. Slevogt (o. l.), Standort unbekannt.[Vgl. Imiela 1968, S. 385 f.; Schwartz 2017, S. 56 f.; Rathgeber/Heitler/Schwartz 2017, Abb. 6, S. 381].
44 Wolfgang Goetz: *Damals in Berlin… als ich bei Reinhardt die Judith spielte*, Berlin 1970, S. 36.
45 Vgl. Schwartz 2010, S. 37.

Max Slevogt: *Conrad Ansorge am Klavier*, 1912

Volkskonzerten entgegen, durch die Ansorges Repertoire weiteste Verbreitung fand und bei denen der Pianist vor einem mehrere Tausend Zuhörer zählenden Publikum konzertierte.[46] Auftritte Ansorges im intimen Kreis sind über Neu-Cladow hinaus lediglich für den Salon des Buchillustrators Melchior Lechter in der Kleiststraße 3 in Schöneberg belegt, auch wenn Ansorge darüber hinaus in den Salons von Sabine Lepsius in Westend und Bertha von Arnswaldt am Nollendorfplatz 7 verkehrte. Dabei unterschied sich der Charakter des Kreises um Johannes Guthmann signifikant von dem elitären Charakter der »Stefan-George-Gemeinde«, die sich bei Lechter und Lepsius einfand und in der Ansorge »die Musik repräsentierte«[47] und dabei auch Gedichte von George für Singstimme und Klavier vertonte[48]. Mit ironischem Augenzwinkern bemerkt Guthmann über die pathetische Selbstinszenierung Georges:

»Wenn aber gar George selber vor einem sorgsam ausgesiebten Publikum in Erscheinung trat und bei sieben Kerzen seine hehren Verse als Emanationen eines ekstatischen Geistes vortrug, was sie auch ohne diesen Pomp waren, dann verschloß sich Ansorge dieser bis zum Kultischen gesteigerten Feierlichkeit nicht.«[49]

46 Vgl. Rathgeber 2017, S. 21.
47 Guthmann 1955, S. 105.
48 Vgl. Conrad Ansorge: *Fünf Gesänge* nach Dichtungen von Stefan George (1899), op. 14; Conrad Ansorge: *Weidenwald*, Umdichtung von Stephan [sic] George nach Dante Gabriel Rossetti (1900–1901), op. 16. [Rathgeber/Heitler/Schwartz 2017, S. 664 f.]. Wie bei der Interpretation von Klaviermusik, war Ansorge auch bei seinen Vertonungen literarischer Texte ganz Diener des jeweiligen Werks. Er vertonte den Text nicht in klassischem Sinne, das heißt, er stattete ihn nicht mehr mit einer Gesangsmelodie aus, sondern er versuchte, die Gedichte musikalisch nachzudichten. So handelt es sich dabei nicht eigentlich um Liedvertonungen sondern um Sinfonische Dichtungen *en miniature*. [Die Autorin verdankt diesen Hinweis Dr. Michael Wittmann, Freie Universität Berlin (Musikwissenschaftliches Institut)].
49 Guthmann 1955, S. 157.

Hohlen Phrasen jedoch war Ansorge abhold. Damit passte er hervorragend zu Johannes Guthmann und dem engsten Gästekreis Neu-Cladows, den trotz aller geistvollen Kultiviertheit auch eine gewisse Bodenständigkeit auszeichnete. So schrieb der Schriftsteller Wolfgang Goetz 1927 in der *Vossischen Zeitung*:

> »Es waren nicht Namen, die geladen wurden, es mußten Kerls sein, auch wenn sie Namen trugen, und sie mußten schon ein wenig in den Kreis passen. [...]. Und nie war da banales Geschwätz zu hören. Vom tollsten Ulk bis zum ernstesten Gespräch, das alles hatte Hand und Fuß.«[50]

Bezeichnend für die Identifikation Conrad Ansorges mit Neu-Cladow und dem »inneren Kreis« um Johannes Guthmann ist es, dass der Künstler zwischen »echten« und »unechten« Neu-Cladowern unterschied. Den von ihm als »Erz-Neu-Cladower« bezeichneten »echten« Neu-Cladowern rechnete er Joachim Zimmermann, Max Slevogt und Lucie Höflich zu:

> »Vollkommen naiv in seinen Empfindungen war er in der Unterscheidung zwischen einem ›Neu-Cladower‹ seines Gepräges und anderen Sterblichen streng orthodox. Unterschrieb er sich doch nicht nur im Scherz gern: »Ihr Neu-Cladower«, [...] und wünschte mir zu Neujahr ›Alles Schöne im Neu-Cladower Sinne‹. Der Erz-Neu-Cladower war ihm Jochen, der seinen Goethe – nahezu – auswendig konnte, der die herrlichen Stellen in den Werken Georges sofort zu finden wußte, der blutwarme Theaterstücke schrieb, selbst wenn ihre Aufführung auf sich warten ließ, der gut ritt, gut schwamm und überhaupt ein Kerl war. Ein ›Erz-Neu-Cladower‹ war ihm auch Slevogt, der Künstler wie der Mensch und der Jäger. [...]. Eine ›Neu-Cladowerin‹ nach Ansorges Sinn war auch Lucie Höflich, die große Schauspielerin, unsere Lux.«[51]

Bei allem himmelsstürmenden Schaffensdrang behielt Ansorge stets die Bodenhaftung, wie uns jene Anekdote lebendig vor Augen führt, die Guthmann über ein Abendessen anlässlich der geplanten Vertonung seines 1909 bei Paul Cassirer erschienenen Prosagedichts *Eurydikes Wiederkehr* durch Ansorge erzählt:

50 Goetz 1927, S. 2; vgl. Goetz 1955, S. 1060; Goetz 1964, S. 115 f.
51 Guthmann 1955, S. 155.

»Ich hatte ihm die Chorgesänge aus ›Eurydikes Wiederkehr‹ ausgeschrieben, die ihn, […] zu meiner größten Freude so angesprochen hatten, daß er sie in Töne zu setzen plante. Näheres wollten wir bei einem kleinen Abendbrot zu zweit erwägen. Als Fürsprecher bei dem Gestrengen hatte ich mir eine Flasche Sekt bereitgestellt, eine sehr gute Marke, einen ausgezeichneten Jahrgang. Der Meister wußte ihn zu schätzen, und ich erzählte, daß es die beste Flasche meines Kellers sei, das heißt, um bei der Wahrheit zu bleiben: die zweitbeste. Dies hier sei eine 93er Heidsieck, drunten liege eine noch erlesenere, eine 92er Moët & Chandon Brut Impérial, die ich Lucie Höflich zu feierlichster Gelegenheit versprochen habe. Ansorge nahm die ehrwürdige Bouteille bedächtig in die Hand, rückte den Kneifer, las, rückte den Kneifer noch gewissenhafter – und las wieder – und brach in ein wahrhaft jungenhaftes Gelächter aus, sich immer wieder auf die Schenkel schlagend: die Flasche – ich hatte mich vergriffen – es war die 92er Moët, und er – hat sie getrunken! – nicht die verehrte Freundin und Kollegin in Apoll!«[52]

Es ist diese Vitalität, die auch im Ansorge-Bildnis Lovis Corinths von 1903 sprechend zum Ausdruck kommt.[53] Auch wenn Ansorge hier im Zustand der Ruhe dargestellt ist, so spricht aus dem Porträt doch jene Kraft, die ihm Grundlage seiner schöpferischen Impulse war. Angesichts des Corinth'schen Bildnisses können wir uns Conrad Ansorge auch als jenen begeisterten Jäger vorstellen, von dem uns Guthmann berichtet:

»Unter allem, was ihn an Neu-Cladow fesseln mochte, spielte das Wild vielleicht die größte Rolle. Für das etwa 90 Morgen große Parkgelände war jegliche Jagd verboten, sei es auf Hasen, wilde Kaninchen, Füchse oder die Rehe, die trotz der langen Mauer meines Vaters ständig auf verschwiegener Furt durch die Havel in den Park wechselten, wo sie sich so heimisch fühlten, daß eines Nachts mitten im Gemüsegarten ein amouröser Zweikampf zwischen einem alten und einem jungen Bocke ausgetragen wurde. Toll der Lärm der sich kreuzenden Geweihe, das raubtierhafte Brüllen und Ächzen, bis am Ende der junge Bock, vollkommen vernichtet und zu einer formlosen blutigen Masse entstellt, auf dem Platze blieb. Auch das Schießen der Fischreiher, die so wundervolle Kreise über dem Schilf der Ufer und den weiten Wasserflächen zogen, duldete ich nicht, zum Verdruß der alten Havelfischer. […].

Seiner Passion für das Wild fröhnte Ansorge, wie das bei Leidenschaften, zumal platonisch verhaltenen ist, tunlichst im geheimen. Wenn er sich bei Son-

52 Ebd., S. 155 f.
53 Lovis Corinth: *Der Pianist Conrad Ansorge* (1903), Öl/Lwd., 141 x 125 cm, München, Städtische Galerie im Lenbachhaus. [Vgl. Imiela 1968, S. 203; Schwartz 2017, S. 56; Rathgeber/Heitler/Schwartz 2017, S. 379, Abb. 3].

nenaufgang erhob, fand er oft genug die Rehe in den Beeten vor seinem Fenster, die lieben Ricken und Kitzchen. Wohl hoben sie den Kopf, den Mann da aus der Ferne mit ihren blanken schwarzen Näschen, auf Jägerdeutsch den ›Windern‹ zu beschnuppern, dann tauchten sie ihre Köpfe wieder tief in die Rosenbüsche, den ersten Appetit zu sättigen. Bei all seiner Zärtlichkeit für das Getier fand Ansorge dergleichen ungehörig. Er klatschte in die Hände, lärmte, rief hallo und he, aber sie kümmerten sich nicht weiter um ihn, berochen die roten, berochen die weißen Rosen, knabberten an beiden und rückten, lautlos wie Figuren aus einer Spielzeugschachtel von unsichtbaren Fäden gezogen, ab. Täuschte er sich? Hatten sie ihn da aus sicherer Ferne nicht ausgelacht? Oder war es der alte Liedtke gewesen, der wackerste aller Verwalter, der die Szene nicht zum ersten Male mitangesehen? Doch nahezu zahme Tiere zu scheuchen, genügte dem passionierten Jäger nicht. Also griff er nach dem mörderischen Schießgewehr, das immer griffbereit zur Hand war, und machte, während das Haus noch schlief, seinen Pirschgang. Den fehlenden Jagdhund ersetzte sein eigener animalisch sicherer Instinkt. Mit Wolken und Winden vertraut, hatte er sehr bald die rechte Spur und verfolgte Zug um Zug wie ein Schachspieler die aufregende Fährte, einem gut dressierten Jagdhund edler Rasse nicht unähnlich, der seiner Beute sicher ist und dennoch weiß, daß er dem Wild nichts tun darf, während die arglosen Dinger gleich den Gefährtinnen der Prinzessin Nausikaa[54] vor ihm dalbernd [sic] hin- und wiedersprangen. Das ging so hin, das ging so her, der ganze Mensch Ansorge, vollkommener Naturmensch jetzt, war glücklich.«[55]

Die Vorliebe zur Jagd teilte Conrad Ansorge mit Max Slevogt, der den Künstlerkollegen noch einmal im Kriegsjahr 1915 – diesmal ohne einen Hinweis auf dessen Profession – porträtierte[56]. Als dem leidenschaftlichen Jäger Ansorge anlässlich des Auszugs Johannes Guthmanns aus Neu-Cladow 1921 die bisher verbotene Jagd im Gutspark erlaubt wurde, weckte dies seine Lebensgeister und es liest sich wie ein letztes Aufbegehren gegen Guthmanns Vertreibung aus dem Neu-Cladower Paradies, wenn der Hausherr vom Pirschgang Ansorges bei seinem letzten Neu-Cladower Besuch wie folgt berichtet:

»Welch Triumph, als er bei seinem letzten Besuche Neu-Cladows, wo ihn alle Anzeichen des drohenden Auszugs aus dem geliebten Hause schmerzlich genug berührten, noch einmal die Flinte zur Hand nahm und längs des Schilfs am

54 Gestalt der griechischen Mythologie, die sich gemäß der *Odyssee* des Homer in den schiffbrüchigen Odysseus verliebt. Als Tochter des phäakischen Königs Alkinoos ist Nausikaa Prinzessin eines Volkes, das in Scheria, einem fruchtbaren Land am Ende der Welt, ein glückliches und sorgenfreies Leben führt und das zur letzten Station der Irrfahrten des Odysseus vor dessen Heimkehr wird.
55 Guthmann 1955, S. 161 ff.
56 Max Slevogt: *Conrad Ansorge* (1915), Öl/Lwd., 116,5 x 90 cm, Bremen, Kunsthalle. [Vgl. Imiela 1968, S. 419, Abb. Nr. 194; Schwartz 2017, S. 57; Rathgeber/Heitler/Schwartz 2017, S. 382, Abb. 7].

Havelufer hin den Park durchstreifte, zum ersten Male mit besonderer Schießerlaubnis, und der Wunsch ihm wirklich ein Reh vor den Lauf führte und er im selben Augenblick auch schon das Tier zur Strecke brachte! Er steckte sich ein grünes Zweiglein an den Hut, man schaffte das Wildbret in die Küche, und in aller Unrast des schwindenden Haushalts fand sich doch Gelegenheit, ihm die frische Leber zu braten und sie vor dem Abgang seines Dampfers auf der Terrasse zu servieren. Ich hatte keine Zeit mehr, ihm Gesellschaft zu leisten, auch ein edler Tropfen fehlte. Nur eine Flasche Bier fand sich noch. So saß er an der Stelle, wo ihm so oft die Gläser huldigend geklungen hatten, nein, er thronte einsam wie ein König, der nach letzter, gewonnener Bataille ins Exil geht. Dieser Abschied ist ihm immer und immer gegenwärtig gewesen.«[57]

Conrad Ansorge hing an Neu-Cladow, wo er sich trotz vielfältigster musikalischer Verpflichtungen häufig und gerne auch über längere Zeiträume aufhielt. Die Freundschaft zwischen Johannes Guthmann und Conrad Ansorge sowie dessen Frau Margarethe war auch nach dem Wegzug Guthmanns aus Neu-Cladow von unverbrüchlichem Bestand. Mit seiner Schülerin Margarethe Wegelin (1872–1944) hatte Conrad Ansorge am 14. Juli 1891 eine Frau geheiratet, die ab 1909 selbst als Pianistin am Berliner Musikleben teilnahm, zahlreiche Konzerte gemeinsam mit ihrem Ehemann gab und gemeinsam mit ihm auch die Meisterklasse am Klindworth-Scharwenka-Konservatorium unterrichtete, nachdem Conrad Ansorge ab Herbst 1920 als Professor an die neue Deutsche Akademie für Musik und darstellende Kunst in Prag berufen worden war.[58] Walter Niemann nennt in seinem Buch *Meister des Klaviers* Margarethe Ansorge eine »brillante und kraftvoll, fast allzu einseitig kraftvoll gestaltende Virtuosin von großem und plastisch modelliertem Konzertton, feurigem Temperament und hervorragendem technischen Können«[59] – ihr komme das Verdienst zu, die Kammermusik ihres Gatten in Deutschland eingeführt zu haben. Auch Margarethe Ansorge hielt sich häufig in Neu-Cladow auf, wie wir im vorigen Kapitel erfahren durften …

Erscheint die Neu-Cladower Zeit in den Erinnerungen Johannes Guthmanns als gleichsam leuchtender Stern, der ihm auch in seinen Jahren in Schlesien zwischen 1921 und 1946 und später bis zu seinem Lebensende 1956 in Oberbayern den Weg durch des Lebens Unbilden wies, so war es Conrad Ansorge, der in Neu-Cladow einen unersetzlichen Teil dazu bei-

57 Guthmann 1955, S. 163 f.
58 Vgl. Rathgeber 2017, S. 19. Der Ehe zwischen Conrad und Margarethe Ansorge entstammten vier Kinder: Dorothea/Dorothee (*1892–1958), Joachim (*1893–1947), Arnulf (*1894–1954), Ulrike (*1895–?). Joachim Ansorge (1893–1947) wurde Konzertpianist und unterrichtete als Professor am Konservatorium Königsberg und an der Berliner Hochschule der Künste. [Vgl. Rathgeber 2017, S. 14; Rathgeber/Heitler/Schwartz 2017, S. 704 f.].
59 Zit. nach Rathgeber 2017, S. 14.

getragen hatte, dass Johannes Guthmanns Traum von einem Arkadien an der Havel für eine Zeit lang wahr werden konnte. In idealer Weise passte Conrad Ansorge zu Johannes Guthmanns Idee von Neu-Cladow – mit seiner Kunst und vor allem auch mit seinem Wesen. »Die Kunst verliert in ihm einen der eigenartigsten Musiker«, hieß es 1930 anlässlich von Ansorges Tod in der Prager Musikzeitschrift *Der Auftakt*:

> »einen scharf profilierten Denker, einen Meister, dessen Epitheton ›Dichter‹ am Klavier, die Art seines Spiels im Wesen erfaßt. Er war nicht Techniker katexochen, nicht Nur-Virtuose. Ansorge kam geistig von Liszt her, von ihm hatte er die Liebe zur Romantik. Das Seelenhafte, Lyrische der Deutung war persönlichstes Bekenntnis. Sein Beethoven, sein Schubert war Dienst an der Gottheit, […].«[60]

Selbst nach Jahrzehnten und lange nach dem Ableben Conrad Ansorges erinnert sich Johannes Guthmann noch an den märchenhaft bestrickenden Zauber von Ansorges Klavierspiel im Musiksaal des Gutshauses und an die »geheimnisvolle Kraft«, die sich von seinem Blüthner-Flügel,

> »wenn ihn Ansorge zu nächtlicher Stunde berührte, dem gesamten ›Neu-Cladow‹ mitzuteilen schien. Das Mauerwerk des alten Hauses war von der Fülle und Wärme seines Tons wie mit Melodie durchtränkt, als ob die Steine selber sängen oder draußen vor den offenen Fenstern die Säulen der Terrasse und die dunklen Bäume.«[61]

Wie besonders die Verbindung zwischen Conrad Ansorge und Johannes Guthmann gewesen muss, wird mit Blick auf dessen 1949 publizierten Prosaband *Die Zypressen der Villa d'Este. Schicksale im Spiegel der Landschaft*[62] deutlich. Rund vierzig Jahre nach den gemeinsamen Tagen im Gutshaus zu Neu-Cladow stellt Guthmann seinem Erzählungsband die Worte voran: »Dem Andenken Conrad Ansorges«.

60 *Auftakt* X, 1930, S. 63, zit. nach Rathgeber 2017, S. 9.
61 Guthmann 1955, S. 171.
62 Johannes Guthmann: *Die Zypressen der Villa d'Este. Schicksale im Spiegel der Landschaft*. München (Leibniz) 1949.

Epilog

1927 erschien in der *Vossischen Zeitung* Wolfgang Goetz' *Erinnerung an Neu-Cladow* – eine Reminiszenz an jene blütenreiche Zeit, da Johannes Guthmann am westlichen Havelufer einen modernen Musenhof schuf, der von zahlreichen illustren Persönlichkeiten des Berliner Kultur- und Geisteslebens als bevorzugter Lebens- und Schaffensort zu kürzerem oder längerem Aufenthalt aufgesucht wurde. Die Neu-Cladower Atmosphäre war inspirierend – davon künden nicht nur die Erinnerungen Guthmanns und seiner Gäste, die das pulsierende Berliner Kunst-, Literatur-, Musik- und Theaterleben an den Havelstrand brachten. Davon künden auch jene Gemälde Max Slevogts von Garten, Haus und Gästen, die uns noch heute ein anschauliches Bild von der Blütezeit Neu-Cladows vermitteln. Max Slevogt verlieh der Vision Guthmanns von einem Arkadien an der Havel als einem »festliche[n] Schauplatz geistigen und gesellschaftlichen Lebens«[1] bildlichen Ausdruck. Das besondere Flair Neu-Cladows und Guthmanns wie Slevogts Verdienste darum würdigt 1924 auch der Direktor der Berliner Museen, Ludwig Justi, in einem Aufsatz zu *Slevogts Cladower Wandmalereien in der Nationalgalerie*:

> »Da gab es Nachmittage und Abende erlesener Geselligkeit, prächtige Menschen aus dem geistig-schöpferischen Berlin wurden durch die liebenswürdige Gastlichkeit und die feine Geistigkeit des Hausherrn herangezogen. Konrad Ansorge und Max Slevogt waren wohl die häufigsten und liebsten Gäste unseres Johannes Guthmann, des Musikfreundes, Kunstkenners und Dichters. Und wer länger hier weilte, der konnte segeln, reiten, jagen, träumen – wie er wollte. Slevogt hat vielleicht am meisten Gebrauch von diesem Paradies gemacht, und am fruchtbarsten, denn er mochte fühlen wie sein künstlerisches Wesen vom

[1] Imiela 1968, S. 150.

eindringlich liebenden Verstehen des Gastgebers getragen war; Zeugnis dafür ist Guthmanns Buch über Slevogt ›Scherz und Laune‹«[2].

Bis heute gilt der Forschung Johannes Guthmann als wichtiger Schlüssel zum künstlerischen Œuvre Max Slevogts. Guthmann war einer der ersten Biographen des Künstlers, war dessen Ratgeber, Reisegefährte und engster Freund. Die bereits 1960 publizierten und jüngst in neuer Bearbeitung wieder veröffentlichten Briefe Max Slevogts an Johannes Guthmann künden von der fruchtbringenden Beziehung zwischen bildendem Künstler und Kunsthistoriker, Schriftsteller und Sammler.[3] Doch nicht nur die Beziehung zwischen Slevogt und Guthmann, auch jene zwischen Johannes Guthmann und Paul Cassirer, Anton Mayer, Gerhart Hauptmann, Conrad Ansorge und vielen mehr war von gegenseitiger Inspiration und tiefem Verständnis für die jeweiligen persönlichen wie künstlerischen Belange geprägt. Auch wenn bisweilen Kämpfe auszufechten waren – wie im Fall der »Scherz & Laune«-Affäre zwischen Paul Cassirer und Johannes Guthmann – bestand doch ein Grundkonsens über die Lebensnotwendigkeit von Kunst in Zeiten eines epochalen Wandels. Galt Paul Cassirer seinen Zeitgenossen als ein Mensch, der sein Leben und seine Arbeit »der Beschirmung des Schönen«[4] weihte, so schrieb der Kunsthistoriker Werner Weisbach entsprechend über Johannes Guthmann:

> »Als Typus eines Menschen, der in der Berliner Gesellschaft etwas, das man als ›Sehnsucht nach dem schönen Leben‹ bezeichnen könnte, mit unersättlichen Bemühungen zu befriedigen trachtete, wäre Doktor Johannes Guthmann an erster Stelle zu nennen. [...]. Kultur, allgemeine Bildung, künstlerisches Verständnis sich anzueignen, darauf war sein Sinn gerichtet.«[5]

Hatte sich Johannes Guthmann in seinem Prosagedicht *Eurydikes Wiederkehr* die Frage nach der Vereinbarkeit von Kunst und Leben gestellt, so war ihm die Synthese in Neu-Cladow gelungen. So schreibt Wolfgang Goetz:

> »Es war für uns ganz selbstverständlich, daß der blaue Torso des van Gogh ob unseren Schmausereien und üppigen Weinpullen hing und eine herrliche Landschaft Feuerbachs. Nicht, daß wir drüber hingesehen hätten, nein, in unserer geselligen Freude waren wir doppelt dankbar, genossen doppelt die Herrlichkeit

---

2 Justi 1924, S. 182.
3 Imiela 1960; Wolf 2018.
4 Frank Wedekind widmete sein 1914 publiziertes dramatisches Gedicht *Simson oder Scham und Eifersucht* Paul Cassirer mit den Worten: »Ihnen, Herr Paul Cassirer, der Sie Ihr Leben und Ihre Arbeit der Beschirmung des Schönen weihen, seien diese Verse zugeeignet.« [Zit. nach Rahel E. Feilchenfeldt: *Paul Cassirer – ein Mosaik*, in: Feilchenfeldt/Raff 2006, S. 13-42, hier: S. 13].
5 Weisbach 1956, S. 37.

der toten Meister, und keine Würde entfernte die Vertraulichkeit, sondern sie saßen heiter mit uns beim Mahl.«[6]

Kunst als Lebensmittel, nicht als Dekor zu begreifen – dies war in Neu-Cladow Programm. Es war die Antwort Johannes Guthmanns und seiner Gäste auf eine als entseelt empfundene Wirklichkeit und ein Mittel der Selbstvergewisserung in unsicheren Zeiten. Dabei konnte der Erste Weltkrieg Guthmanns Glauben an die unvergängliche Kraft von Kunst und Kultur, die sich insbesondere auch in seiner und zahlreicher Gäste Liebe zur Antike als etwas »Zeitloses, die Moden Überdauerndes«[7] artikuliert, nicht brechen. Trotz bitterster Not der Zeit reanimierte Johannes Guthmann im krisenreichen Jahr 1919 wieder den Spielbetrieb im Neu-Cladower Naturtheater und ließ das lyrische Drama *Der Tor und der Tod* (1893) inszenieren. Brachte er damit ein Stück aus der ästhetizistischen Schaffensperiode des österreichischen Dramatikers Hugo von Hofmannsthal (1874–1929) zur Aufführung, so schreibt er der Kunst dabei erneuernde und bewahrende Funktion zu und verwahrt sich damit indirekt gegen den Vorwurf der Weltflucht, wenn er in der Aufführung ein Symbol wider die allgemeine »Hoffnungs- und Glaubenslosigkeit«[8] der Zeit sieht, der er mit seinem »Glauben an die Unvergänglichkeit des Schönen in der Welt«[9] begegnet.

Jenen, die sich diesem Gedanken verbunden fühlten, schuf der Kunsthistoriker Anton Mayer 1921 mit seiner Zeitschrift *Faust*[10] ein Forum. Es nimmt nicht wunder, dass hierin Texte zahlreicher Neu-Cladower Gäste wie Gerhart Hauptmann, Georg Swarzenski, Johannes Sievers, Wolfgang Goetz und auch Johannes Guthmann Aufnahme fanden. Es wirft ein Licht auf die Geisteshaltung des Neu-Cladower Kreises, dass Johannes Guthmann ebenso wie eine Vielzahl seiner Gäste – Max Slevogt ebenso wie beispielsweise August Gaul, Paul Cassirer, Max Liebermann, Walther Rathenau und Max Reinhardt – Mitglieder der *Deutschen Gesellschaft 1914* waren. Hier trafen Vertreter von Politik, Großindustrie, Hochfinanz, Kunst und Wissenschaft im Geiste der Burgfriedenspolitik von Reichskanzler Bethmann Hollweg zusammen. Guthmann sieht die am 28. November 1915 im Pringsheim'schen Palais in der Berliner Wilhelmstraße 67 gegründete *Deutsche Gesellschaft 1914* in seinem Neu-Cladower Gästekreis vorgeprägt: »Immer aufs neue erwies ›Neu-Cladow‹ die harmonisierende Kraft einer großen Kulturgemeinschaft. Lange vor dem schicksalsvollen Jahr des Kriegsaus-

Monogrammist HS (Hermann Struck attr.):
Dr. Johannes Guthmann, 1911

6 Goetz 1927, S. 1; vgl. Goetz 1955, S. 1059; Goetz 1964, S. 113 f.
7 Guthmann 1955, S. 135.
8 Ebd., S. 312.
9 Ebd., S. 317.
10 *Faust. Eine Monatsschrift für Kunst, Literatur und Musik*, Berlin (Bard; Reiß) 1921–1926.

bruchs hatte der Kreis meiner Gäste in seiner reichen Vielfalt etwas vom Wesen der ›Deutschen Gesellschaft 1914‹«[11]. So traf Johannes Guthmann mit seinen Neu-Cladower Gästen häufig auch in der *Deutschen Gesellschaft* zusammen: »Wir haben uns mit Gerhart Hauptmann zum Abendessen in der Deutschen Gesellschaft Montag 8 Uhr verabredet«, schreibt er am 7. Dezember 1919 an Max Slevogt: »Er legt seinerseits allergrössten Wert auf dies Wiedersehen!«[12]

Von oftmals lebenslang unverbrüchlichem Bestand waren die in Neu-Cladow geschmiedeten Freundschaften und werfen ein Licht auf das dichte Netz der Beziehungen untereinander. Dass zu Johannes Guthmanns Kunstsammlung die von Max Slevogt entworfene Titelvignette zu Gerhart Hauptmanns Novelle *Der Ketzer von Soana* (1918) zählte, exemplifiziert die Engmaschigkeit des Beziehungsnetzes innerhalb einer schöpferisch fruchtbaren Zeit. Auch wenn uns die Protagonisten des reichen Berliner Kultur- und Geisteslebens der 1910er und 1920er Jahre vielfach vertraut sind, ist es keine Selbstverständlichkeit, deren einstige Wirkungsstätten wieder erlebbar machen zu können, wie eine Erinnerung der Schauspielerin Tilla Durieux an ihren ersten Besuch Deutschlands nach dem Zweiten Weltkrieg deutlich macht: »Als ich Berlin nach 1945 wiedersah, geschunden, zerstückt, irrte ich weinend durch die Trümmer. In der Viktoriastraße vor unserem Haus, in dem ich die schönsten Jahre meines Lebens verbrachte, fand ich nur Steine. Sie sangen mir ganz leise von der Vergangenheit.«[13] Viele von Guthmanns Gästen kamen aus dem Tiergartenviertel nach Neu-Cladow. Und auch Guthmann selbst lebte – ebenso wie Joachim Zimmermann – unweit des Matthäikirchplatzes: Jenem Areal, dessen einst prunkvolle Häuser der Zweite Weltkrieg nahezu sämtlich dem Erdboden gleich gemacht hat. Die sprühend geistvolle Atmosphäre jener Zeit, da Walther Rathenau Tür an Tür mit Paul Cassirer, Julius Elias Tür an Tür mit Guthmann und Zimmermann lebte, ist hier nicht einmal im Ansatz mehr spürbar.

Anders in Neu-Cladow.

Auch wenn Haus und Park zahlreiche Blessuren wie den Verlust von Slevogts Wandmalereien erfahren haben, ist Neu-Cladow noch immer als Gesamtkunstwerk lesbar, das in prägnanter Weise die Handschrift Johannes Guthmanns trägt. So lässt uns die vollständig erhaltene Architektur der Torhäuser erahnen, wie der Gartenpavillon beschaffen gewesen sein muss, in dem sich Slevogts Wandmalereien befanden. Wir vermögen noch das

11 Guthmann 1955, S. 222.
12 Johannes Guthmann an Max Slevogt, 7. Dezember 1919. [Landesbibliothekszentrum Rheinland-Pfalz/ Pfälzische Landesbibliothek Speyer, Nachlass Max Slevogt, N 100].
13 Durieux 2004, S. 102.

Naturtheater im sanft hügeligen Gelände entlang der einstigen Pappel- und heutigen Platanenallee auszumachen. Wir können noch Gauls Gedenkstein besuchen und darauf die Widmung für Guthmanns Schwester Else ebenso wie Goethe'sche Verse aus dem Trauerspiel *Die natürliche Tochter* lesen. Und die phantastische Akustik im Musiksaal bringt uns nahe, weshalb Conrad Ansorge so häufig und so gern in Neu-Cladow konzertierte. Die mit der Orientierung an der Antike verbundene Schlichtheit des Neu-Cladower Schönheitsideals entsprach dabei ganz der Geisteshaltung von Guthmanns Gästen: wider den Pomp und Prunk der Gründerzeit suchte man nach dem »zeitlos Schönen« und machte Neu-Cladow damit zu einem Ort der Klassischen Moderne *par excellence*.

Neu-Cladow war mehr als lediglich ein ländliches Refugium. Neu-Cladow war eine Idee – die Idee, einer als entseelt und unsicher empfundenen Zeit durch Kultur und Bildung zeitlos gültige Werte entgegenzusetzen. Was heute vielleicht aktueller denn je ist. Es liegt nun an uns, diese Idee wieder zu neuem Leben zu erwecken und Neu-Cladow wieder zum Leuchten zu bringen. Der Anfang ist gemacht: Die Fassade des frühklassizistischen Gutshauses erstrahlt nach ihrer Renovierung 2017 wieder in warmem Gelb und auch das Verwalterhaus – nach einem Brand vor einigen Jahren nahezu gänzlich zerstört – nimmt wieder schönste Gestalt an. In den kommenden Jahren wird sich der Bezirk Berlin-Spandau der umfassenden Reanimierung des Gutsparks Neukladow widmen. Fragen der kulturellen Nutzung sind dabei noch nicht abschließend geklärt.

Aus unserer Sicht möchten wir dafür appellieren, das weithin über die Havel sichtbare Neu-Cladow in seiner kultur- wie geistesgeschichtlich hochbedeutsamen Dimension zu begreifen und zu bewahren als einen Ort, an dem ein einzigartiges Kapitel Berliner Kulturgeschichte erlebbar und neu erfahrbar gemacht werden kann: Das Leben und Schaffen von Johannes Guthmann und seinen Gästen war so reich und vielfältig, dass im Spiegel ihrer Biographien der Pulsschlag ihrer Zeit sichtbar wird. Ihr Leben und Wirken in einem neuen Licht – aus heutiger Perspektive – zu betrachten, wird die bestmögliche Nutzung für Haus und Park sein, um an einer Stätte von kulturhistorisch einmaliger Bedeutung das kulturelle Profil der Stadt weiter zu schärfen und für kommende Generationen präsent zu halten. Mit dem *Neu-Cladower Salon*, den *Guthmann Lectures* oder dem *Jungen Forum* sowie mit Ausstellungen wie der Dokumentation *Max Slevogt in Neu-*

Cladow[14] hat die Guthmann Akademie in den vergangenen Jahren Veranstaltungsformate am historischen Ort etabliert, die an die reiche kulturelle Blüte in Neu-Cladow um 1910 erinnern. Wir sind überzeugt, dass diese zeitlos zu blühen vermag, hält man sie durch die Geschichten, die sich um Haus und Garten ranken, im kollektiven Gedächtnis lebendig.

Es ist für Berlin ein unsagbares Glück, dass Neu-Cladow vom Krieg verschont geblieben ist. Noch immer sind dort die Stimmen derer hörbar, die in den lauen Sommernächten auf der Terrasse oder in rauen Winternächten im Musiksaal und vor dem großen Kamin in der Halle diskutiert und getafelt, musiziert und – geschwiegen haben, um der Natur rings um sie her zu lauschen, die wohl das größte Kunstwerk von Neu-Cladow ist. Dessen Zauber entfaltet sich jedoch umso intensiver, je mehr man jener glanzvollen Tage gedenkt, als Tilla Durieux und Paul Cassirer auf Lucie Höflich und Anton Mayer trafen, Gerhart Hauptmann die Schauspielerin seiner Theaterstücke kennen lernte, Alfred Kerr im Naturtheater vor Rührung weinte, August Gaul Verse von Goethe auf den Gedenkstein im Elsengrund meißelte, Max Slevogt den sterbenden Pfau inmitten leuchtend bunter Blumenrabatten für immer festhielt – und das vielzählige Stimmengewirr von Neu-Cladows illustren Gästen schlagartig verstummte, wenn Conrad Ansorge die Hände hob und sie sanft auf die Tasten des Blüthner-Flügels gleiten ließ:

> »Wenn in dem Kreise von gleichgestimmten Freunden, der sich im Sommer auf Neu-Cladow zu finden pflegte, die Gespräche hin und wider gegangen waren und am Ende schwiegen und der blaue Abend sich langsam in tiefklare Nacht zu wandeln begann, dann kam wohl jene Stimmung auf, wo die Seele bereit ist, sich von jedwedem Anlass in träumerische Weiten entführen zu lassen [...] Man sprach ein weniges, dann wieder schwieg man und schwieg mit Bedacht. Denn war die Nacht, die Mitternacht am Ende voll tiefster Stille erwartungsvoll resonanzbereit, dann ging Meister Conrad Ansorge wohl hinein an den Flügel und aus geöffneten Fenstern drang leise ein Schubert hervor oder ein Beethovensches Adagio.«[15]

Es ist zu hoffen, dass die politischen und gesellschaftlichen Entscheidungsträger die kulturelle Bedeutsamkeit des Ortes, die in Berlin wohl nur mit jener der Liebermann-Villa am Wannsee vergleichbar sein dürfte, erkennen und die entsprechenden Weichen zur Bewahrung und Pflege dieses Erbes von kulturgeschichtlich originärer Qualität zu stellen vermögen.

14 *Max Slevogt in Neu-Cladow. Eine Dokumentation*, Berlin, Gutshaus Neukladow, 15. November 2015 – 21. Februar 2016.
15 Guthmann 1920, S. 172 f.

Bibliographie

Ausst.-Kat. Berlin 1997 = Hans Wilderotter (Hg.): Walther Rathenau 1867–1922. Die Extreme berühren sich, Ausst.-Kat. Deutsches Historisches Museum, Berlin 1997.

Ausst.-Kat. Mainz 2014 = Landesmuseum Mainz (Hg.), Sigrun Paas (Bearb.): Max Slevogt. Neue Wege des Impressionismus, Landesmuseum Mainz, 4. Mai–12. Oktober 2014, München 2014.

Ausst.-Kat. Mannheim 1948 = Max Slevogt Gedächtnis-Ausstellung, Kunsthalle Mannheim, Oktober bis November 1948.

Ausst.-Kat. Saarbrücken 1992 = Ernst-Gerhard Güse, Hans-Jürgen Imiela, Berthold Roland (Hgg.): Max Slevogt: Gemälde, Aquarelle, Zeichnungen, Saarlandmuseum Saarbrücken 29. Mai–20. September 1992 und Landesmuseum Mainz, 31. Mai–20. September 1992, Stuttgart 1992.

Ausst.-Kat. Wuppertal/Berlin 2005 = Sabine Fehlemann (Hg.), Nicole Hartje (Bearb.): Max Slevogt – die Berliner Jahre, Von-der-Heydt-Museum Wuppertal 6. März–22. Mai 2005, Stiftung »Brandenburger Tor« Berlin, Max-Liebermann-Haus, 4. Juni–4. September 2005, Köln 2005.

Bauschinger 2015 = Sigrid Bauschinger: Die Cassirers. Unternehmer, Kunsthändler, Philosophen, Biographie einer Familie, München 2015.

Braun 2012 = Ernst Braun (Hg.): Max Liebermann: *Briefe*, Bd. 2, 1896–1901, Baden-Baden 2012.

Braun 2013 = Ernst Braun (Hg.): Max Liebermann: *Briefe*, Bd. 3, 1902–1906, Baden-Baden 2013.

Braun 2014 = Ernst Braun (Hg.): Max Liebermann: *Briefe*, Bd. 4, 1907–1910, Baden-Baden 2014.

Braun 2015 = Ernst Braun (Hg.): Max Liebermann: *Briefe*, Bd. 5, 1911–1915, Baden-Baden 2015.

Braun 2016 = Ernst Braun (Hg.): Max Liebermann: *Briefe*, Bd. 6, 1916–1921, Baden-Baden 2016.

Braun 2017 = Ernst Braun (Hg.): Max Liebermann: *Briefe*, Bd. 7, 1922–1926, Baden-Baden 2017.

Bździach 1999 = Klaus Bździach: Die imposante Landschaft. Künstler und Künstlerkolonien im Riesengebirge im 20. Jahrhundert, Berlin [u. a.] 1999.

Caspers 1989 = Eva Caspers: Paul Cassirer und die Pan-Presse. Ein Beitrag zur deutschen Buchillustration und Graphik im 20. Jahrhundert, Frankfurt a. M. 1989.

Durieux 1954 = Tilla Durieux: Eine Tür steht offen. Erinnerungen, Berlin 1954.

Durieux 1970 = Tilla Durieux, in: Hannes Reinhardt (Hg.): Das bin ich, München 1970, S. 35–53.

Durieux 1971 = Tilla Durieux: Meine ersten neunzig Jahre. Erinnerungen, München/Berlin 1971.

Durieux 2004 = Stiftung Archiv der Akademie der Künste (Hg.): Tilla Durieux – »Der Beruf der Schauspielerin«, Archiv-Blätter 11, Berlin 2004.

Eberle 1995 = Matthias Eberle: Max Liebermann 1847–1935. Werkverzeichnis der Gemälde und Ölstudien, Band I, 1865–1899, München 1995.

Eberle 1996 = Matthias Eberle: Max Liebermann 1847–1935. Werkverzeichnis der Gemälde und Ölstudien, Band II, 1900–1935, München 1996.

Echte/Feilchenfeldt 2011 = Bernhard Echte, Walter Feilchenfeldt (Hgg.): Cassirer (Kunstsalon). Die Ausstellungen 1898–1901, Bd. 1: »Das Beste aus aller Welt zeigen«, Wädenswil 2011.

Echte/Feilchenfeldt 2016 = Bernhard Echte, Walter Feilchenfeldt (Hgg.): Cassirer (Kunstsalon). Die Ausstellungen 1912–14, Bd. 6: »Eine neue Klassik«, Wädenswil 2016.

Feilchenfeldt/Brandis 2002 = Rahel E. Feilchenfeldt, Markus Brandis: Paul Cassirer Verlag. Berlin 1898–1933. Eine kommentierte Bibliographie, München 2002.

Feilchenfeldt/Raff 2006 = Rahel E. Feilchenfeldt, Thomas Raff (Hgg.): Ein Fest der Künste. Paul Cassirer. Der Kunsthändler als Verleger, München 2006.

Gabler 2007 = Josephine Gabler: August Gaul. Das Werkverzeichnis der Skulpturen, Berlin 2007.

Gall 2009 = Lothar Gall: Walther Rathenau. Portrait einer Epoche, München 2009.

Goetz 1927 = Wolfgang Goetz: Erinnerung an Neu-Cladow. Sommernächte auf der Terrasse an der Havel, in: Vossische Zeitung, Das Unterhaltungsblatt, 25. Dezember 1927, Nr. 302, S. 1–2.

Goetz 1955 = Wolfgang Goetz: Erinnerung an Neu-Cladow, in: Deutsche Rundschau, 81. Jg., Heft 10, Oktober 1955, S. 1057–1061.

Goetz 1964 = Wolfgang Goetz: Begegnungen und Bekenntnisse, Berlin 1964, S. 112–116.

Guthmann 1920 = Johannes Guthmann: Scherz und Laune. Max Slevogt und seine Gelegenheitsarbeiten, Berlin (Paul Cassirer) 1920.

Guthmann 1927 = Johannes Guthmann: Abends mit Slevogt, in: Max Slevogt.

Der Graphiker und Illustrator, Ausst.-Kat. Pfälzischer Kunstverein Speier [sic] 1927, S. 5–12.

Guthmann 1948 = Johannes Guthmann: Schöne Welt. Wandern und Weilen mit Max Slevogt, Berlin (Wedding-Verlag) 1948.

Guthmann 1954 = Johannes Guthmann: Max Slevogt in seiner Zeit, St. Ingbert 1954.

Guthmann 1955 = Johannes Guthmann: Goldene Frucht. Begegnungen mit Menschen, Gärten und Häusern, Tübingen (Wunderlich) 1955.

Hildebrandt 2006 = Klaus Hildebrandt: Gerhart Hauptmanns Freundschaft mit dem Industriellen, Politiker und Schriftsteller Walther Rathenau (1867–1922), in: Klaus Hildebrandt, Krzysztof A. Kuczyński (Hgg.): Gerhart Hauptmanns Freundeskreis, Internationale Studien, Włocławek 2006, S. 109–141.

Imiela 1960 = Hans-Jürgen Imiela (Hg.): Max Slevogt an Johannes Guthmann. Briefe 1912–1932, St. Ingbert/Saar 1960.

Imiela 1968 = Hans-Jürgen Imiela: Max Slevogt. Eine Monographie, Karlsruhe 1968.

Justi 1924 = Ludwig Justi: Slevogts Cladower Wandmalereien in der Nationalgalerie, in: Adolph Donath (Hg.): Der Kunstwanderer, Halbmonatsschrift für Alte und Neue Kunst, für Kunstmarkt und Sammelwesen, 6. Jg., 1924, 1./2. Märzheft, S. 182–187 (vgl. hierzu das dreizehnseitige Durchschlag-Typoskript mit dem Titel »Slevogts Cladower Wandmalereien im Kronprinzen-Palais« mit handschriftlichen Korrekturen in: Landesbibliothekszentrum Rheinland-Pfalz, Pfälzische Landesbibliothek Speyer, Nachlass Max Slevogt, N 100).

Kennert 1996 = Christian Kennert: Paul Cassirer und sein Kreis. Ein Berliner Wegbereiter der Moderne, Frankfurt a. M. 1996.

Kennert 2012 = Christian Kennert: »Der Impressionismus ist eine geistige Bewegung …«. Paul Cassirer und die Moderne, in: Anna-Dorothea Ludewig, Julius H. Schoeps, Ines Sonder (Hgg.), Anna-Carolin Augustin (Mitarbeit): Aufbruch in die Moderne. Sammler, Mäzene und Kunsthändler in Berlin 1880–1933, Köln 2012, S. 32–45.

Liebermann 1928 = Max Liebermann: *Slevogt-Ausstellung, Oktober 1928*, in: Günter Busch (Hg.): Max Liebermann: *Die Phantasie in der Malerei*. Schriften und Reden, Frankfurt a. M. 1978, S. 226–230.

Matelowski 2017 = Anke Matelowski: Die Berliner Secession 1899–1937. Chronik, Kontext, Schicksal, Wädenswil 2017.

Owesle 2014 = Miriam-Esther Owesle: »Neu-Cladow und nichts anderes!«. Johannes Guthmanns Traum vom Arkadien an der Havel, Edition Neu-Cladow, Band I, hrsg. von Frank Auffermann, Berlin 2014.

Owesle 2014 A = Miriam-Esther Owesle: »Das Auge ist kein Instrument, kein

Spiegel …«. Zum Impressionismus Max Slevogts, in: Ausst.-Kat. Mainz 2014, S. 34–45.

Owesle 2015 = Miriam-Esther Owesle: »Verdichtete« Wirklichkeit: Die Lebenserinnerungen des Kunsthistorikers und Sammlers Johannes Guthmann (1876–1956), in: Tatjana Kuharenoka, Irina Novikova, Ivars Orehovs (Hgg.): Erinnerung. Identität. Kultur, Wissenschaftliche Beiträge, Band 1, hrsg. Riga 2015, S. 87–96.

Owesle 2016 = Miriam-Esther Owesle: Das Gutshaus Neukladow und die Ära Guthmann, in: Sibylle Badstübner-Gröger/Freundeskreis Schlösser & Gärten der Mark in der Deutschen Gesellschaft e. V. (Hgg.): Berlin-Neukladow (Schlösser und Gärten der Mark, Heft 147), Berlin 2016, S. 1–17.

Owesle 2016 A = Miriam-Esther Owesle: »… malen Sie! Malen Sie!! Malen Sie!!!« Aus den Briefen des Kunsthistorikers, Schriftstellers und Sammlers Johannes Guthmann (1876–1956) an Hans Purrmann, in: Felix Billeter, Christoph Wagner (Hgg.): Neue Wege zu Hans Purrmann, Berlin 2016, S. 238–249.

Owesle 2018 = Miriam-Esther Owesle: Innere Schau und äußerer Schein – Die Neu-Cladower Wandmalereien als Schlüssel zum Impressionismusverständnis Max Slevogts, in: Thomas Andratschke (Hg.): Max Slevogt. Eine Retrospektive zum 150. Geburtstag, Niedersächsisches Landesmuseum Hannover, 28. September 2018 bis 24. Februar 2019, Petersberg 2018, S. 95–101.

Paret 1983 = Peter Paret: Die Berliner Secession. Moderne Kunst und ihre Feinde im Kaiserlichen Deutschland. Frankfurt a. M., Berlin, Wien 1983.

Preuß 1965 = Joachim Werner Preuß: Tilla Durieux. Porträt der Schauspielerin, Deutung und Dokumentation, Berlin 1965.

Pucks 1997 = Stefan Pucks: »Eine weichliche, leidende, dem Beruf nicht genügende Natur«? Walther Rathenau im Spiegel der Kunst, in: Ausst.-Kat. Berlin 1997, S. 83–98.

Raff 2006 = Thomas Raff: »Er hatte Begabung nach verschiedenen Seiten hin.« Paul Cassirers Münchner Jahre (1893–1897), in: Feilchenfeldt/Raff 2006, S. 43–57.

Rathgeber 2017 = Eike Rathgeber: Einleitung, in: ders., Christian Heitler, Manuela Schwartz (Hgg.): Conrad Ansorge (1862–1930). Ein Pianist des Fin de siècle in Berlin und Wien, Wien [u. a.] 2017, S. 9–36.

Rathgeber/Heitler/Schwartz 2017 = Eike Rathgeber, Christian Heitler, Manuela Schwartz (Hgg.): Conrad Ansorge (1862–1930). Ein Pianist des Fin de siècle in Berlin und Wien, Wien [u. a.] 2017.

Ripperger 2016 = Hannah Ripperger: Porträts von Tilla Durieux. Bildnerische Inszenierung eines Theaterstars, Göttingen 2016.

Röske 2016 = Thomas Röske: Ein Doppelporträt von Max Slevogt, in: Gregor Wedekind in Verbindung mit der Generaldirektion Kulturelles Erbe Rheinland-

Pfalz (Hg.): Blick zurück nach vorn. Neue Forschungen zu Max Slevogt, Berlin [u. a.] 2016, S. 61–79.

Scharfen 2005 = Klaus Scharfen: Gerhart Hauptmann im Spannungsfeld von Kultur und Politik 1880–1919, Berlin 2005.

Scheffler 1924 = Karl Scheffler: Slevogts Wandmalereien für Neu-Cladow, in: Kunst und Künstler. Illustrierte Monatsschrift für bildende Kunst und Kunstgewerbe, 22.1924, S. 119–123.

Schwartz 2010 = Manuela Schwartz: Zwischen Kunstarkadien und Musiksalon. Conrad Ansorge bei Johannes Guthmann am Berliner Havelstrand, in: Die Tonkunst (Der Musiksalon), H. 1, 2010, S. 37–51.

Schwartz 2017 = Manuela Schwartz: Conrad Ansorge. Der Komponist als Interpret im Porträt, in: Eike Rathgeber, Christian Heitler, Manuela Schwartz (Hgg.): Conrad Ansorge (1862–1930). Ein Pianist des Fin de siècle in Berlin und Wien, Wien [u. a.]. 2017, S. 37–63.

Sievers 1912 = Johannes Sievers: Neu-Cladow, in: Kunst und Künstler. Illustrierte Monatsschrift für bildende Kunst und Kunstgewerbe, 10.1912, S. 499–505.

Sievers 1966 = Johannes Sievers: Aus meinem Leben, Berlin 1966.

Sprengel 2012 = Peter Sprengel: Gerhart Hauptmann. Bürgerlichkeit und großer Traum. Eine Biographie, München 2012.

Thieß 1920 = Frank Thieß: Lucie Höflich, Berlin 1920.

Waldmann 1923 = Emil Waldmann: Max Slevogt, Berlin 1923.

Wehry 2015 = Katrin Wehry: Quer durchs Tiergartenviertel. Das historische Quartier und seine Bewohner, hrsg. von Michael Eissenhauer für die Staatlichen Museen zu Berlin, Berlin 2015.

Weisbach 1937 = Werner Weisbach: Und alles ist zerstoben. Erinnerungen aus der Jahrhundertwende, Wien 1937.

Weisbach 1956 = Werner Weisbach: Geist und Gewalt, Wien 1956.

Wesenberg 2010 = Angelika Wesenberg: Die Idee vom Garten und von der Gartennatur. Das Wandbild der Loggia, in: Martin Faass (Hg.): Die Idee vom Haus im Grünen. Max Liebermann am Wannsee, Berlin 2010, S. 59–65.

Wolf 2018 = Max Slevogt. Briefe 1898–1932, bearb. u. komm. v. Eva Wolf, hrsg. v. Roland Mönig, Saarbrücken 2018.

Wysling/Bernini 1995 = Hans Wysling, Cornelia Bernini (Hgg.): Der Briefwechsel zwischen Thomas Mann und Gerhart Hauptmann. »Mit Hauptmann verband mich eine Art Freundschaft.« Teil II, in: Thomas Mann Jahrbuch, Band 7, Frankfurt am Main 1994.

Zeiller 2006 = Christiane Zeiller: Der junge Max Beckmann und die »Firma C.«. Der Illustrationsauftrag zu Eurydikes Wiederkehr, in: Feilchenfeldt/Raff 2006, S. 139–150.

Bildnachweis

Archiv Bernhard Echte: S. 15
Archiv Saarlandmuseum, Sammlung Kohl-Weigand, Max Slevogt, Best. 3, Abt. 2, B24: S. 31, 32, 33, 34, 43
Ausst.-Kat. Berlin 1997: S. 127 links
Ausst.-Kat. Wuppertal/Berlin 2005: S. 21
Berliner Illustrirte Zeitung 1929: S. 122
Bezirksamt Spandau von Berlin, Umwelt- und Naturschutzamt: S. 19
bpk/Hamburger Kunsthalle (Foto: Elke Walford): S. 127 rechts
Bundesarchiv (Bild 183-H0806-0501/CC-BY-SA 3.0): S. 113
Deutsches Dokumentationszentrum für Kunstgeschichte – Bildarchiv Foto Marburg: S. 116 links
GDKE Rheinland-Pfalz, Max Slevogt-Galerie, Schloss Villa Ludwigshöhe: S. 7
GDKE Rheinland-Pfalz, Landesmuseum Mainz: S. 71, 111 links, 111 rechts
Georg Kolbe Museum (Foto: Markus Hilbich): S. 46, 95, 167
Guthmann 1920: S. 43 links
Historische Kuranlagen & Goethe-Theater Bad Lauchstädt GmbH: S. 157
Kat. Gedächtnisausstellung Max Slevogt, Kunsthalle Mannheim 1948: S. 94
Kaufhold, Enno: Berliner Interieurs 1910-1933. Photographien von Waldemar Titzenthaler, Berlin (Nicolai) 1999: S. 85
Kessler, Harry Graf: Walther Rathenau. Sein Leben und sein Werk, Berlin 1928: S. 162
Krümmer *fine art:* S. 47
Kunst und Künstler, 10.1912: S. 166
LWL-Museum für Kunst und Kultur (Westfälisches Landesmuseum), Münster (Foto: Rudolf Wakonigg): S. 25
Mayer, Anton: Der Göttergleiche. Erinnerungen an Rudolf G. Binding, Potsdam (Rütten & Loening) 1939: S. 87
Moderne Bauformen, 12. Jahrgang, Heft 6, Juni 1913: S. 45
Nedelykow Moreira Architekten (www.nedelykov-moreira.com): S. 116 rechts
Österreichische Galerie Belvedere, Wien: S. 73 oben
Privatbesitz: S. 29, 49 rechts, 83 (Fotografie), 165, 172

Protokollbuch des Vereins Die Nadel 1912, Archiv Galerie Mutter Fourage, Berlin: S. 11, 12
Sammlung Hube, Berlin: S. 17
Sammlung Ketels, Berlin: S. 37, 53, 63, 86, 124, 185
Sammlung Lutt-Freund, Berlin: S. 48, 64 links, 73 unten
Schlesische Kunstsammlungen (www.schlesischesammlungen.eu): S. 9, 177
Slevogt, Max: Die Wandmalereien in Neu-Cladow, Berlin (Paul Cassirer) 1921: S. 35
Staatliche Museen zu Berlin, Nationalgalerie (Foto: Jörg P. Anders): S. 24 links
Staatsbibliothek zu Berlin – Preußischer Kulturbesitz: S. 104, 136
Stiftung Saarländischer Kulturbesitz, Saarlandmuseum Saarbrücken, aus der Sammlung Kohl-Weigand: S. 24 rechts, 36
Stiftung Stadtmuseum Berlin (Reproduktion: Oliver Ziebe, Berlin): S. 147
Thieß 1920: S. 98
Tilla Durieux Collection, Zagreb, City Museum: S. 64 rechts
Walther-Rathenau-Stift gGmbH: S. 145
Wikimedia Commons: S. 49 links

Personenregister

Albert, Eugène d' 172, 173
Ansorge, Conrad 13, 25, 87, 93, 128, 130, 144, 153, 165–182, 183, 184, 187, 188
Ansorge, Margarethe 158, 159, 181
Arnau, Karl 62
Avenarius, Hans (= Johannes Maximilian) 137
Barlach, Ernst 44, 46, 48, 55, 57, 62, 114
Baumgarten, Paul Otto August 105
Beckmann, Max 49–52, 54, 55, 114
Beethoven, Ludwig van 166
Begas, Reinhold 46
Beggerow, Hans 158
Berneis, Benno 13, 15
Binding, Rudolf G. 88, 92, 102
Bode, Wilhelm von 39
Brahm, Otto 63, 123, 124, 133, 135
Brodersen, Albert 107
Bülow, Hans von 172, 173
Busoni, Ferruccio 102, 172, 173
Calderón (= Calderón de la Barca), Pedro 61, 73
Cassirer, Bruno 27, 30, 32, 39, 40, 41, 112
Cassirer, Paul 13, 18, 34, 35, 37–60, 67–69, 72, 74, 75, 76, 77, 78, 79, 82, 89, 101, 113, 114, 128, 129, 130, 165, 178, 184, 185, 186, 188
Cézanne, Paul 41, 54, 56, 57
Chopin, Frédéric 172
Corinth, Lovis 37, 50, 109, 114, 179
Degas, Edgar 38, 39, 41, 56
Deutsch, Elisabeth Franziska (»Lili«) 126, 127, 129, 159
Deutsch, Felix 126, 127, 129, 149, 151
Duncan, Isadora 13
Durand-Ruel, Paul 41
Durieux, Tilla 13, 14, 42, 46–48, 57–59, 61–82, 84, 89, 157, 165, 186, 188
Elias, Julius 14, 186
Eysoldt, Gertrud 63, 65, 86
Faktor, Emil 98
Feilchenfeldt, Walter 39
Feilchenfeldt-Breslauer, Marianne 39
Fischer, Kuno 27
Foerster, Karl 8
Fontane, Theodor 135, 153
Franck, Philipp 11, 12
Friedmann, Alfred 58, 78
Fröbe, Ivan 13
Fuchs, Eduard 27
Fürst, Anselma 104
Gaul, August 13, 32, 45–48, 55, 57, 77, 114, 169, 185, 187, 188
George, Stefan 15, 53, 177, 178
Gilly, David 7, 18, 150, 151
Godeffroy, Adelheid Ottilie Augustine 62
Godeffroy, Ottilie Helene Angela (= Tilla Durieux) siehe »Durieux, Tilla«
Godeffroy, Richard Max Viktor 62
Goethe, Johann Wolfgang von 32, 58, 76, 84, 86, 96, 128, 130, 138, 154, 158, 169, 173, 178, 187, 188
Goetz, Elisabeth 14
Goetz, Wolfgang 9, 14, 101, 102, 175, 176, 178, 183, 184, 185
Gogh, Vincent van 41, 47, 49, 54, 55, 184
Goldschmidt, Adolph 87
Grenander, Alfred 8, 30, 90, 151
Grüning, Ilka 99
Guthmann, Anna Marie Luise 123, 124, 125
Guthmann, Else 169, 187
Guthmann, Mary 8
Guthmann, Robert 7–9, 123, 124
Hancke, Erich 121
Hartleben, Otto Erich 13
Hauptmann, Benvenuto 104
Hauptmann, Gerhart 10, 45, 98, 102, 104, 112, 122–144, 145, 157–159, 165, 184, 185, 186
Hauptmann, Margarete 104, 127, 138, 144
Heine, Heinrich 50
Heine, Thomas Theodor 41
Höflich, Georg 84
Höflich, Lucie 10, 25, 74, 75, 83–101, 133, 165, 176, 178, 179, 188
Hofmann, Ludwig von 13, 130
Hofmannsthal, Hugo von S. 14, 31, 71, 134, 185
Hollaender, Felix 75
Huizinga, Johan 160

Ibsen, Henrik 90, 95, 98, 125, 134, 135, 143
Jacobsohn, Siegfried 63, 65, 66
Jagow, Traugott von 75, 76
Justi, Ludwig 34, 102, 183
Kaiserin Friedrich 103, 154
Kastan, Isidor 125
Katzenellenbogen, Ludwig 79, 80
Kerr, Alfred 14, 76, 98, 188
Kessler, Harry Graf 37, 71, 72, 166
Kestenberg, Leo 55, 68
Kleist, Heinrich von 86
König, Otto von 8
Kolbe, Georg 44–46, 94, 95, 114, 166, 167
Kraaz, Johannes 155
Kunckel, Johannes 125
Lesser, Stanislaus 63
Lessing, Gotthold Ephraim 85, 86
Lichtwark, Alfred 39, 106, 107, 126
Liebermann, Käthe 105, 122, 135
Liebermann, Louis 105, 121
Liebermann, Martha 105, 110, 122
Liebermann, Max 13, 18, 37, 38, 40, 43, 44, 46, 58, 68, 69, 105–122, 126, 127, 135, 141, 150, 157, 165, 185, 188
Liszt, Franz 25, 102, 166, 168–171, 175, 182
Ludwig Philipp II. Joseph, Herzog von Orléans 159
Lutt, Helene 79
Lutt, Peter 79
Maillol, Aristide 57, 93
Manet, Édouard 38, 40–42, 55–57
Mann, Katia 137, 138
Mann, Thomas 137–142
Mayer, Anton 10, 25, 74, 83, 86–104, 165, 176, 185, 188

Mayer, Georg Anton 91, 92
Meier-Graefe, Julius 67, 118
Mellies, Otto 100, 101
Monet, Claude 38, 40, 56, 89, 97
Mozart, Wolfgang Amadeus 22, 23, 35, 48, 90, 101, 103, 112, 116, 174
Niemann, Walter 167, 181
Oppenheim, Margarete 106
Orlik, Emil 13, 61, 77, 114, 117, 124, 176
Osborn, Max 37, 40, 55
Pallat, Annemarie 12, 13
Pallat, Ludwig 13
Paret, Peter 40
Pascin, Jules 50
Pirandello, Luigi 98
Planck, Max 158
Plotin 102
Poiret, Paul 72
Rathenau, Emil 147, 155
Rathenau, Mathilde 148, 155
Rathenau, Walther 10, 104, 114, 126, 127, 135, 145–163, 165, 166, 185, 186
Reinhardt, Max 10, 19, 63, 65–67, 70, 74, 75, 85, 94, 98, 123, 131, 185
Reinwaldt, Johannes (Pseudonym von Anton Mayer) 103
Renoir, Auguste 55–57, 72
Rietschel, Ernst 138
Rilke, Rainer Maria 38, 39
Sayn-Wittgenstein, Carolyne zu 170
Schmidtbonn, Wilhelm 75
Schönherr, Karl 98
Schopenhauer, Arthur 84
Schubert, Franz 166, 172, 174, 175, 182, 188
Schultze-Naumburg, Paul 8, 19, 20, 106, 150, 154

Schumann, Robert 166
Segantini, Giovanni 38
Seidl, Gabriel von 154, 155
Sievers, Johannes 15, 17, 175, 185
Slevogt, Max 7, 9, 10, 17–36, 37, 41–43, 46, 48–50, 58, 64, 70–73, 76, 77, 83, 87, 93–95, 106, 108–120, 129, 130, 133, 137, 153, 165, 169, 174–178, 180, 183–188
Spiro, Eugen 67, 69, 70, 113
Stehr, Hermann 138, 169
Stein, Philipp 64
Sterl, Robert 13
Sternheim, Carl 75
Strauß, Richard 27, 70, 90
Stuck, Franz von 61, 73
Swarzenski, Georg 15, 102, 166, 185
Tirpitz, Alfred von 158
Trübner, Alice 76–78
Trübner, Wilhelm 76–78, 117
Tschudi, Hugo von 8, 113
Tube, Minna 54
Uhde, Fritz von 109, 120, 121
Velde, Henry van de 39
Wagner, Richard 35, 90, 171
Wedekind, Frank 68, 184
Weisbach, Werner 159, 184
Wiegand, Theodor 15
Wilde, Oscar 63, 64, 70, 72
Wolf, Hugo 90
Zimmermann, Joachim 9, 10, 13, 14, 27, 30, 36, 44, 45, 57, 86, 87, 93, 95, 98, 104, 126, 131–133, 136–139, 142, 143, 144, 152, 155, 159, 178, 186
Zweig, Stefan 154, 162

Dank

Johannes Guthmann hatte es einem besonderen Netzwerk von engen Freunden zu verdanken, dass Neu-Cladow um 1910 eine reiche kulturelle Blüte entfalten konnte. Rund hundert Jahre später ist es nun den Freunden der im Januar 2015 gegründeten Guthmann Akademie zu verdanken, dass deren Ideen und Initiativen zur Pflege des Neu-Cladower Erbes reiche und vielfältige – oder, um mit Guthmann zu sprechen: »Goldene Frucht« tragen können. Vorliegende Publikation ist hierfür sprechender Ausdruck. Ohne den *Freundeskreis der Guthmann Akademie* hätte sie nicht das Licht der Welt erblicken können!

Stellvertretend für alle »Guthmann Akademiker« gilt mein besonderer Dank für ihre wertvolle Unterstützung Regina und Josef Canto, Elke Hube, Iris und Wolfgang Immenhausen, Dr. Christoph Intemann, Prof. Dr. Krystyna Kauffmann, Helga Romanowski und Wolfgang Möller, Brigitte, Bruno und Dr. Torsten Rossow sowie Lieselotte und Winfried Winkelmann. Persönlich danken möchte ich darüber hinaus Prof. Luise King, Ursula und Adalbert (†) Rohloff, den »Erz-Neu-Cladowern« Klaus Burkhardt und Gabriele Heise, den »Salon-Löwen« Dr. Sigrid Faath und Dr. Hanspeter Mattes und ihrem »Löwen-Rudel«, den »Niederlehmern« Reiner und Regina Fischer sowie meinen Familien Frank, Margot und Rolf Schlegel und Ludmilla und Georg (†) Owesle.

Für den wissenschaftlichen Austausch und die Übermittlung bedeutender fachlicher Informationen gilt mein großer Dank Dr. Thomas Andratschke (Landesmuseum Hannover), Dr. Sibylle Badstübner-Gröger, Dr. Ursel Berger, Dr. Sabine Bohle, Ernst Volker Braun (Herausgeber der Briefe Max Liebermanns), Petra Cordioli (Paul Cassirer Archiv & Walter Feilchenfeldt Archiv), Bernhard Echte (Nimbus Verlag), Gernot Frankhäuser (Landesmuseum Mainz), Ursula Grimm (Westfälisches Landesmuseum Münster), Dr. Nele Güntheroth (Stiftung Stadtmuseum Berlin), Prof. Dr. Wilhelm Hornbostel, Wolfgang Immenhausen (Galerie Mutter

Fourage, Berlin), Dr. Klaus-Henning von Krosigk, Dr. Heinrich von Loesch, Sabine Lutt-Freund und Hagen Freund, Dr. Anke Matelowski (Akademie der Künste, Berlin), Dr. Sabine Meister, Dr. Dr. Robert von Morgen, Dr. Sigrun Paas, Dr. Armin Schlechter (Landesbibliothekszentrum Rheinland Pfalz, Pfälzische Landesbibliothek Speyer), Prof. Dr. Manuela Schwartz (Hochschule Magdeburg-Stendal), Edmund Steinschulte (Archiv Deutsche Gesellschaft 1914), Dr. Julia Wallner (Georg Kolbe Museum, Berlin), Dr. Michael Wittmann (Freie Universität Berlin) und Dr. Eva Wolf (Saarlandmuseum Saarbrücken).

Für die Großzügigkeit kostenfreier Reproduktionsgenehmigungen danke ich sehr herzlich Ute Boebel (Goethe-Theater Bad Lauchstädt GmbH), Gernot Frankhäuser (Landesmuseum Mainz), Stephan Helms (Staatliche Museen zu Berlin, Alte Nationalgalerie), Ursula Grimm (LWL-Museum für Kunst und Kultur, Westfälisches Landesmuseum Münster), Dr. Reinhard Schmook (Walther-Rathenau-Stift gGmbH), Dr. Julia Wallner (Georg Kolbe Museum Berlin), Robert Wein (Stiftung Stadtmuseum Berlin), Dr. Eva Wolf (Saarlandmuseum Saarbrücken) sowie allen Privatsammlern.

Jenem, der sich mit unermüdlichem Einsatz für die Sache durch sein reiches Archivmaterial »gegraben« hat und immer und immer wieder höchst seltene Fundstücke zutage förderte, die das Mosaik der Geschichten dieses Buches in immer lebendigerer Form zu vervollständigen vermochten, muss an dieser Stelle exponiert und – in seinem Sinne – ohne viele Worte, aber dafür aufs Herzlichste gedankt werden: Jens-Peter Ketels.

Ein jeder Unterstützer hat auf jeweils einmalige Weise dazu beigetragen, in vorliegendem Band ein bedeutsames Stück Berliner Kulturgeschichte wieder lebendig werden zu lassen: Neu-Cladow!

Miriam-Esther Owesle
Berlin, im Dezember 2018